Gitta Jacob
Alexandra Widmer

ANLEITUNG ZUM GLÜCKLICHEN LIEBEN

Gitta Jacob
Alexandra Widmer

Anleitung zum glücklichen LIEBEN

Raus aus falschen Beziehungsmustern und endlich den Richtigen finden

BELTZ

MIX
Papier aus verantwortungsvollen Quellen
FSC® C089473

Dieses Buch ist erhältlich als
ISBN 978-3-407-86583-0 Print
ISBN 978-3-407-86599-1 E-Book (EPUB)

1. Auflage 2019

Lektorat: Judith Roth, Tarek Münch
Umschlaggestaltung: www.stefanielevers.de (Gestaltung), www.stephanengelke.de (Beratung)
Bildnachweis: Vectorschrift: ©Shanina/gettyimages.de; Icons: Thomas Kappes, www.gutentag-hamburg.de
Herstellung: Sonja Frank
Layout und Satz: Publikations Atelier, Dreieich
Druck und Bindung: Beltz Grafische Betriebe, Bad Langensalza
Printed in Germany

Weitere Informationen zu unseren Autor_innen finden Sie unter:
www.beltz.de

Inhalt

Wenn in der Liebe immer wieder das gleiche Schema abläuft ...

Mehr denn je hast du heute die Möglichkeit, dein Liebesglück zu suchen und damit zu experimentieren, um irgendwann hoffentlich bei »Mr oder Ms Right« zu landen ... Du kannst vermutlich schon einiges aus eigener Erfahrung berichten: Mehr oder weniger zahlreiche »Lebensabschnittsgefährten« (vielleicht auch mal nur kurze Affären) haben sich da über die Jahre angesammelt – eher wenige schöne Erinnerungen sind geblieben, leider. Vielleicht blickst du aber auch zurück auf eine gewisse Leere, eine Zeit des Mangels und der vergeblichen Sehnsucht: Irgendwie war nie das Richtige dabei; und wenn es doch am Horizont gewunken hat, hast du den Schritt darauf zu doch nicht geschafft ... Oder du bist in einer Beziehung, aber die läuft nur so mäßig gut – einiges ist in Ordnung, aber eigentlich könnte es doch trotzdem viel schöner sein. Ihr hängt euch immer an den gleichen Dingen auf oder kommt kaum zu dem, was du dir eigentlich wünschst ...

Sicher kennst du wie wir alle einige dieser Hürden und Fehlschläge im Beziehungskontext: Du lernst jemanden Neues kennen und bist Feuer und Flamme: So jemanden hast du noch nie getroffen, das könnte er (oder sie) doch sein! Aber leider geht es dann doch wieder schief, Probleme, die dir inzwischen schon sehr bekannt vorkommen, tauchen auch diesmal auf. Und im Nachhinein stellst du fest, dass du wieder auf den gleichen Typ reingefallen bist. Aus der Rückschau war alles wie immer, aber du hast es anfangs nicht gemerkt ...

Oder: Deine gute Freundin ist skeptisch, nachdem sie deinen neuen Schwarm kennengelernt hast. Du teilst die Skepsis natürlich nicht. Aber hinterher stellst du fest, dass sie doch recht hatte und du offensichtlich total blind bist, was die eigenen Liebesdinge angeht. – Mist, wieso ist dir das nicht aufgefallen?

Oder: Du schaust auf deine Beziehung, und es macht dich etwas traurig, wie ihr nebeneinanderher lebt oder wo ihr miteinander gelandet seid. Das ist eigentlich nicht das, was du dir für dich vorstellst, aber trotzdem ist es dein Leben.

Oder: Du fragst dich, wie es sein kann, dass einfach alle Männer, die du auf den ersten Blick interessant findest, nachher so ganz anders sind als du am Anfang vermutet hattest.

Oder: Du tinderst und tust dich um, aber nach einer Weile weißt du gar nicht mehr, wonach du eigentlich suchst … worauf sollst du überhaupt achten bei diesem Überangebot?

Und immer wieder fragst du dich: Bin ich eigentlich selbst so bescheuert oder liegt es an den anderen? Steckt da irgendein verstecktes System dahinter, das ich noch nicht durchschaut habe? Und gibt es diese große romantische Liebe überhaupt? Was braucht es, um in der Liebe glücklich zu sein?

Wenn du gerade genickt hast, dann ist dieses Buch das richtige für dich! Denn damit sollte dir einiges klarer werden:

- Du verstehst dich selbst und deine Beziehungsfallen besser.
- Du weißt, woran du erkennen kannst, wer gut für dich ist und wer nicht.
- Du suchst Kontakt zu möglichen Partnern, die gut für dich sind.
- In einer vielversprechenden Beziehung handelst du verstärkt so, dass sie sich gut entwickeln kann.
- Wenn es doch wieder schiefläuft, merkst du es früher und kommst schneller davon los.
- Und wahrscheinlich wirst du ganz nebenbei auch in anderen Bereichen deines Lebens besser merken, was dich glücklich macht und wie du leben möchtest. Denn deine Beziehungen

stehen ja auch für das, was dich als Mensch ausmacht und wie du dir dein Leben vorstellst!

Warum sind wir da so optimistisch? Auch wir, Gitta und Alexandra, sind zu allererst Menschen (zufälligerweise beide Frauen) mit Beziehungserfahrungen – gelungenen und gescheiterten. Wir haben beide Kinder mit Vätern, mit denen wir nicht mehr zusammen sind: Da ist also irgendwann in den Beziehungen etwas schiefgegangen – vorher waren sie wohl aber auch gelungen, sonst hätten wir die Kinder ja nicht, die allesamt selbst gute Beziehungen zu beiden Elternteilen haben.

Vor allem sind wir aber beide begeisterte Therapeutinnen, die seit vielen Jahren Menschen helfen, in ihren Beziehungen glücklicher zu werden. Dabei beobachten wir bei aller Verschiedenheit doch die gleichen Grundmuster: Es sind immer wieder die typischen Vermeider, Blender oder auch Diener (meist Frauen), die sich den Vorstellungen ihrer Partner unterwerfen, selbst wenn sie sich schon x-mal das Gegenteil vorgenommen haben.

Gehen wir noch mal zurück zu den zentralen Fragen: Hast du, was deine eigenen Liebesdinge betrifft, Tomaten auf den Augen? Steckt da System dahinter – nur hast du es noch nicht durchschaut? Und gibt es diese große romantische Liebe überhaupt?

Wir sind überzeugt, dass die Antwort auf alle diese drei Fragen »Ja« lautet. Ja, du bist vermutlich oft blind für das, was du tust. Und ja, du landest wahrscheinlich immer wieder bei der gleichen Art von Typ, der dir nicht guttut. Ja, da steckt ein System dahinter. Und das wird in der Schematherapie ziemlich gut auf den Punkt gebracht. In diesem Buch lernst du es kennen. Allerdings geben wir dir keine fachliche Einführung in die Schematherapie – das hat Gitta schon in einer Reihe anderer Fachbücher und Lehrfilme gemacht. Stattdessen wollen wir dir eine konkrete, lebensnahe und manchmal vielleicht auch etwas überspitzte Anleitung zur Selbstanalyse bieten, bei der die wichtigsten Punkte der Schematherapie dich unterstützen.

Jeder Mensch hat Ecken und Kanten. Und das ist großartig. Aber erst wenn du deine Ecken und Kanten verstanden hast, kannst du auch anfangen, die Weichen anders zu stellen. Und wenn die Weichen anders stehen, dann laufen deine Beziehungsgeschichten auch in eine andere Richtung.

Dazu sind allerdings ein paar Dinge nötig: Du solltest besser verstehen, worauf du am Anfang einer Beziehung achten musst. Du solltest eine genauere Vorstellung haben, wie du dich in einer Beziehung verhalten musst, um bald zu merken, ob diese etwas taugt oder nicht. Du solltest wissen, wie du eine schwierige Beziehung in eine positive Richtung drehen kannst. Und wenn eine Beziehung gut läuft, solltest du wissen, wie du dazu beitragen kannst, dass die Beziehung lange glücklich ist.

An die große romantische Liebe glauben wir auch – nicht jedem mag sie vergönnt sein, aber es gibt sie, da sind wir sicher. Wann genau dir dein Mr Right über den Weg läuft – dafür ist das Schicksal dann doch noch zuständig. Nicht aber dafür, ob du ihn für dich kurz- und langfristig begeistern kannst! Denn wenn du gelernt hast, dich selbst zu verstehen, und eingefahrene Verhaltensmuster verstanden hast und verlassen kannst – dann ist der Weg frei für neue und glückliche Matches.

Wie gehen wir das an? Wenn du gerade mal wieder in einer schwierigen Beziehung steckst, dann fühlt sich das vermutlich ziemlich unkontrollierbar und chaotisch an. »Wie konnte es wieder dazu kommen, warum bin ich in dieser Situation gelandet …« Viele Fragen und ein großes Durcheinander.

Dieses Chaos gehen wir ganz systematisch an. Dabei fangen wir zunächst bei dir selbst an. Wie tickst du eigentlich? Was sind deine Beziehungsfallen? Nenn sie gerne auch »Macken« oder »Schwächen«. Die erste Frage ist auf jeden Fall: »Welchen Anteil hast du an diesem System?« Dabei gehen wir auch ein bisschen in die Tiefe und beantworten gemeinsam die Frage, warum du eigentlich so geworden bist. Keine Sorge, wir wollen keine Psychoanalyse mit dir machen – aber ein paar Basics und ein kleiner Ausflug in die Kindheit macht in diesem Zusammenhang schon Sinn! Denn wenn du verstehst, warum du so geworden bist, wie du bist, dann hat das drei sehr positive Effekte:

- Du bekommst leichter Distanz und kannst schneller aus einer Außenperspektive sehen, was du gerade tust.
- Du verstehst, warum dich bestimmte Typen magnetisch anziehen – oft hat es etwas mit deiner Kindheit zu tun. Wir zeigen dir, wie du darüber mehr herausfinden kannst.
- Du kannst dir so manchen Fehlgriff und so manche Illusion besser verzeihen, wenn du verstehst, warum du immer wieder so verblendet durch die Gegend läufst.

Wenn wir dich im ersten Teil dieses Buches zu deinen eigenen Mustern hinführen, denken wir natürlich gleichzeitig auch darüber nach, welche Muster und welche Lebensgeschichten die Typen haben, mit denen du bisher deine guten und schlechten Erfahrungen gemacht hast.

Das ist dann eine hervorragende Grundlage für Teil 2 zum Thema »Matches«, also für die Frage, wie du mit anderen zusammen funktionierst. Wie tickst du in Kombination mit den verschiedenen Mustern oder Typen? Was sind dabei die typischen Fallen? Woran kannst du sie erkennen?

Teil 3 dreht sich um die Frage, die da logisch anschließt: Wie kannst du solche Beziehungen eingehen, pflegen und langfristig erhalten, wie du sie dir eigentlich wünschst?

Das Ergebnis sollte, flapsig gesagt, so aussehen: Du kannst in Zukunft hoffentlich deinen Hauptgewinn besser von einer Niete unterscheiden. Du weißt, wie du in Kontakt kommst mit Typen, die dir guttun, und wie du dich in der Beziehung dann so positionierst, dass sie langfristig gut läuft. Wenn du in einer Beziehung bist, kannst du ihr Potenzial besser ausschöpfen, sodass ihr beide glücklicher werdet.

Aber wie soll das funktionieren? Für alle unsere Überlegungen nutzen wir ein psychologisches Gerüst, das sich in den letzten Jahren immer besser bewährt hat, um verfahrene und komplizierte Probleme zu verstehen und zu lösen: die Schematherapie. Diese ist im Grunde eine Fusion aus den drei großen Therapieströmungen, die es in der westlichen Welt in den letzten hundert Jahren auf das große Parkett gebracht haben: die Verhaltenstherapie, die Psychoanalyse und die sogenannten humanistischen Therapieverfahren. Das klingt jetzt ein bisschen nach einer Supertherapie – unserer Meinung nach ist sie das auch wirklich.

Wir beide haben mit diesem Ansatz schon viel gemacht, zum Beispiel mehr als zehn Bücher für alle möglichen Zielgruppen geschrieben (Therapeuten, Patienten, Klienten, interessierte Laien). Einige davon wurden mittlerweile in über zehn Sprachen übersetzt. Gitta ist Psychotherapeutin, hat in verschiedenen Kliniken und Zentren gearbeitet und entwickelt neue Versorgungskonzepte für viele verschiedene Patientengruppen. Sie hat viele Lehrvideos produziert, die deutschlandweit auf Konferenzen und in Vorlesungen gezeigt werden. Alexandra ist Fachärztin für Neurologie und Psychotherapie und hat ebenfalls in verschiedenen Kliniken und Zentren gearbeitet. Mittlerweile betreut sie als Chefärztin ein paar Dutzend Psychologen und Berater in der Versorgung von Menschen mit psychischen Problemen. Alexandra nutzte vereinfachte Ansätze der Schematherapie in der Beratung und bei Vorträgen und verfasste einen Ratgeber, speziell hilfreich, wenn Paar-Beziehungen zerbrechen und man wegen eines Kindes doch ein Leben lang verbunden bleibt. Alexandra hat in diesem Kontext 2017 sogar einen Award erhalten – unsere persönliche Supertherapie ist das also auf jeden Fall! Es ist unsere tiefe Überzeugung, dass man mit Schematherapie dem persönlichen Liebesglück näherkommen kann.

Aber mach dir bitte keine Sorgen! Wir malträtieren dich nicht mit Fachbegriffen, du musst kein neues Vokabular lernen, und wenn du magst, kannst du dir ausführliche Erklärungen auch komplett sparen. Denn das Praktische an der Schematherapie ist unserer Meinung nach, dass man sie verwenden kann, um sehr komplizierte Systeme ziemlich einfach auf den Punkt zu bringen. Und das wollen wir in diesem Buch mit dir gemeinsam tun!

Noch ein Wort zur Struktur: Wir wollen es dir leicht machen, und ein bisschen Spaß sollst du bei diesem Thema natürlich auch immer haben! Deshalb hat dieses Buch drei Ebenen, und du kannst dir selbst aussuchen, mit welcher du am meisten anfangen kannst:

Wenn du gern den Hintergrund etwas besser verstehen möchtest, dann solltest du auf jeden Fall in die erklärenden Abschnitte der Kapitel lesen.

Eine zweite Ebene bilden die »Geschichten«. Wir lernen viel besser, wenn wir denken: »Hey, das kenne ich. So geht es mir auch. Oh mein Gott, die können meine Gedanken lesen.« Wenn du mit konkreten Beispielen am meisten anfangen kannst, halte dich daran. Vieles wird einem einfach am besten klar, wenn man eine Geschichte dazu hat. Deshalb haben wir uns für dieses Buch eine dreiköpfige Frauenclique ausgedacht: Ellie, Leonore und Sarah. Die ist absolut fiktiv, dahinter stecken keine realen Personen. Stattdessen bringen sie unsere langjährigen Erfahrungen mit Patienten, Klienten, Freundinnen und unseren eigenen Beziehungen ziemlich auf den Punkt, inklusive der Irrungen, Wirrungen, Ängste und Umwege, die ja leider irgendwie dazugehören. Unsere drei Protagonistinnen – und die Männer, mit denen sie im Laufe des Buches experimentieren – machen hoffentlich vieles ganz plastisch klar. Dabei ist es auch in diesen Geschichten so wie im echten Leben: Du kannst dich zwar gut vorbereiten und die Möglichkeiten optimieren, aber wann und wo dich die wirklich große Liebe dann trifft – dabei spielt der Funke des Zufalls oder des Schicksals natürlich auch eine Rolle!

Der dritte Schritt sind die Erklärungen und Tipps, die du wirklich brauchst. Diese Ebene findest du immer im Anschluss an die Geschichten. Sie beinhaltet jede Menge konkrete Erklärungen, aber auch Selbsttests und Übungen, die du direkt anwenden und umsetzen kannst. Denn in vielen Erklärungen findet man sich zwar irgendwie wieder, aber ob das wirklich der Schwerpunkt der eigenen Probleme ist – who knows … Mit den Selbsttests kannst du genauer herausfinden, ob bestimmte Muster bei dir überhaupt ein relevantes Ausmaß annehmen oder eher nicht. Die Übungen helfen dir dann dabei, dich in Beziehungen besser zu positionieren und einfach entspannter und glücklicher zu sein.

Natürlich entscheidest du selbst, wie du das Buch nutzen möchtest. Bist du eher der Typ für den Ratzfatz-Durchlauf zur praktischen Anwendung, dann hältst du dich an die Tests und konkreten Tipps. Kannst du dich am besten durch Erfahrungsberichte einfühlen? Dann lies die Geschichten von Ellie, Sarah und Leonore. Wenn du gründlicher eintauchen willst, nimm den theoretischen Hintergrund dazu, und wenn du es zu Ende gedacht magst, dann liest du am besten alles.

Meistens nehmen Frauen solche Bücher in die Hand. Frauen sprechen meist auch mehr über ihre Beziehungen als Männer – seien es nun Beziehungen mit Frauen oder Männern. Deshalb sind unsere Protagonistinnen Frauen. Die grundlegenden Muster, die hier beschrieben werden, gelten aber unabhängig von Geschlechterrollen, weshalb alle Beziehungspartner – gleich welchen Genders welcher Orientierung, mit oder ohne Kinder – von diesem Buch profitieren können!

TEIL 1

WELCHER BEZIEHUNGSTYP BIST DU?

Dienen, Blenden oder Flüchten?

Unser Modell der verschiedenen Beziehungstypen beruht auf den Erkenntnissen der Schematherapie. Dieser psychologische Ansatz ist relativ neu und wurde erst in den 1980er-Jahren vom New Yorker Psychotherapeuten Jeffrey Young entwickelt. Ihn beschäftigte vor allem die Frage, warum manchen Menschen normale Verhaltenstherapien einfach nicht halfen, obwohl sie engagiert waren und alles richtig gemacht hatten. Trotzdem fielen sie bald wieder in den alten Trott. Young kam darauf, dass die meisten Menschen ungünstige Muster in sich tragen, die eine gute Entwicklung behindern – die bezeichnete er als Schemata und baute die Schematherapie darauf auf.

Es gibt dazu natürlich einige dicke Bücher, aber man kann die wichtigsten Thesen der Schematherapie in etwa so zusammenfassen:

Jeder Mensch hat verschiedene innere Anteile. Mal fühlt man sich vielleicht klein und schwach und wie ein Kind – ein andermal jedoch erwachsen und in Kontrolle über die Situation. Je nachdem, welcher innere Anteil gerade stärker aktiviert ist, sind unsere Gedanken, Gefühle und Handlungen davon geprägt.

Um unser heutiges Fühlen und Verhalten in Beziehungen zu verstehen, müssen wir etwas tiefer graben. Unsere Muster kommen aus der Kindheit und sind entstanden und geprägt von unseren frühen Erfahrungen mit anderen Menschen – Eltern, Geschwister, Lehrer, Freunde etc. Soweit diese Erfahrungen positiv waren und unsere Bedürfnisse erfüllt wurden, haben sie uns geholfen, das Gefühl aufzubauen, dass wir liebenswert und in Ordnung sind, so wie wir sind. Die meisten Kinder machen jedoch – in mehr oder weniger starkem Ausmaß – auch Erfahrungen, in denen ihre Bedürfnisse nicht erfüllt werden. In solchen Situationen entstehen dann Anteile in einem Menschen, die das Gefühl haben, nicht geliebt zu werden, wertlos zu sein oder vom Leben grundsätzlich überfordert zu werden.

KINDLICHE BEDÜRFNISSE

Es gibt einige wichtige Bedürfnisse, die Kinder in Beziehungen mit ihren Bezugspersonen haben. Je stärker diese verletzt werden, umso stärker können sich daraus bestimmte Rollen entwickeln.

- **Sicherheit und Bindung:** Am meisten benötigen Menschen das Gefühl, dass andere zuverlässig für sie da sind und sie beständig gerne haben. Dadurch lernst du zu fühlen, dass du zu anderen gehörst und dich ganz grundsätzlich auf sie verlassen kannst.
- **Selbstachtung und Wertschätzung durch andere:** Du musst lernen, dass andere dich ernst nehmen und wichtig finden, um zu lernen, deine eigenen Bedürfnisse ernst und wichtig zu nehmen.
- **Autonomie:** Passend zum Alter eines Kindes ist es wichtig, dass seine Selbstständigkeit gefördert wird – dadurch lernt es zu spüren, dass es mit den Herausforderungen des Lebens zurechtkommen kann.
- **Freiheit, eigene Bedürfnisse und Gefühle zu erleben und mitzuteilen:** Der Ausdruck der eigenen Gefühle darf nicht bestraft werden – sonst lernst du, dass deine Gefühle und Bedürfnisse grundsätzlich nicht in Ordnung sind. Dann kannst du dich nicht mehr entspannt mit ihnen auseinandersetzen.

- **Spontaneität und Spiel:** Freude, Lust und Spaß sind das Salz in der Suppe des Lebens. Kinder brauchen eine freudige, lustvolle Umgebung, um gedeihen zu können.
- **Angemessene Grenzen:** Es ist auch wichtig zu erfahren, dass du im Leben nicht alles bekommen kannst, was du möchtest. Nur dann kannst du ein gutes Miteinander mit anderen finden, in dem bei unterschiedlichen Wünschen und Bedürfnissen auch gute Kompromisse gefunden werden.

Gefühle wie Wut, Trauer, Angst, die bei der Nichterfüllung der oben genannten Bedürfnisse auftreten, sind manchmal schwer auszuhalten. Deshalb entwickeln wir bestimmte Rollen, um uns zu schützen. Daher treten in emotional aufgeladenen Situationen die sogenannten Helfer-Rollen auf. Sie haben die Funktion, uns vor schwierigen und hilflosen Gefühlen zu schützen und uns »aus der Situation zu retten«. Unser Beziehungsverhalten – und zwar unabhängig davon, wie wir uns geschlechtlich orientieren – wird von der jeweiligen Rolle geprägt, die wir über die Jahre perfektioniert haben – wenn wir zum Beispiel bestimmte Gefühle oder Situationen vermeiden oder aggressiv in die Offensive gehen. Um diese Rollen geht es in den ersten Kapiteln. Ellie, Leonore und Sarah repräsentieren die drei Optionen Dienen, Blenden oder Flüchten in Reinform. Tatsächlich begegnet man häufiger Mischformen, die in unterschiedlichen Beziehungen und Situationen unterschiedliche Rollen einnehmen: etwa im Job Blender und bei der Mutter eher Diener – und viele Varianten mehr. In der Schematherapie gehen wir davon aus, dass es diese Helfer-Rollen, die uns vor schwierigen Gefühlen beschützen, im Grunde in drei verschiedenen Varianten gibt. Bei verschiedenen Menschen können diese Varianten natürlich etwas unterschiedliche Gestalten annehmen, aber im Prinzip sind sie sich doch immer wieder sehr ähnlich.

UNTERWERFUNG

Diesen Bewältigungsstil zeigt die Helfer-Rolle des Dieners. Damit ist gemeint, dass man sich vollständig an den (oftmals nur angenommenen, also vermeintlichen) Bedürfnissen anderer orientiert, um sich in einer Situation zurechtzufinden. Menschen mit diesem Bewältigungsstil kümmern sich entsprechend viel um ihr Liebesobjekt und können diesem dabei manchmal regelrecht auf die Nerven gehen. Fragt man sie aber nach ihren eigenen Bedürfnissen (oder fragen sie sich selbst danach), sind sie oft ratlos, da sie diese so weit wie möglich verdrängen.

ÜBERKOMPENSATION

Diesen Bewältigungsstil zeigt die Helfer-Rolle des Blenders. Er ist gewissermaßen gekennzeichnet durch »Vorwärtsverteidigung«. In der Überkompensation treten Menschen aggressiv, fordernd, dominant oder auch angeberisch auf. Dahinter steckt oft Angst und Minderwertigkeitserleben – dann lässt sich Überkompensation gewissermaßen mit dem Prinzip beschreiben: »Ich baue mich erst mal ganz groß vor dem anderen auf, bevor der auch nur auf die Idee kommt, mir das Wasser reichen zu können«. Manchmal steht dahinter auch eher Verwöhntheit und Selbstüberschätzung. Um diese Unterscheidungen wird es später im Zusammenhang mit den Kind-Rollen noch genauer gehen.

VERMEIDUNG

Diesen Bewältigungsstil zeigt die Helfer-Rolle des Flüchtenden. Das bedeutet im Wesentlichen, dass Gefühle vermieden werden. Dies kann auf verschiedene Art und Weise geschehen – zum Beispiel suchen Menschen Situationen gar nicht erst auf, in denen es emotional oder herausfordernd werden könnte. Oder sie gehen Konflikten oder gar Beziehungen allgemein aus dem Weg. Vermeidung kann aber auch durch den Konsum von beruhigenden Substanzen passieren – wenn man etwas Alkohol getrunken hat, spürt man Gefühle nicht mehr so stark. Manche Menschen mit der Helfer-Rolle des Flüchtenden lenken sich auch durch dauernde Beschäftigung ab und vermeiden so.

Diese Rollen entwickeln wir häufig schon in unserer Kindheit als Überlebensstrategie für diese Lebensphase. Erfährt ein Kind zum Beispiel viel Abwertung und Aggression, zieht es sich in die Rolle des Flüchtenden zurück, um mögliche Auslöser von Aggression zu vermeiden. Dadurch schützt es sich vor weiterer Gefahr und negativen Erfahrungen. Allerdings entwickeln diese Bewältigungsstile im Laufe des Lebens oft eine gewisse Eigendynamik. Sie bleiben bestehen, obwohl wir eigentlich mittlerweile viel mehr Freiheit haben, uns auszudrücken, und uns auch ohne Flucht gut um uns und unsere Bedürfnisse kümmern könnten. In erwachsenen Beziehungen stören solche Rollen dann meist. So führt die Rolle des Flüchtenden, die früher vor Gefahr geschützt hat, jetzt dazu, dass ich keinem anderen Menschen wirklich nahekomme. Dadurch kann ich auch nicht die Erfahrung machen, geliebt zu werden und mich in Beziehungen wirklich sicher zu fühlen.

Der erste Schritt besteht also darin, dass man zunächst seine verschiedenen Rollen kennenlernt und versteht, wo sie herkommen. In der Folge geht es dann darum, wie man seine Rollen so verändern (teils aufbauen, teils reduzieren) kann, dass man letztlich seine Bedürfnisse immer besser und angemessener ausdrücken und erfüllen kann. Da die Helfer-Rollen gerade in komplizierten Beziehungssituationen oft im Vordergrund stehen, ist es wichtig, sie bei sich und anderen zu erkennen.

WAS KANN DIR HELFEN, DEINE EIGENEN MUSTER BESSER ZU ERKENNEN?

- Sprich mit guten Freunden darüber, und frag nach, wenn du etwas nicht verstehst, was du rückgemeldet bekommst.
- Sei ehrlich mit dir selbst. Menschen neigen grundsätzlich dazu, die Verantwortung für Fehler und Probleme bei anderen zu sehen. Das ist ganz normal, bringt dich aber nicht weiter in der Selbsterkenntnis.
- Akzeptiere die Tatsache, dass auch du Widerstand hast, und schau dorthin, wo es wehtut. Wenn du zum Beispiel auf eine kritische Rückmeldung besonders heftig reagierst, solltest du erst recht überlegen, ob etwas dran ist!
- Nimm es leicht und mit Humor! Je besser du auch mal über dich lachen kannst, umso leichter fällt es dir, die Dinge auch dann mit Abstand zu sehen, wenn deine Muster gerade wieder aktiviert werden.
- Akzeptiere dich erst mal einfach so, wie du bist! Wenn wir ungünstige Muster an uns selbst sehen, wollen wir sie oft gleich fundamental ändern. Das geht aber nicht, bei niemandem. Wenn du das erst mal grundsätzlich akzeptierst, bist du offener dafür, dich auch mal kritisch zu reflektieren.

Drei Engel für …

Wir möchten dir jetzt unsere kleine Clique vorstellen: Ellie, Leonore und Sarah. Sie verkörpern die drei »Klassiker« im Beziehungsleben in Reinform … In welcher der drei findest du dich wohl am ehesten wieder?

Die Freundinnen kennen sich aus dem Studium und haben mal in einer WG gewohnt. Dadurch haben sie das Privatleben der anderen alle ganz gut kennengelernt und nehmen heute kein Blatt mehr vor den Mund. Allerdings ist diese Zeit mittlerweile ein paar Jährchen her, die Freundschaft aber zum Glück geblieben. Sie treffen sich regelmäßig zum Kochen und gehen auch mal zusammen aus. Wenn eine grade liiert ist, kann der Partner gern mitkommen – dann hat man schon ein Thema beim nächsten Treffen!

ELLIE, DIE DIENERIN

Sie ist vom Typ her eine Dienerin, die zu allem Ja und Amen sagt. Ellie versucht Liebe und Zuwendung zu bekommen, indem sie alles richtig macht und gebraucht wird. Beziehungen sind ihr wichtig, sie ist nicht gerne alleine. Sie wünscht sich im tiefsten Inneren einen Traumprinzen, der sie verehrt, versorgt und auf Händen trägt. Weil sie sich das so sehr wünscht, ist sie leicht bereit, in einem neuen Mann genau das zu entdecken. Sie fällt leicht auf »tolle Typen« rein, die sich später als hohle Angeber und Blender entpuppen. Deshalb wird sie mit ihrem Märchenprinzen-Traum immer wieder enttäuscht. Im Moment ist sie solo und hat aus Frust gerade eine Tinder-Pause eingelegt. Leonore und Sarah lästern aber, dass das nicht lange halten wird. Ellie weiß, dass die beiden sie gern haben, aber ihr Spott tut im Moment schon ziemlich weh, so toll geht es ihr gerade eh nicht …

LEONORE, DIE BLENDERIN

Sie blendet in ihrem Kampf darum, alles zu bekommen, was sie haben möchte. An Leonore kommt man nicht vorbei, sie ist immer »on stage«, auch im Privatleben. Ziemlich laut, immer auf der Suche nach dem Thrill und ganz schön selbstbewusst. Dabei kann sie sich manchmal ziemlich leer und alleine fühlen, wenn gerade nichts los ist, davon lenkt sie sich aber auch schnell wieder ab. Mit den Männern ist es bei ihr wie bei anderen Sachen auch: Solange sie kämpfen und erobern muss, findet sie es spannend. Sobald sie jemanden sicher hat, langweilt sie sich, wenn sie ehrlich ist. Ellie versucht ihr immer zu verklickern, dass sie sich mal einlassen soll … Aber wenn Leonore ehrlich ist, weiß sie gar nicht so recht, was es damit eigentlich auf sich haben soll.

SARAH, DIE FLÜCHTENDE

Sarah verkörpert das Beziehungsmuster der Vermeidung. Sie hat seit Jahren einen Partner, Tim, aber eigentlich haben sie sich nicht mehr viel zu sagen, und Sarah findet nicht mehr viel an ihm. Man hat sich halt aneinander gewöhnt, und Tim ist viel unterwegs – so hat auch jeder seine Freiheit. Emotionale und erotische Nähe gibt es für Sarah manchmal in flüchtigen, sehr harmlosen Affären; wenn diese enger werden, verdrückt sie sich aber in der Regel wieder. In ihren Träumen ist sie allerdings eine große Romantikerin ... Ellie findet, dass auch Sarah sich ruhig mal auf etwas einlassen sollte, selbst wenn es ein bisschen wehtut. Sarah versteht, was sie meint. Aber sie weiß nicht wirklich, wie sie das anstellen soll ...

Ellie, Leonore und Sarah verkörpern die Quintessenz unserer Erfahrungen mit Menschen, die in der Liebe straucheln – und es dennoch immer wieder versuchen. Sie sind alle »Prototypen« der jeweiligen Muster. Die meisten Menschen erleben eher eine Mischung. Die drei sind ganz unterschiedlich, trotzdem mögen und akzeptieren sie einander. Ihr offener, wohlwollender Umgang miteinander spiegelt die Atmosphäre wider, die wir aus der therapeutischen Praxis kennen, auch wenn es dort selten so lustig zugeht. Die Freundinnen können also durchaus ganz erwachsen agieren. Ihre Helfer-Rollen treten verstärkt in ihren Liebesbeziehungen zutage.

In den folgenden Erfahrungsberichten aus ihrem Liebesleben verfolgen wir die drei über ein Jahr, in dem sie sich mit dem Thema »Beziehungen« intensiv auseinandersetzen – jede auf ihre Weise. Mal läuft es gut und mal gar nicht.

Ellie glaubt immer wieder an das Gute

In diesem Kapitel lernst du Ellie, Sarah und Leonore auf einer Silvesterparty etwas näher kennen. Jede erzählt eine Beziehungserfahrung aus dem vergangenen Jahr, die mal wieder typisch war. Besonders interessiert uns dabei natürlich: Was ist in letzter Zeit beziehungsmäßig gelaufen? Was sagt das über die verschiedenen Typen? Wie geht es ihnen und anderen damit? Und wir wollen wissen: Wo findest du dich wie stark wieder?

Lass uns mit Ellie anfangen, die sich immer so viel Mühe gibt und auf den Prinzen hofft, den sie dann doch wieder nicht gefunden hat. Das hat sie in diesem Jahr erlebt, leider nicht zum ersten Mal. Dieses Mal mit Stefan: Sie haben sich online kennengelernt und schon nach den ersten Dates war Ellie begeistert.

Ellies Geschichte

»Im letzten Jahr drehte sich alles in meinem Leben um Stefan. Ich dachte wirklich, er sei endlich der Traumprinz, den ich immer gesucht habe. Kennengelernt habe ich ihn, wie so einige Männer, über Tinder. Er machte eher einen durchschnittlichen Eindruck, doch als er mir nach unseren ersten Dates immer wieder sagte, wie toll er mich findet, was er alles mit mir plant und wie wir unsere Leben gemeinsam leben wollen, war es um mich geschehen. Ich hatte mich unglaublich verliebt.

Natürlich habe ich ihn auch Leo und Sarah vorgestellt. Ich war so stolz, einen so tollen Mann an meiner Seite zu haben. Leo rief mich abends dann an und sagte trocken: ›Ach Schatz, das ist doch schon wieder so ein Narzisst …‹

Das hat mich getroffen. Stefan war so aufmerksam und lieb. Er organisierte sogar ein Candle-Light-Dinner im Mondschein auf der höchsten Dachterrasse der Stadt.

Als dann jedoch seine Schwester zu Besuch in der Stadt war und er sie mir nicht vorstellen wollte, fand ich das gar nicht schön. Ich dachte, wir wollten für immer zusammenbleiben und eine Familie gründen. Ich habe versucht, ihn anzurufen, zu fragen, was los ist. Warum er das nicht will. Doch ich habe ihn nicht erreicht. Sein Handy war aus. Drei unendliche Tage habe ich ihn nicht erreicht und wäre vor Kummer fast gestorben. So einfach aus dem Nichts. Ich konnte nicht glauben, dass es derselbe Mann sein sollte, der mir in der letzten Woche beim leidenschaftlichen Sex ins Ohr geflüstert hatte, dass er mich liebt.

Meine Bilanz dieser drei Tage waren 20 Anrufe und 50 WhatsApp-Nachrichten und Schokolade in Massen. Oh Mann. Doch ich konnte nicht mehr klar denken.

Als nach drei Tagen die Antwort kam: ›Sag mal, was stellst du dich so an, das find ich ja nervig!‹ und er so weitermachte, als sei nichts gewesen, traute ich mich plötzlich nichts mehr zu sagen. Irgendwas hatte sich zwischen uns geändert.

Oft kam er nur noch spät am Abend zu mir, nachdem er mit irgendwem unterwegs gewesen war. Ich war froh, ihn überhaupt zu sehen, und gab mir alle Mühe, die wenige Zeit zu zweit schön zu gestalten. Ich zündete Kerzen an, massierte ihn nach dem langen Tag und war einfach da. Um keinen Streit zu provozieren, fragte ich nicht mehr, was er sonst machte. Ich wollte unsere Liebe und Beziehung nicht riskieren. Ich fieberte den ganzen Tag darauf hin, die letzten zwei Stunden des Tages mit ihm zu verbringen. Ich starrte auf mein Handy, in der Hoffnung, etwas von ihm zu lesen. Doch es kam immer seltener etwas zurück. Als ich mich dann doch mal traute zu fragen, ob er eine Neue hat, raunzte er mich an: ›Nervige Klette!‹«

Leonore zieht hörbar den Atem ein. »Brutal. Was für eine Erniedrigung! Aber anders hättest du wahrscheinlich nie kapiert, dass allein du an dieser Beziehung festgehalten hast. Oder suchst du vielleicht gerade das, kleine Maso-Maus?!« Dann folgen von den Freundinnen aber Trost und gute Worte.

Zu viel Fürsorge nervt

Was sich Ellie so sehr wünscht, ist eine richtig enge und zuverlässige Beziehung. Das brauchen Sarah und Leo gar nicht so sehr, dazu kommen wir gleich noch. Entsprechend haben sie gut reden. Und sie haben auch den richtigen Abstand, um das Grundmuster zu erkennen: Ellie setzt einfach keine Grenzen und fängt auch erst dann an, ihre Grenzen zu spüren, wenn es schon anfängt, wehzutun. Ellie fühlt sich gut damit, für den anderen da zu sein, und irgendwie glaubt sie immer, dass sie dafür geliebt wird, und mag es auch gar nicht anders machen. Leo meint dazu eiskalt, sie solle beim nächsten Mal den Typen doch einfach im Verlauf öfters mal testen, was er denn für sie tun würde – da läuft es Ellie allerdings eiskalt den Rücken runter, das kann sie sich gar nicht vorstellen! Der Gedanke versetzt sie regelrecht in Panik.

Wir nennen diese Rolle von Ellie den »Diener-Modus«, manche Psychologen sprechen auch von »Unterwerfung«. Mit beidem ist gemeint, dass man sich vor allem daran orientiert, was sich gerade die anderen wünschen. Das kann sich in allen Lebensbereichen zeigen – im Alltag, wenn man sich nach dem anderen richtet oder ihn versorgt, bekocht, seine Wäsche bügelt etc. Aber auch im Gespräch oder bei Unternehmungen, wenn immer der Partner das Wort führt oder bestimmt, was gemacht wird. Auch im Bett kann sich Unterwerfung zeigen – dann macht man Dinge mit, an denen man gar keinen Spaß hat, nur damit der andere Lust empfindet. Hinter alldem steckt in der Regel die Angst davor, nicht geliebt zu werden oder, so wie man ist, nicht wertvoll genug zu sein.

Typische Verhaltensmuster, die in der Rolle der Dienenden in Beziehungen auftreten können:

- Vorauseilender Gehorsam: dem anderen wird jeder Wunsch von den Augen abgelesen.
- Intensives Kümmern um den anderen: der andere wird super versorgt.

- Mitmachen von Aktivitäten, die einem eigentlich keinen Spaß machen – im Bett genauso wie in anderen Lebensbereichen.
- Eigene Bedürfnisse werden gar nicht wahrgenommen.

Diese Diener-Rolle kann ganz schön anstrengend sein – schließlich ist man quasi dauernd »im Dienst«. Man opfert Zeit und Energie womöglich für Aktionen, die einem das bei näherer Betrachtung gar nicht wert wären. Gedankt bekommt man das meistens nicht oder nur ein bisschen. Und ob jemand bei einem bleibt, weil er einen liebt oder weil er das Leben so bequem findet, ist auch nicht so sicher ... einige erhebliche Nachteile!

Allerdings hat diese Helfer-Rolle auch ein paar Vorteile, die Leo mit ihrem scharfen Verstand schon ganz gut auf den Punkt gebracht hat. Man kann sich dadurch vor Entscheidungen drücken und Verantwortung abgeben. Und die Gretchenfrage, ob der andere wirklich etwas für einen empfindet, braucht man sich nicht zu stellen – damit kann man, zumindest kurzfristig, auch einigen Frust vermeiden. Langfristig wird es zum Problem werden, weil irgendwann die Stunde der Wahrheit schlägt. Außerdem kann so eine Diener-Rolle für andere zwar sehr bequem sein – es kann ihnen aber auch mal auf den Wecker gehen. Die meisten Menschen mögen es ganz gerne, wenn Verantwortung geteilt wird und auch der andere mal einen Wunsch anmeldet. Und wenn man so gar keine Grenzen beim anderen spürt, macht man sich vielleicht auch mal Gedanken, wo er oder sie eigentlich steht und ob es überhaupt stimmt, dass er oder sie mit allem so glücklich und zufrieden ist, wie er oder sie sagt.

Manche Diener-Typen kletten auch tatsächlich ziemlich, z.B. wenn sie sich dauernd melden, um den anderen besorgt sind oder überfürsorglich nachfragen, wie es einem geht. Zu viel Fürsorge kann irgendwann auch nerven. Viele Menschen fühlen sich auch in der Pflicht, sich ebenso zu kümmern. Wenn sie das nicht machen, bekommen sie Schuldgefühle. Das kann dann sogar ein Grund sein, eine Beziehung zu einer Diener-Person lieber auf kleiner Flamme zu halten. Übrig bleiben dann die Typen, die kein Problem damit haben, dass der andere sich viel mehr reinhängt als sie selbst – und die sind dann gerne so narzisstisch oder rücksichtslos wie Ellies Stefan.

Vor- und Nachteile der Diener-Rolle

Vorteile der Diener-Rolle für den Diener	Nachteile der Diener-Rolle für den Diener
▪ Man kann Verantwortung abgeben. ▪ Die Gretchenfrage, ob der andere einen wirklich mag oder nur bequem findet, wird nicht gestellt. ▪ Durch »Kletten« kann der andere womöglich in der Beziehung gehalten werden.	▪ Andere entscheiden für einen mit. ▪ Es kann sehr anstrengend sein, wenn man dauernd »im Dienst« ist … ▪ Sexuell lässt man sich womöglich auf Dinge ein, die man nicht möchte. ▪ Man kann nicht feststellen, ob der andere einen wirklich liebt oder nur bequem findet.

Vorteile der Diener-Rolle für die anderen	Nachteile der Diener-Rolle für die anderen
▪ Gute Versorgung, das kann sehr bequem sein. ▪ Ggf. hohes sexuelles Entgegenkommen. ▪ Diener wehrt sich nicht bei unverschämter Behandlung.	▪ Dauernde Übernahme von Entscheidungen kann nerven. ▪ Kletten ist auf die Dauer anstrengend und führt eher zu Ablehnung. ▪ Überfürsorge kann zu eigenen Schuldgefühlen führen, wenn man sich selbst nicht so kümmern möchte.

Dabei ist es natürlich ganz generell eine gute Sache, sich um andere zu kümmern, auf die Wünsche von allen ein wenig zu achten und sich den Vorstellungen anderer auch mal anzupassen. Wenn jeder immer nur auf dem Egotrip unterwegs ist, dann kann das auch nicht gut gehen! Zur problematischen Helfer-Rolle wird es dann, wenn man sich selbst aufgibt, wenn man gar nicht mehr weiß, was man selbst will, und nicht mehr für die eigenen Bedürfnisse einstehen kann. Oder wenn das Ziel, den anderen so in einer Beziehung zu halten, auch dann noch gnadenlos verfolgt wird, wenn eigentlich schon klar ist, dass nichts mehr zu retten ist.

Leonore braucht immer den nächsten Kick

Zurück zu unserer Clique! Die Zweite, die wir dir vorstellen wollen, ist Leonore. Leonore – oder Leo, wie ihre Freunde sie nennen – ist in vieler Hinsicht das Gegenteil von Ellie. Wo Ellie sich zurücknimmt, provoziert Leonore und setzt sich in Szene. Wo für Ellie andere manchmal zu wichtig sind, sind Leo die anderen öfters auch mal einfach ganz egal. Wo Ellie gar nicht nach ihren Bedürfnissen schaut, nimmt sich Leonore, was sie will. Und während Ellie klammert und Beziehungen unbedingt halten möchte, lässt Leonore die Männer auch mal fallen wie eine heiße Kartoffel … und wo Ellie sich niemals trauen würde, sich für jemanden zu interessieren, der sie nicht toll findet, reizt Leonore gerade das regelrecht sportlich. Und da sie in ihrem Beraterjob mit vielen Menschen zu tun hat, fehlt es ihr auch nicht an Gelegenheiten.

TESTE DICH SELBST: NEIGST DU ZU UNTERWERFUNG?

Inwieweit treffen diese Aussagen auf dich zu?

1. »Ich kümmere mich um alles Mögliche, auch wenn es vielleicht gar nicht mein Job wäre.«
   - ☐ Ganz im Gegenteil! Wenn ich für etwas nicht zuständig bin, dann rühre ich das auch nicht an. *(0 Punkte)*
   - ☐ Das kann schon mal vorkommen, wenn Not am Mann ist. Es ist aber eher nicht die Regel. *(1 Punkt)*
   - ☐ Ja, das ist typisch für mich. Ich bin auch meistens die, die als Erstes »hier« ruft, wenn Aufgaben verteilt werden, auf die niemand Lust hat. *(2 Punkte)*

2. »Ich versuche, meinem Partner möglichst jeden Wunsch von den Augen abzulesen.«
   - ☐ Nope! Die/Der ist selbst groß, ich bin doch nicht die Mutti! *(0 Punkte)*
   - ☐ Wenn ich jemanden lieb habe, möchte ich es ihm auch schön machen. Ich schaue aber immer, wie ich das mit meinen eigenen Wünschen verbinden kann. *(1 Punkt)*
   - ☐ Das trifft sehr auf mich zu. Ich denke dann nicht mehr an mich, manchmal ärgere ich mich deshalb später darüber. *(2 Punkte)*

3. »Wenn etwas Gemeinsames geplant wird, denke ich automatisch vor allem darüber nach, was für meinen Partner schön wäre.«
   - ☐ Gemeinsame Aktionen sollen mir schließlich auch gefallen. Wenn mein Partner auf etwas Lust hat, was nicht so meins ist, kann er das gerne alleine machen. *(0 Punkte)*
   - ☐ Es kommt darauf an. Wenn ich weiß, dass ihm irgendetwas besonders gut gefällt, dann mache ich auch mal mit, selbst wenn es jetzt nicht so mein Ding ist. *(1 Punkt)*
   - ☐ Das stimmt. Umgekehrt ist es mir richtig unangenehm, wenn er sich unbedingt nach mir richten möchte. Mir fällt dann oft auch gar nichts ein. *(2 Punkte)*

4. »Ich versuche beim Sex vor allem herauszufinden, was meinem Partner gefällt, und mache das dann – ob es mir gefällt, ist nicht so wichtig.«

- ☐ Beim Sex gehe ich keine Kompromisse ein. Wenn ich auf etwas keine große Lust habe, dann mache ich das auf keinen Fall. Dafür kann ich ganz gut klarmachen, was ich will. *(0 Punkte)*
- ☐ Ich würde beim Sex keine Sachen machen, die ich echt ablehne oder unangenehm finde. Aber wenn ihm etwas gefällt, was mir nicht wehtut – warum nicht mal mitmachen … Natürlich darf ich dabei auch nicht zu kurz kommen. *(1 Punkt)*
- ☐ Ich bin beim Sex stark an meinem Partner orientiert und mache mit, was er will. Umgekehrt fällt es mir sehr schwer zu zeigen, was mir gut gefällt. *(2 Punkte)*

5. »Wenn mein Partner mich fragt, was ich möchte, reagiere ich automatisch mit der Gegenfrage: Was möchtest du denn gerne?«

- ☐ Nein, diese Gegenfrage gibt es bei mir nicht. *(0 Punkte)*
- ☐ Nicht zwingend – aber es ist mir generell schon wichtig zu wissen, was er will, damit wir einen guten Kompromiss finden. *(1 Punkt)*
- ☐ Ja, das ist meine typische Frage. Und auf den Punkt, was ich eigentlich will, kommen wir oft nicht zurück. *(2 Punkte)*

AUSWERTUNG

0–3 Punkte: Du scheinst nicht sehr anfällig für Unterwerfung bzw. für das Dienen zu sein, sondern stehst klar für deine Bedürfnisse ein. Manchmal kann der andere dabei schon fast etwas hinten runterfallen, ein bisschen mehr Kompromissbereitschaft deinerseits wäre gelegentlich vielleicht gar nicht so schlecht.

4–6 Punkte: Das klingt nach einem gesunden Mittelmaß. Die Bedürfnisse des anderen sind dir wichtig, aber du findest eine gute Balance mit deinen eigenen Bedürfnissen.

7–10 Punkte: Unterwerfung und Dienen ist ein Thema für dich – je höher der Punktwert innerhalb dieses Bereiches, umso mehr. Du achtest deutlich mehr auf den anderen als auf dich, du selbst kannst dabei hinten runterfallen. Das könnte ein wichtiges Problem in deinen Beziehungen sein.

Leos Geschichte

»Was Männer können, das kann ich auch. Ich nehme mir das, was ich will. Männer, die unerreichbar erscheinen, sind für mich eher ein Ansporn als ein Hindernis. Diese Konstellation hat mich dieses Jahr nicht zum ersten Mal gelockt, als mich der verantwortliche Personalchef zum Abschluss eines Consulting-Auftrags in ein Nobelrestaurant eingeladen hat. Während der Zusammenarbeit hatte der Manager kaum Interesse signalisiert, was mich umso mehr gereizt hat. Also zückte ich beim Abschiedsessen sämtliche Waffen der Verführung: High Heels, lange Mähne, lautes Lachen – das volle Programm. Die Affäre, die an diesem Abend begann, war der Hammer! Pure Leidenschaft. Als der gute Mann allerdings anfing, seine langweilige Ehe zu beklagen, und laut darüber nachdachte, sich ganz und gar mit mir in ein neues Leben zu stürzen, schrillten bei mir sämtliche Alarmglocken: monatelanges Scheidungsdrama, Schuldgefühle, Patchwork-Stress. Nein, danke! Auf zum Nächsten!«

»Habt Ihr noch Kontakt?«, fragt Sarah – »Wieso sollte ich?!«, blafft Leonore zurück. Ausnahmsweise sind sich Sarah und Ellie einmal einig: »Der Arme!« Dass auch Manager Gefühle haben, scheint Leonore erst allmählich bewusst zu werden.

Ihre Freunde finden ihre Geschichten zunächst mal ziemlich unterhaltsam. Unglaublich, wie sie immer durchstartet und phasenweise die Nacht zum Tag macht! Und bisher hat sie noch so gut wie jeden bekommen, auf den sie ein Auge geworfen hat. Davon würde sich Ellie manchmal schon ganz gern eine Scheibe abschneiden.

Andererseits hat Ellie auch ziemlich viel Mitleid mit den Typen, die sich dann richtig auf Leonore einschießen und von ihr wieder sitzen gelassen werden. Leider erinnert sie das auch an sich selbst, was sie mit sich alles machen lässt. Aber es ist auch nicht in Ordnung, wie Leonore da die Männer benutzt, um sich den Kick zu holen, das finden sowohl Ellie als auch Sarah. Leonore bekommt manchmal ein klein wenig schlechtes Gewissen, wenn sie ihr das vorhalten – aber in der Regel dauert das nicht lange. Ein anderer Punkt gibt ihr aber schon manchmal zu denken: Sie hätte eigentlich schon gerne ein Kind – aber so wird das nie was mit Vater-Mutter-Kind, da muss sie Ellie irgendwie recht geben.

Angriff ist die beste Verteidigung

Warum läuft das immer so bei ihr? Diese Frage beschäftigt Ellie fast mehr als Leonore selbst. Sie mag einfach den Reiz des Neuen, den Kick des Abenteuers. Jemanden zu erobern, das törnt sie an. Auch den Sex mit neuen Affären genießt sie sehr, das ist aufregend und geil. Aber sobald sich die Lage stabilisiert und Richtung Beziehung geht, beginnt sich Leonore zu langweilen. Die Vorstellung, mit jemandem zusammenzuwohnen und den Alltag zu teilen, ist für sie ein Horror.

Wir nennen dieses Muster den Blender-Modus, weil diese Menschen dauernd für oder gegen etwas kämpfen und ununterbrochen mit Energie geladen sind. Ein psychologischer Fachbegriff dafür lautet auch »Überkompensation«. Damit ist gemeint, dass versteckt gehaltene Gefühle wie Minderwertigkeit oder Einsamkeit sehr aktiv ins Gegenteil gedreht werden. Manchmal wird das auch als »narzisstisch« bezeichnet, weil sich Leonore selbst so in den Vordergrund schiebt und die Männer im Grunde für ihre Zwecke benutzt.

Im Kern dieses Musters liegt die Suche nach Aufregung und Spannung, die über Erotik- und Machtspielchen besonders gut erlebt werden können. Manche Menschen mit solchen Mustern agieren auch eher aggressiv, weil sie sich dann mächtig und dominant fühlen. Oder sie kontrollieren andere, wissen es permanent besser und fühlen sich so überlegen. Andere Blender putschen sich auch mit Drogen oder anderen starken Reizen (z. B. Pornografie, harter Sex, Extremsport, Workaholic) auf, um etwas zu erleben. Was Leonore aber nicht gut erleben kann, ist echte und tiefe Bindung – deshalb wird ihr so unbehaglich und langweilig, sobald eine Beziehung verbindlicher wird. In manchen schwachen Momenten fühlt sie sich dafür auch sehr einsam – aber dazu kommen wir später noch.

TYPISCHE VERHALTENSWEISEN, DIE IN DER ROLLE DES BLENDERS IN BEZIEHUNGEN AUFTRETEN KÖNNEN

- Aggressives Verhalten, andere werden (verbal) angegriffen
- Arrogantes, überhebliches Benehmen, Angeberei, Zynismus
- Kontrollierendes Auftreten, andere bekommen viele Vorschriften gemacht
- Aufputschende Aktivitäten und Abenteuer, auch im erotischen Bereich
- Gebrauch von aufputschenden Substanzen wie Alkohol oder Koks, gern in Verbindung mit Energydrinks

Dieses Muster hat einige Vorteile. Man fühlt sich oft stark, in Kontrolle über die Situation, von keinen Selbstzweifeln geplagt, andere schauen zu einem auf oder haben zumindest Angst vor einem. Außerdem können erotische Abenteuer, kämpferische Wettstreite oder auch Drogentrips sehr spannend und aufregend sein.

Allerdings halten Beziehungen so selten auf Dauer – Ellie und Sarah sind Leonores einzige echte Freundinnen, wenn sie ehrlich ist. Bei Ellie ist das anders, die hat noch einige andere gute Freundinnen, auf die sie sich bombensicher verlassen kann. Und es kommt immer wieder vor, dass Leonore von anderen regelrecht gehasst wird, die sich von ihr schlecht behandelt fühlen. Einerseits macht ihr das ja wenig aus, aber so richtig gut findet sie das auf die Dauer auch nicht … Das Thema »Familiengründung« ist ein großes Fragezeichen für Leonore. Denn der Blender-Stil ist kaum vereinbar mit der Verlässlichkeit und alltäglichen Routine, die für ein Paar notwendig sind, das sich gemeinsam um ein Kind kümmert.

Vor- und Nachteile der Blender-Rolle

Vorteile der Blender-Rolle für den Blender	Nachteile der Blender-Rolle für den Blender
▪ Spannung und Abenteuer. ▪ Man fühlt sich in Kontrolle der Situation. ▪ Man fühlt sich wichtig, wird bewundert, dominiert die anderen.	▪ Andere mögen einen oft nicht. ▪ Längere, stabile Beziehungen sind schwer zu führen. ▪ Die Bewunderung der anderen beruht eher auf Angst, das ist irgendwie nicht schön.

Vorteile der Blender-Rolle für die anderen	Nachteile der Blender-Rolle für die anderen
▪ Unterhaltsam und aufregend, vor allem wenn man nicht gerade das »Opfer« ist. ▪ Solange der Blender um einen kämpft, fühlt man sich geschmeichelt und wichtig. ▪ Wenn es gut läuft, nimmt einen der Blender mit auf der Woge der Spannung und des (erotischen) Abenteuers.	▪ Das aggressive, dominante Auftreten ist für andere oft unangenehm. ▪ Bei Konflikten wird der Blender sehr unangenehm, aggressiv, ungerecht, kompromisslos. ▪ Langfristige Beziehungen werden vom Blender abgebrochen oder gar nicht erst begonnen.

TESTE DICH SELBST: NEIGST DU ZU ÜBERKOMPENSATION?

Inwieweit treffen diese Aussagen auf dich zu?

1. »Ich zeige den anderen gerne, dass ich klüger, reicher oder sonstwie toller bin als sie.«
   - ☐ Nein, das Gegenteil ist der Fall! Ich stelle mein Licht eher unter den Scheffel. *(0 Punkte)*
   - ☐ Ich bin bestimmt kein/e Angeber/in. Aber wenn ich auf etwas stolz bin, dann zeige ich das auch mal. *(1 Punkt)*
   - ☐ Kann schon sein. Ich habe zumindest schon mehr als einmal gehört, dass ich mich angeberisch benommen hätte. *(2 Punkte)*

2. »Ich bestehe darauf, dass alles nach meinen Vorstellungen läuft. Kann schon sein, dass das manchmal aggressiv wirkt, aber das ist mir in dem Moment nicht so wichtig.«
   - ☐ Das trifft überhaupt nicht auf mich zu. Ich checke eher dauernd, ob die anderen ihre Vorstellungen erfüllt bekommen. Außerdem bin ich dafür nicht selbstsicher und von mir überzeugt genug. *(0 Punkte)*
   - ☐ Wenn ich weiß, dass ich mich mit etwas besser als die anderen auskenne, dann bestehe ich schon mal darauf, dass ich weiß, wie etwas gemacht wird. Aber das ist längst nicht immer der Fall. *(1 Punkt)*.
   - ☐ Oft sind meine Vorstellungen wirklich sinnvoller. Und oft kommen die anderen ja auch nicht aus den Puschen … dass ich etwas bossy gefunden werde, stört mich nicht. *(2 Punkte)*

3. »Wenn mir jemand nicht in den Kram passt, dann mache ich ihn fertig. Der Grund ist egal – manchmal finde ich ihn vielleicht doof, ein anderes Mal bin ich neidisch.«
   - ☐ Ich finde das ganz schlimm. Das würde ich niemals tun! *(0 Punkte)*
   - ☐ Nein, das mache ich nicht. Es kann schon sein, dass ich jemanden spüren lasse, dass ich nichts mit ihm zu tun haben mag – aber aktiv fertigmachen, das kommt normalerweise nicht infrage. *(1 Punkt)*
   - ☐ Das kann schon sein – wenn mir jemand blöd kommt, kann ich auch mal gnadenlos sein. Das Leben ist kein Ponyhof! *(2 Punkte)*

4. »Wenn jemand anders etwas macht, kontrolliere ich das gründlich. Ob der andere das nötig findet, ist mir eigentlich egal.«

- ☐ Nein, das würde ich nie tun. Ich vertraue anderen, dass sie ihre Sachen mindestens genauso so gut machen, wie ich es täte. *(0 Punkte)*
- ☐ Ich kontrolliere natürlich nicht alles – für seine Aufgaben ist erst mal jeder selbst verantwortlich! Aber wenn ich weiß, dass jemand nicht zuverlässig ist, oder wenn es mir wirklich wichtig ist, dann schaue ich lieber zweimal nach. *(1 Punkt)*
- ☐ Vertrauen ist gut, Kontrolle ist besser! Das sehe ich so und habe damit auch kein großes Problem. *(2 Punkte)*

5. »Ich muss immer damit rechnen, dass andere mich hintergehen. Deshalb bin ich misstrauisch und zeige das auch.«

- ☐ Nein, ich bin manchmal eher zu vertrauensselig – das habe ich zumindest schon gesagt bekommen. *(0 Punkte)*
- ☐ Ich habe meist ein ganz gutes Gespür dafür, wem ich trauen kann und wem ich besser nicht alles anvertrauen möchte. *(1 Punkt)*
- ☐ Die meisten Menschen haben doch nur sich selbst auf der Agenda. Wenn man da nicht misstrauisch ist, ist man vielleicht einfach doof … *(2 Punkte)*

AUSWERTUNG

0–2 Punkte: Du neigst eher nicht zur Blender-Rolle. Wahrscheinlich könntest du manchmal durchaus ein wenig selbstbewusster auftreten.

3–5 Punkte: Du hast ein gesundes Selbstvertrauen und weißt gut, wann du recht hast und deine Vorstellungen durchsetzen kannst. Aber du kannst dich auch zurücknehmen, wenn das angemessen ist. Eine ausgeprägte Blender-Rolle scheint bei dir nicht vorzuliegen.

6–10 Punkte: Du hast wohl durchaus eine Tendenz zur Blender-Rolle. Das zeigen sowohl deine eigenen Einschätzungen als auch die Rückmeldungen, die du von anderen bekommst.

Sarah haut ab, wenn es ernst wird

Lass uns nun zur Dritten im Bunde kommen, das ist Sarah. Sie flüchtet vor Menschen, Gefühlen und Beziehungen, wenn es eng und vermeintlich gefährlich wird. Da ist sie ganz anders als Ellie, die sich zwar auch zurücknimmt, aber in der Beziehung bleibt und dem anderen mit ihrer Fürsorge eher auf die Nerven geht, anstatt sich von ihm abschrecken zu lassen. Aber Sarah ist auch anders als Leonore, die Bindungen zwar auch immer wieder abbricht, aber eher aus Langeweile. Vorher genießt sie die Intensität und gießt eher Öl ins Feuer, um noch mehr zu erleben. Das macht Sarah in ihrer Fantasie vielleicht auch – aber wenn es ernst werden könnte, zieht sie sich doch wieder in ihr Schneckenhaus zurück.

Sarahs Geschichte

»Zweimal die Woche treffe ich mich mit meiner Laufgruppe aus dem Fitnessstudio, manchmal gehen wir danach noch in die Sauna. Da sind einige Singles dabei und es wird oft geflirtet. Dafür bin ich nicht so sehr der Typ. Aktiv auf jemanden zugehen und ihn anflirten würde mir im Leben nicht einfallen. Ich laufe halt mit, plaudere mal ein bisschen, doch mehr auch nicht. Dabei gab es da letztes Jahr schon einen Mann, den ich ziemlich gut fand, Thorben hieß er. Er schien mich auch ganz gern zu mögen. Wir haben uns dann ein paarmal auch zu zweit zum Laufen getroffen und waren auch zusammen Kaffee trinken. Nach dem gemeinsamen Laufen haben wir ein paarmal geschmust, das war eigentlich sehr schön. Wir gehen beide gerne wandern und Rad fahren. Leo und Ellie haben sich gefreut und fanden, ich sei ja total verliebt, das sei ja schön. Aber irgendwie fand ich das ganz schön schwierig. Ich habe das bei den beiden dann auch ziemlich abgeblockt, wollte nicht drüber sprechen. Bei dem Thema Gefühle mache ich eher dicht. Und nicht nur bei Ellie und Leo. Auch bei Thorben habe ich mich zurückgezogen, nachdem er vorgeschlagen hat, mal ein Wochenende zusammen zu verbringen. Ich bin ja noch mit Tim zusammen …«

Lieber den Spatz in der Hand ...

Durch ihre kleinen emotionalen Affären holt Sarah sich ab und zu ein bisschen Zuwendung und Erotik – zumindest in ihren Träumen. Aber wenn es inniger wird und Richtung Liebe und Verbindlichkeit geht, dann wird ihr äußerst unbehaglich. Dann will sie einfach nur ihre Ruhe haben, und wenn sie die bekommt, dann ist sie mit sich und ihrer Situation auch so einigermaßen im Reinen. Ellie und Leonore können das verstehen und müssen auch zugeben, dass Sarah auf jeden Fall niemand ist, die einem stundenlang vorjammert (wie Ellie manchmal) oder für deren Aktionen man sich manchmal ein bisschen fremdschämt (wie für Leonores). Allerdings finden sie es auch total schade, für Sarah und für die Männer, die sich für sie interessieren. Und sie tut ihnen manchmal ganz schön leid, denn so richtig glücklich und zufrieden wirkt Sarah eigentlich nicht, auch wenn sie nicht klagt. Sie selbst findet in der Regel, dass doch alles »in Ordnung« sei, und versteht nicht, was Ellie und Leonore genau bedauern, wenn aus solchen Geschichten wie die mit Thorben mal wieder nichts wird.

Aus der psychologischen Perspektive verfolgen Menschen mit solchen Flucht-Rollen unbewusst das Ziel, schwierigen Gefühlen zu entgehen. Dahinter steckt die Überzeugung, mit solchen Gefühlen nicht zurechtkommen zu können, oder auch die Erwartung, dass man eh keine guten Erfahrungen machen wird, wenn man sich auf intensive Gefühle und Beziehungen einlässt. Dabei kann man auf ganz verschiedene Arten flüchten und vermeiden. Sarah zieht sich meist zurück, kommt nicht mehr zu Verabredungen und bringt dafür allerlei Ausreden vor. Wenn das Gespräch doch auf das vermiedene Thema kommt, wird sie ganz still und würgt es irgendwie ab. Andere Menschen mit einer Flucht-Rolle neigen eher dazu, sich mit allem Möglichen zu beschäftigen, um gar nicht erst zu sich und ihren Gefühlen zu kommen. In Gesprächen reden sie über die verschiedensten Themen, aber nicht über das, was vielleicht wirklich grade im Raum steht. Oder sie beruhigen sich mit Alkohol oder Schlafmitteln, wenn sie sich alleine oder aufgewühlt fühlen und deshalb womöglich auch nicht zur Ruhe kommen und nicht schlafen können.

TYPISCHE VERHALTENSMUSTER, DIE IN DER ROLLE DES FLÜCHTENDEN IN BEZIEHUNGEN AUFTRETEN KÖNNEN

- Emotionale Situationen finden nicht so richtig statt, z. B. keine große Romantik, kein inniges Kuscheln oder intensiver Sex, aber auch keine großen Konflikte.
- Wenn Flüchtende von anderen Menschen emotional angesprochen werden, sei es liebevoll oder aggressiv, ziehen sie sich eher zurück.
- Wenn ein Flüchtender sozial aktiv ist, dann ist der Kontakt zu anderen oberflächlich, es gibt Small Talk oder Unterhaltungen über irgendwelche praktischen Angelegenheiten.
- Beruhigende, dämpfende Mittel wie Alkohol, Schlafmittel oder Marihuana können benutzt werden, um emotionale Situationen – z. B. Treffen mit vielen Menschen – zu bewältigen.
- Manche Flüchtende neigen auch dazu, sich aus sozialen Situationen komplett herauszuhalten, zum Beispiel indem sie gar nicht zu Verabredungen oder Einladungen kommen.

Auch diese Rolle hat sowohl Vor- als auch Nachteile. Vorteile sind, dass man es natürlich oft ziemlich ruhig hat und sich wenig mit schwierigen Gefühlen herumschlagen muss. Wenn man andere nicht bemuttert wie Ellie oder mit ihnen nicht so krass umgeht wie Leonore, dann fällt man auch nicht so leicht negativ auf und wird seltener kritisiert. Menschen mit einer starken Flüchtenden-Rolle sind daher oft angepasst und unauffällig, mit allen entsprechenden Vorteilen.

Nachteilig ist dann aber natürlich, dass man auch wenig erlebt, sich wenig traut und sich vielleicht nicht weiterentwickelt, wenn man sich nie aus seiner »Komfortzone« heraustraut. Manche Menschen mit dieser Rolle ertragen auch sehr lange ziemlich unmögliche Beziehungen und würden sich eigentlich eine Menge Leid ersparen, wenn sie mal etwas mehr auf die Pauke hauen würden …

Vor- und Nachteile der Flucht-Rolle

Vorteile der Flucht-Rolle für ihn selbst	Nachteile der Flucht-Rolle für ihn selbst
▪ Negative Gefühle werden wenig gespürt. ▪ Man muss sich keinen Konflikten aussetzen. ▪ Man hat seine Ruhe.	▪ Verharrt u. U. in unschönen Beziehungen. ▪ Auch sehr positive Gefühle wie Nähe und Liebe sind oft wenig spürbar. ▪ Andere ziehen sich evtl. irgendwann auch zurück.

Vorteile der Flucht-Rolle für die anderen	Nachteile der Flucht-Rolle für die anderen
▪ Man hat mit dem Flüchtenden wenig Beziehungsstress. ▪ Er verharrt u. U. auch in Beziehungen, wenn man ihn schlecht behandelt. ▪ Man kann mit so einem Partner oft seine eigenen Freiheiten leben und er redet einem nicht rein.	▪ Probleme kann man nicht ausdiskutieren, Konflikte nicht austragen. ▪ Nähe, Liebe, Intimität sind oft wenig vorhanden. ▪ Man bekommt es nicht mit, wenn etwas los ist, was den Flüchtenden beschäftigt.

TESTE DICH SELBST: NEIGST DU ZU VERMEIDUNG?

Inwieweit treffen diese Aussagen auf dich zu?

1. »Wenn ich glaube, dass es Konflikte oder Schwierigkeiten geben könnte, vermeide ich den Kontakt.«
   - ☐ Nein – Konflikte muss man ansprechen, sonst räumt man sie doch nicht aus. Damit habe ich auch kein großes Problem. *(0 Punkte)*
   - ☐ Naja, ich bin sicher nicht der Weltmeister im Konflikte ansprechen. Manches erledigt sich ja mit der Zeit auch von selbst. Aber wenn es wichtig ist oder immer wieder vorkommt, spreche ich einen Konflikt auf jeden Fall an. *(1 Punkt)*
   - ☐ Ich spreche Konflikte nicht an, darin sehe ich oft auch keinen Sinn. Wenn jemand anders das versucht, weiche ich dem aus. *(2 Punkte)*

2. »Wenn eigentlich etwas geklärt werden müsste, lenke ich ab und rede über alles Mögliche, um mich davor zu drücken.«
   - ☐ Nein – wenn etwas geklärt werden muss, dann hat das Priorität. Danach kann man immer noch über alles Mögliche reden … *(0 Punkte)*
   - ☐ Es kommt drauf an. Natürlich finde ich es nicht angenehm, schwierige Dinge anzusprechen. Aber manchmal kommt man nicht drum herum, und das ist auch okay. *(1 Punkt)*
   - ☐ Das beschreibt mich ganz gut. Das mache ich ganz automatisch, dass ich von Konflikten ablenke. Manchmal bin ich vielleicht auch etwas gereizt und abweisend, um den anderen auszubremsen. *(2 Punkte)*

3. »Wenn irgendetwas nicht so gut läuft, ›schieße ich mich ab‹, z. B. mit Alkohol, Kiffen, Schlaftabletten.«
   - ☐ Das mache ich eigentlich nie. Ich versuche eher, die Schwierigkeiten zu analysieren und zu lösen, oft auch im Gespräch mit anderen. Feiern kann man davon unabhängig ja trotzdem. *(0 Punkte)*
   - ☐ Manchmal kenne ich das. Aber es ist eher die Ausnahme, mal im Akutfall. Alles in allem muss man seinen Problemen ja ins Auge sehen. *(1 Punkt)*
   - ☐ Ja, das kenne ich gut. Dann will ich einfach nichts mehr fühlen. Was macht es für einen Sinn, sich das immer anzutun. *(2 Punkte)*

4. »Wenn es mir in einer Beziehung nicht so gut geht, ›mache ich zu‹ – ich tue so, als ob alles in Ordnung wäre, aber das ist nur eine Fassade, hinter der es ganz anders aussieht.«
   - ☐ Nein – wenn es mir nicht gut geht, dann spreche ich das an und versuche, die Situation zu verbessern. *(0 Punkte)*
   - ☐ Ich habe das schon immer mal wieder erlebt. Würde aber nicht sagen, dass das besonders typisch für mich ist – nach einer Weile merke ich es, und wenn sich die Situation nicht verbessert hat, dann kommt sie auf den Tisch. *(1 Punkt)*
   - ☐ Ja, das beschreibt mich ziemlich gut. Ich lächele oft, obwohl es innen ganz anders ausschaut. *(2 Punkte)*

5. »Weil ich mit Beziehungen eh nur Schwierigkeiten habe, mache ich mein Ding und versuche, Nähe zu anderen Menschen am besten ganz zu vermeiden.«
   - ☐ Nein – Beziehungen sind mir wichtig, und dass es mal Schwierigkeiten gibt, ist doch ganz normal. Deshalb muss man nicht zum Eremiten werden … *(0 Punkte)*
   - ☐ Den Impuls habe ich manchmal vielleicht schon, wenn es irgendwo zu viel wird – aber letztlich sind mir Beziehungen doch wichtig, und es lohnt sich, auch mal dafür zu kämpfen. *(1 Punkt)*
   - ☐ Das beschreibt mich ganz gut. Beziehungen sind manchmal echt unnötiger Stress, deshalb bin ich schon oft eher ein Einzelgänger. *(2 Punkte)*

AUSWERTUNG

0–3 Punkte: Vermeidung oder Flüchten ist nicht dein Problem. Wenn du in Beziehungen Spannungen oder Probleme erlebst, sprichst du sie ganz direkt an. Anderen kann das auch mal zu direkt sein, aber dafür werden die Dinge auch sicher geklärt.

4–6 Punkte: Du bist ein diplomatischer Typ und bleibst auch ganz gerne mal in der Deckung. Aber wenn es wirklich wichtig ist, kannst du Konflikte ansprechen und lösen.

7–10 Punkte: Du scheinst die Rolle des Flüchtenden zu kennen und Problemen aus dem Weg zu gehen bzw. zu vermeiden. Du beißt dir vielleicht sogar lieber die Zunge ab, als mal über Gefühle zu sprechen …

Die inneren Kinder hinter den Beziehungstypen

In den nächsten Abschnitten geht es um die Rollen oder Selbst-Anteile, die gewissermaßen »hinter« den Helfer-Rollen Diener, Blender und Flüchtender stecken. Die Helfer-Rollen schützen uns vor diesen Anteilen, weil sie mit sehr unangenehmen Gefühlen verbunden sind. In der tiefenpsychologischen Fachsprache gesprochen verdrängen wir diese Rollen mit ihnen oder wehren sie ab (Verdrängung, Abwehr).

Diese emotional unangenehmen Anteile nennen wir auch Kind-Rollen und die Rolle des strengen Richters. Diese emotionalen Rollen entstehen ebenfalls in der Kindheit, wenn wichtige kindliche Bedürfnisse nicht erfüllt werden.

WENN KINDLICHE BEDÜRFNISSE VERLETZT WERDEN

Auf S. 20/21 ging es schon um wesentliche kindliche Bedürfnisse. Hier findest du einige Beispiele dafür, wie diese Bedürfnisse in der Kindheit verletzt werden können. Dann können sich diese schwierigen emotionalen Rollen ausbilden.

- Verletzung des Bedürfnisses nach Sicherheit und Bindung: Eltern oder andere wichtige Bezugspersonen sind nicht verfügbar. Sie verschwinden, sind mit sich selbst beschäftigt oder haben ganz unerwartet plötzlich neue Bezugspersonen.

- Verletzung des Bedürfnisses nach Selbstachtung und Wertschätzung durch andere: Wichtige Bezugspersonen zeigen, dass sie das Kind nicht mögen, schließen es aus, verspotten es.
- Verletzung des Bedürfnisses nach Autonomie: Eltern trauen dem Kind nicht zu, altersangemessen selbstständig zu werden. Sie behüten es übermäßig und lassen es zu wenig eigene Erfahrungen sammeln.
- Verletzung des Bedürfnisses nach der Freiheit, eigene Bedürfnisse und Gefühle zu erleben und mitzuteilen: Wenn das Kind eigene Bedürfnisse oder Gefühle äußert, wird es abgewehrt oder bestraft. Es bekommt vermittelt, dass es kein Recht darauf hat oder dass es unverschämt oder peinlich ist, eigene Gefühle und Bedürfnisse zu äußern.
- Verletzung des Bedürfnisses nach Spontaneität und Spiel: Es ist nicht erlaubt, Freude, Lust oder Spaß zu empfinden. Dafür können häufig auch rigide religiöse Gemeinschaften verantwortlich sein.
- Verletzung des Bedürfnisses nach angemessenen Grenzen: Das Kind bekommt keine angemessenen Grenzen gesetzt. Es darf über die Stränge schlagen oder wird verwöhnt. Es bekommt vermittelt, dass es etwas Besonderes ist und normale Regeln nicht gelten.

Wenn unsere inneren Kinder stimuliert werden, reagieren wir emotional wie ein Kind, voller Wut oder Verzweiflung – das sind die »Kind-Rollen«.

Dabei gibt es einerseits die schwachen, traurigen Kind-Anteile, hier sprechen wir immer vom »traurigen Kind«. Diese Rolle ist verbunden mit schwachen, hilflosen oder ängstlichen Gefühlen wie Traurigkeit, Einsamkeit, Unsicherheit, Angst, Scham, Schuld, Hilflosigkeit oder Wertlosigkeit. In dieser Rolle fühlen wir uns ganz ähnlich wie das Kind, das wir einmal waren, das Zurückweisung oder Bedrohung erlebt hat. Die Gefühle in dieser Rolle spiegeln das ganz unmittelbar wider.

Zusätzlich gibt es aber auch die Rolle des wütenden Kindes, in der Original-Schematherapie sprechen wir von ärgerlichen oder wütenden Kind-Anteilen. In dieser Rolle fühlen wir uns vielleicht wie ein Kind, das an der Kasse einen Wutanfall bekommt, weil man ihm etwas nicht kauft, was es gerade will. Das heißt, auch hier spielt ein frustriertes Bedürfnis eine Rolle – es wird aber mit übertrieben viel Energie und übermäßig stark zum Ausdruck gebracht.

In dieser Rolle können Wut oder Ärger auftreten.

In dieser Rolle kann das Kind auch eher verwöhnt daherkommen. Bei Verwöhntheit findet ja ein übermäßiger und eher kindlicher Ausdruck von Bedürfnissen statt. Manchmal wirken Menschen in dieser Rolle auch eher bockig oder trotzig – diese Gefühle treten bei Kindern oft auf, wenn sie sich in ihrer Autonomie verletzt oder in ihren Kompetenzen nicht ernst genommen fühlen.

Die Rolle des traurigen Kindes entsteht eigentlich immer dadurch, dass etwas fehlt – Liebe, Zuwendung, Bindung und so weiter. Bei der Rolle des wütenden oder impulsiven Kindes können zwei verschiedene Mechanismen zu ihrer Entstehung beitragen. Manche Menschen geraten ebenfalls in diese Rolle, weil sie zu wenig bekommen. Das wütende Kind versucht dann, für das zu sorgen, was ihm eigentlich zusteht. Andere entwickeln diese Rolle aber auch, weil sie zu wenig Grenzen erfahren – sie verhalten sich unverschämt, weil man ihnen das als Kind durchgehen ließ. Dann ist diese Rolle oft eher verwöhnt oder bockig/trotzig.

Lass uns jetzt einmal die inneren Kinder unserer drei Freundinnen kennenlernen. Drei Wochen nach der Silvesterparty fahren die drei miteinander in ihr traditionelles Ski-Wochenende. Da haben sie viel Zeit, um abends am Kamin zu chillen und zu quatschen. Durch die heimelige Atmosphäre und den guten Rotwein taut selbst Sarah etwas auf, das freut die anderen beiden Mädels sehr. Natürlich geht es in den Gesprächen dann viel um das Thema Beziehungen. Warum ticken wir immer wieder gleich? Und wo kommt das eigentlich her?

Ellies verkorkste Familie

Ellie hat da schon viel drüber nachgedacht und auch schon mit einer Psychologin drüber gesprochen. Warum muss sie es eigentlich immer allen recht machen, und warum fällt es ihr so schwer, sich auf sich selbst zu verlassen und auf eigenen Füßen zu stehen? Deshalb ist ihr da einiges schon klar. Was ja leider nicht heißt, dass es ihr leichtfallen würde, es anders zu machen …

Ellies Vergangenheit

»Ich hatte irgendwie schon immer das Gefühl, dass ich nicht wichtig bin und meine Meinung eigentlich gar nichts zählt. Und dass man mich nur mögen kann, wenn ich ganz doll lieb bin. Das hat ziemlich viel mit meiner Kindheit zu tun, das habe ich mittlerweile schon verstanden. Meine Mutter war immer ziemlich unselbstständig und machte auf ›kleines Mädchen‹, wenn sie überfordert war, was ziemlich häufig vorkam. So ist sie auch heute noch. Und sie ist total auf meinen Vater fixiert – ›Papi ist der Größte, frag Papi, oh mein Schatz, das wird Papi gefallen‹ … solche Sätze habe ich mein Lebtag immer von ihr gehört. Inzwischen ist mir klar geworden, dass das natürlich ein prima Vorbild war, um schön unselbstständig und abhängig zu werden.

Außerdem hatte ich immer das Gefühl, dass ich ihr nicht wirklich wichtig bin. Wenn Papi da war, hat sie damit angegeben, was für eine tolle Mutter sie ist und wie lieb und brav ich bin – aber da ging es eigentlich irgendwie immer nur um sie. Ich hatte das Gefühl, wenn ich Sorgen habe oder mich etwas plagt, dann darf ich sie damit nicht belasten, dann wird es nur bei Papi breitgetreten als ihr Problem. Aber wenn ich lieb war, an die anderen gedacht habe, reizend und aufmerksam war – dann hat sogar Papi mich mal wahrgenommen und gelobt. Ansonsten war ich ihm, glaube ich, eher lästig. Er ist ein ziemlicher Egoist und interessiert sich nicht für vieles außer sich selbst.

Irgendwie bin ich in diese Schiene meiner Mutter selbst voll reingerutscht. Habe immer das Gefühl, einen starken Mann zu brauchen, so einen wie Papi. Der soll mich dann loben und mir auch immer genau sagen, was ich wie machen soll … und gut ist es, wenn er mich lieb hat, weil ich alles richtig mache. Wenn ich das nicht habe, dann fühle ich mich sooo klein mit Hut … Alleine, unwichtig und unfähig mein Leben zu regeln …«

»Das ist echt crazy«, meint Leonore. »Du hast das überhaupt nicht nötig! Bist eine selbstständige Frau, verdienst dein eigenes Geld, hast so viel zu bieten!« Sarah kann das nur bestätigen.

Ellie hört das nicht zum ersten Mal: »Eigentlich weiß ich das ja, aber ich fühle es nicht … Je ähnlicher ein Typ meinem Vater ist, umso fataler die Beziehung. Diese vordergründig ganz Netten, die aber gleichzeitig total auf sich bezogen und hintenrum auf dem Egotrip sind – das ist genau mein Vater. Hat Allüren wie ein Superstar, obwohl er ein absoluter Normalo ist. Was Leo immer die ›kleinen dummen Narzissten‹ nennt! Und dann komme ich da so dermaßen rein in das Gefühl, dass ich nichts wert bin, und er ist der Nabel der Welt, dem ich gefallen muss … schrecklich!

Wie ich mir die Augen ausgeheult habe, als klar wurde, dass Stefan noch andere Sachen laufen hat – das ist doch furchtbar, das hat er so gar nicht verdient ...«

»Das stimmt allerdings, das hat er wirklich nicht verdient!«, bestätigt Leonore. »Aber sag mal, manchmal bist du doch auch völlig ausgetickert. Ich kann mich erinnern, dass du ihm echt wütende Nachrichten geschrieben hast und ihn ein paarmal voll zur Sau gemacht hast. Oder diesen einen Typen vor ein paar Jahren – ich weiß nicht mehr, wie er hieß –, den hast du damals regelrecht gestalkt. Wir mussten dich ja schier davon abhalten, einen Killer zu organisieren. Weißt du noch? Wie passt denn das zusammen?«

Ellie nickt. »Oh je, das stimmt und ist mir so peinlich. Statt ihm einen Killer auf den Hals zu hetzen, habe ich seinem Auto mit meinem Hausschlüssel einen schönen Kratzer verpasst. Rückblickend würde ich dafür am liebsten im Erdboden versinken. Wenn ich merke, dass mich jemand hintergeht oder ausnutzt – woran ich ja selbst schuld bin, weil ich es mit mir machen lasse –, dann kann ich total ausrasten. Dann brülle ich herum und es sind auch schon mal Teller geflogen. Ich benehme mich wie eine durchgedrehte Achtjährige – hinterher ist mir das immer super unangenehm. Bei Stefan gab es diesen Terror am Schluss ja auch, oh je ...«

Hinter der Diener-Rolle

Aus psychologischer Sicht sind in Ellies Kindheit drei Dinge nicht optimal gelaufen: Zum einen hat sie nicht erlebt, dass sie so, wie sie ist, geliebt und wertgeschätzt wird – auch wenn sie mal ein Problem mit nach Hause bringt oder sich nicht hundertprozentig perfekt benimmt. Beide Eltern waren dazu einfach nicht in der Lage. Sie waren zu selbstbezogen und konnten Ellie nicht das geben, was sie eigentlich brauchte, obwohl sie sie vermutlich durchaus geliebt haben.

Zum Zweiten hatte sie mit ihrer Mutter ständig ein unselbstständiges Rollenmodell für Beziehungen vor Augen. Wir lernen unser Verhalten in Beziehungen auch dadurch, dass wir es bei anderen sehen und ihnen unbewusst nachmachen. Die Mutter hat Ellie vorgelebt, dass man nur dann liebenswert ist, wenn man dem Partner gefällt, und dass es normal ist, keine eigene Meinung oder eigene Wünsche einzubringen.

Zum Dritten wurde Ellie sehr dafür belohnt, wenn sie sich angepasst und unselbstständig verhalten hat. Der psychologische Fachbegriff für Belohnung lautet übrigens »Verstärkung«, denn durch Belohnung tritt ein Verhalten häufiger und stärker auf. Durch das Lob bei Bravheit und Wohlverhalten hat sie tief verinnerlicht, dass sie nur liebenswert ist, wenn sie den anderen gefällt.

Die Gefühle von Wertlosigkeit und Unwichtigsein, die Ellie immer wieder erlebt, bezeichnen wir auch als die »traurige kleine Ellie«. Oft werden diese Gefühle von Psychologen auch als »inneres Kind« beschrieben, um das man sich besser kümmern sollte. Wenn man in das Muster des traurigen Kindes rutscht, dann fühlt man sich einsam, verlassen, wertlos, unsicher – vielleicht sogar bedroht, verängstigt oder wie ein Versager. Diese Gefühle sind allerdings objektiv unangemessen, denn »eigentlich« hat man Beziehungen, ist nicht alleine, nicht bedroht und auch kein Versager. Das ist wichtig, denn es gibt ja auch objektiv bedrohliche, einsame oder sehr traurige Lebens- und Beziehungssituationen, in denen alle – auch sehr starke und selbstständige – Menschen sich so fühlen würden. Zum Beispiel wenn man erfährt, dass man von seinem langjährigen Partner betrogen wird, wenn man von seiner großen Liebe verlassen wird oder wenn jemand stirbt. Dann ist es normal, sich verzweifelt, traurig, einsam oder wütend zu fühlen. Dann hast du diese Gefühle in der Rolle der »erwachsenen Ich«. Um die geht es später auch noch genauer.

Du kannst das traurige Kind daran erkennen, dass sie sich in Situationen meldet, in denen diese Gefühle eigentlich unangemessen und zu stark sind. Trotzdem kommen sie hoch und können dein Gefühlsleben in diesem Moment total beherrschen. Hier sind ein paar Beispiele:

Situation	Reaktion des traurigen Kindes	Reaktion des Dieners	Normale, gesunde Reaktion
Mein Partner sagt eine Verabredung kurzfristig ab, weil etwas dringendes Berufliches dazwischengekommen ist.	Ich fühle mich traurig, zurückgesetzt oder wertlos. Ich ziehe mich zurück, bin einsam und schaffe es nicht, den Abend anders nett zu verbringen.	Ich sage: »Macht doch gar nichts. Der Beruf geht natürlich vor. Soll ich dir schon etwas zu essen vorbereitet haben, wenn du kommst?«	Ich bin kurz enttäuscht und nehme mir dann etwas anderes vor. Für die abgesagte Verabredung suchen wir einen neuen Termin. Wenn es dauernd vorkommt, spreche ich es an.
Mein Partner sagt mir auf meine Nachfrage, dass ihm meine neue Jacke, die ich ganz toll finde, nicht so gut gefällt.	Ich bin furchtbar traurig, weil ich diese Jacke gekauft habe, jetzt gefällt sie mir auch überhaupt nicht mehr. Wenn ich sie doch anziehe, habe ich das Gefühl, ihm überhaupt nicht mehr zu gefallen.	Ich tausche sie sofort um und suche nach einer Jacke, die ihm gefällt.	Ich bin etwas enttäuscht, da mir selbst die Jacke so gut gefällt. Ich ziehe sie natürlich weiterhin an– ich weiß ja, dass ich ihm insgesamt gut gefalle, da tut die Jacke keinen großen Abbruch!
Mein Partner weist mich darauf hin, dass es ihn gestört hat, wie ich ihn im Gespräch mit einer alten Freundin unterbrochen habe.	Ich bin sehr eifersüchtig und habe das Gefühl, die alte Freundin ist ihm viel wichtiger als ich. Deswegen werde ich ganz traurig. Das Thema geht mir nicht mehr aus dem Kopf.	Ich entschuldige mich mehrfach und verspreche hoch und heilig, dass das nicht mehr passiert. Ich will ihn doch nicht vergraulen.	Das knickt mich schon ein bisschen, aber ich kann es auch verstehen – die beiden haben sich lange nicht gesehen, und ich war vielleicht wirklich ein bisschen aufdringlich. Das ist mir auch ein wenig peinlich, wenn ich ehrlich bin.

TESTE DICH SELBST: DAS TRAURIGE KIND IN DIR

Inwieweit treffen diese Aussagen auf dich zu?

1. »Ich fühle mich gleich so, als ob mich mein Partner nicht mehr mögen würde, wenn er/sie mit irgendetwas nicht ganz einverstanden ist.«
   - ☐ Nein, das sehe ich eher locker. Wichtig ist, dass wir im Großen und Ganzen miteinander einverstanden sind – Kleinigkeiten kann man gerne unterschiedlich sehen. *(0 Punkte)*
   - ☐ Manchmal trifft mich das schon, auch wenn es nur Kleinigkeiten sind. Ich kriege mich aber schon wieder ein, wenn ich in Ruhe drüber nachdenke. *(1 Punkt)*
   - ☐ Das trifft stark auf mich zu. Ich habe auch schon gesagt bekommen, dass ich manchmal eine kleine Mimose bin, und ich komme da wirklich nur schwer raus. *(2 Punkte)*

2. »Ich muss weinen bei Konflikten, die sich eigentlich nur um Kleinigkeiten drehen.«
   - ☐ Nein, das passiert mir nie. *(0 Punkte)*
   - ☐ Das passiert mir eigentlich nicht – es sei denn, es kommt vieles zusammen, und dann lässt der Konflikt »das Fass überlaufen«. Das ist aber eher die Ausnahme. *(1 Punkt)*
   - ☐ Das kenne ich ganz gut und es ist mir manchmal auch sehr unangenehm. Ich fühle mich dann womöglich auch noch, als wäre ich vielleicht 8 Jahre alt. *(2 Punkte)*

3. »Wenn mein Partner etwas zu spät kommt oder eine Verabredung aufschiebt, fühle ich mich völlig verlassen oder zurückgewiesen.«
   - ☐ Nein, das kann ich verstehen, wenn er zu spät kommt. Wenn er das allerdings dauernd macht, müssen wir darüber sprechen, denn das ist dann auch nicht in Ordnung. *(0 Punkte)*
   - ☐ Ich kenne das schon, dass ich dann erst mal sehr geknickt sein kann. Aber »völlig verlassen« ist übertrieben, so schlimm ist es nicht. *(1 Punkt)*
   - ☐ Ja, das kommt öfters vor. Hinterher finde ich das manchmal selbst lächerlich, aber in dem Moment kann ich mich davon kaum distanzieren. *(2 Punkte)*

4. »Wenn ich von jemandem, der mir wichtig ist, eine Weile nichts höre, habe ich das Gefühl, er hat mich vergessen.«

- ☐ Ganz sicher nicht! So leicht vergisst man sich doch nicht gegenseitig. *(0 Punkte)*
- ☐ Ja, das kenne ich. Möglicherweise finden andere das absurd, aber so geht es mir manchmal. *(2 Punkte)*

5. »Wenn jemand etwas ärgerlich auf mich ist, bekomme ich große Angst.«

- ☐ Nein, solange keine Gefahr droht – und das ist bei »etwas Ärger« ja nicht der Fall. *(0 Punkte)*
- ☐ Manchmal macht mir das schon ziemlich Angst, wenn jemand auf mich ärgerlich ist – auch wenn der Anlass und der Ärger nicht sonderlich groß sind. *(1 Punkt)*
- ☐ Ja, es macht mir Angst, wenn jemand, der mir wichtig ist, auf mich ärgerlich ist. Da spielt es keine große Rolle, ob es um eine Kleinigkeit geht oder um etwas wirklich Wichtiges. *(2 Punkte)*

6. »Wenn mein Partner mich wegen einer Kleinigkeit kritisiert, schäme ich mich sehr.«

- ☐ Wenn er mich zu Recht kritisiert, kann es schon sein, dass ich mich etwas schäme. Aber wenn es sich nur um eine Kleinigkeit handelt, dauert das nicht lange an. *(0 Punkte)*
- ☐ Gerade wenn mir jemand wichtig ist, kann mich auch eine kleine Kritik schon mitnehmen. Dann schäme ich mich auch. Aber das geht vorbei. *(1 Punkt)*
- ☐ Egal wegen was ich kritisiert werde, ich schäme mich eigentlich immer. *(2 Punkte)*

AUSWERTUNG

0–3 Punkte: Du bist emotional ziemlich gelassen. Bei alltäglichen Beziehungsproblemen schießt dir kein trauriges Kind in die Quere. Die Rolle des Dieners ist bei dir vermutlich gering ausgeprägt.

4–7 Punkte: Vermutlich kennst du dein trauriges inneres Kind ganz gut. Aber du bekommst es immer wieder in den Griff, es bestimmt dein Beziehungsleben zum Glück nicht allzu stark.

8–12 Punkte: Du scheinst ein starkes trauriges inneres Kind zu haben. Das macht dir das Leben in Beziehungen auch oft ganz schön schwer und lässt dich ziemlich leiden.

Zusammenfassend kann man sagen, dass die Rolle der Dienerin versucht, die unangenehmen Gefühle der kleinen, traurigen Ellie nicht an die Oberfläche kommen zu lassen. Das schafft die Dienerin, indem sie es allen recht macht.

Aber Ellie kennt nicht nur diese Traurigkeit und Gefühle von Wertlosigkeit. Manchmal rastet sie auch völlig aus und sagt selbst, dass sie sich dann vorkomme »wie eine durchgedrehte Achtjährige«. Diese Rolle nennen wir das »wütende Kind«. Es tritt auf, wenn Ellies Bedürfnisse von anderen gewissermaßen mit Füßen getreten werden, und zwar ziemlich lange. Da schaut sie eine Weile zu, versucht in der Rolle der Dienerin zu retten, was nicht zu retten ist, und fühlt sich in der Rolle des traurigen Kindes immer wertloser und trauriger.

Aber manchmal kippt das in blanke Wut. Dann schäumen die Bedürfnisse sozusagen über. Anstatt sich still und lieb zurückzunehmen, kocht Ellie und brüllt das auch heraus. Das wütende Kind bringt dann ihre Bedürfnisse mit Wucht zum Ausdruck. Aber sie tut es nicht auf eine erwachsene, ausgewogene Art, die vielleicht auch Aussicht auf Erfolg hätte. Stattdessen ist der Wutausdruck so heiß, unmittelbar und maßlos, dass sie nicht recht ernst genommen wird und sich auch selbst hinterher für ihr Benehmen schämt. Sie versucht, das dann in der Rolle der Dienerin wiedergutzumachen. Damit ist dann aber leider der Teufelskreis perfekt, denn in dieser Rolle drückt sie ihre Bedürfnisse ja gar nicht aus, sodass sie weiterhin frustriert bleibt.

TESTE DICH SELBST: DAS WÜTENDE KIND IN DIR

Inwieweit treffen diese Aussagen auf dich zu?

1. »Manchmal raste ich aus, wenn mein Partner mich frustriert oder traurig gemacht hat. Dann werde ich auch mal laut und schreie herum.«
   - ☐ Nein, das tue ich praktisch nie. Dass das in meinem Leben vorgekommen ist, kann ich fast an einer Hand abzählen. *(0 Punkte)*
   - ☐ Manchmal passiert mir das, aber zum Glück nicht so oft. Wenn es vorkommt, finde ich mein Benehmen aber im Nachhinein betrachtet schon übertrieben, und es ist mir etwas peinlich. *(1 Punkt)*
   - ☐ Das kenne ich leider ziemlich gut. Je enger die Beziehung ist, umso stärker kann das sein. *(2 Punkte)*

2. »Meine Wut kann so stark werden, dass ich Sachen kaputt mache – zum Beispiel indem ich mit Tellern werfe oder Dinge von meinem Partner zerstöre.«
   - ☐ Nein, das passiert mir nie. *(0 Punkte)*
   - ☐ Das ist einige wenige Male in meinem Leben passiert. *(1 Punkt)*
   - ☐ Das kommt schon öfters mal vor. *(2 Punkte)*

3. »Meine Wut kann so stark werden, dass ich meinen Partner angreife, zum Beispiel schlage oder kratze.«
   - ☐ Nein, das ist noch nie vorgekommen. *(0 Punkte)*
   - ☐ Den Impuls dazu kenne ich gut, vorgekommen ist es in meinem Leben aber nur ein- oder zweimal. *(1 Punkt)*
   - ☐ Ja, das ist leider schon mehrfach vorgekommen. *(2 Punkte)*

AUSWERTUNG

0 Punkte: Du bist emotional eher gelassen. Die Rolle des wütenden Kindes spielt bei dir keine oder nur eine kleine Rolle.

1–2 Punkte: Du kennst das wütende Kind, manchmal ist dein Wutausdruck schon deutlich »drüber«. Aber es könnte schlimmer sein, oft hast du dich auch im Griff.

3–6 Punkte: Du scheinst ein starkes wütendes inneres Kind zu haben. Wenn deine Bedürfnisse verletzt werden, kannst du außer dich geraten. Das stellt ein ernsthaftes Problem für dich und deine Beziehungen dar.

Leonores perfekte Familie

Dann schauen wir uns doch als nächstes einmal Leonore an. Was steckt hinter ihrer Blender-Rolle?

Leonores Vergangenheit

Leonore denkt über Ellies Erzählungen nach. Sie hat nicht das Gefühl, dass sie unwichtig oder nicht liebenswert ist, wenn sie eigene Bedürfnisse anspricht. Im Gegenteil – sie findet es eher ärgerlich, wenn sie mal nicht das bekommt, was sie sich wünscht! Dann kann sie auch mal ganz schön zickig werden. Das war eigentlich auch schon immer so, wenn sie es sich genau überlegt.

Leonore erzählt: »Ich habe eigentlich immer schon das bekommen, was ich wollte. Wenn ich so zurückdenke, muss ich sagen, dass meine Eltern auch schon sehr verwöhnt waren. Wirtschaftlich ging es uns immer gut, und keiner in meiner Familie hatte Probleme damit, das zu zeigen. Schicke Urlaube, teure Klamotten, große Feste, das war bei uns Standard. Ich musste als Kind nur Pieps machen, und ich bekam, was ich wollte. In der Schule war es nicht anders. Ich stand oft im Mittelpunkt, war Klassensprecherin, und Lehrer sagten mir eine großartige Zukunft voraus. Klingt eingebildet, doch im Großen und Ganzen hat das alles auch so geklappt. Ich verdiene ordentlich, und bei den Männern – ihr bekommt es ja mit, kann ich mir jeden holen, den ich haben will.«

»Ganz ehrlich«, sagt Sarah und ist ganz gegen ihre Gewohnheit mal ein bisschen direkter, »mit deiner Art kannst du aber auch manchmal peinlich auffallen! Wie du dir vorhin in der Hütte den letzten Germknödel unter den Nagel gerissen hast, obwohl die Frau vor dir definitiv früher dran war – da habe ich mich schon ein bisschen fremdgeschämt!« – »Aber es hat doch geklappt – und du hättest uns den Germknödel nie organisiert!« –, versetzt Leonore etwas patzig. »Stimmt«, sagt Ellie, »aber wir wären auch gut ohne den Germknödel ausgekommen. Und ein bisschen Anstand hält die Welt zusammen …« Leonore ist ein bisschen betreten, aber das legt sich schnell wieder.

Solche Vorwürfe sind für Leonore nicht neu: »Du bist verwöhnt, guckst nicht nach rechts oder links und hast immer nur deine Bedürfnisse im Blick.« Leonore ereifert sich: »Aber warum denn nicht? Den Mund halten und anderen Vortritt lassen, das bin ich nicht. Wenn dem anderen das nicht passt, ist es sein Pech. Das interessiert mich nicht wirklich. In diesem Punkt bin ich das ganze Gegenteil von Ellie, die es allen immer recht machen will. Sie ist wie ein Chamäleon, das sich Hinz und Kunz anpasst. Wenn ich etwas nicht bekomme, was ich will, bin ich eher angepisst. Nicht selten wurde ich dann als Zicke betitelt. Mir egal …«

Wieder ist es Sarah, die eine nachdenkliche Frage einwirft: »Bist du dafür nicht manchmal ganz schön einsam? Du bringst ja echt oft Leute gegen dich auf, das scheint dir ja auch manchmal richtig Spaß zu machen, so ein bisschen Provokation. Also ich stelle es mir unangenehm vor, sich immer wieder so viele Feinde zu machen.«

Jetzt wird auch Leonore etwas nachdenklicher: »Mmmh, wenn ich ehrlich bin, seid ihr beiden die wichtigsten Menschen in meinem Leben. Natürlich gibt es noch meine Familie, doch da sind eigentlich alle eher mit sich selbst beschäftigt. Außer es geht um offizielle Veranstaltungen, da präsentieren wir uns als konservative, heile Familie. Manchmal fühle ich mich schon etwas alleine. Oder vielleicht passt ›hohl‹ oder ›leer‹ besser als Beschreibung. Doch sobald ich mich in das nächste coole Projekt stürze oder einen interessanten Mann kennenlerne, ist alles wieder gut. Das lenkt mich fantastisch ab. Wozu zu lange mit der Schwächelei beschäftigen? Zeitverschwendung. In meiner Familie funktioniert das glaube ich auch so. Dieses selbstbewusste Auftreten haben wir ja alle, deshalb sind wir auch alle immer wieder angegangen worden. Die Haltung dazu war ›viel Feind, viel Ehr‹ – das ist bestimmt auch ein Grund, warum ich es nicht so schlimm finde, wenn jemand auf mich sauer ist.«

Hinter der Blender-Rolle

Leonores trauriges inneres Kind ist nur ziemlich schwach ausgeprägt. Wenn es durchkommt, dann eher mit Gefühlen wie Leere und Einsamkeit. Allerdings hat sie durchaus auch einen kindlichen Anteil – der ist aber eher verwöhnt und impulsiv und nimmt sich, was er gerade will. So wie ein Kind, das seine Finger nicht bei sich behalten kann, wenn es etwas sieht, worauf es gerade Lust hat. Das ist ein bisschen ähnlich wie die Rolle des wütenden Kindes, das herausschreit, was es gerade fühlt.

Wie bei Ellie hat auch Leonore das in ihrer Kindheit auf verschiedenen Wegen nicht anders gelernt. Zum einen war ihre ganze Familie so – jeder hat sich genommen, was er wollte, man konnte es sich zum Glück ja auch leisten. Das heißt, so wie Ellie in ihrer Mutter ein Rollenmodell für unselbständiges, angepasstes Verhalten hatte, hat Leonore viele Modelle für verwöhntes und impulsives Verhalten. Zum anderen wurde sie dafür immer wieder verstärkt – die Eltern und Verwandten waren stolz auf das Mädchen, das schon früh seinen Kopf durchsetzte und sich gegen andere behaupten konnte. Wie sollte sie da lernen, dass Zurückhaltung oder einfach Fairness gute Tugenden sind?

Psychologisch sprechen wir hier vom »impulsiven Kind«. Als »Kind« bezeichnen wir diese Rolle, weil es etwas unreif ist, sich einfach zu nehmen, was man möchte. Während aber beim traurigen Kind das Gefühl herrscht, dass eigene Bedürfnisse gar keine Rolle spielen, ist beim impulsiven Kind das Gegenteil der Fall: Es stellt seine Bedürfnisse ganz in den Vordergrund und nimmt sich einfach, was es will. Gefühle von Ärger, Verwöhntheit oder Lust auf etwas sind ungebremst. Dabei ist es natürlich nicht immer unreif, Ärger oder eigene Bedürfnisse auszudrücken! Im Gegenteil, in vielen Situationen ist es sehr wichtig, das zu tun. Unreif ist es aber dann, wenn es ein Ausmaß annimmt, das das Zusammenleben gefährdet, wenn alle es so machen würden.

Zusammenfassend kann man sagen, dass die Rolle des Blenders versucht, die Bedürfnisse der impulsiven Leo zu erfüllen und für sie zu kämpfen. Das schafft der Blender, indem er stark, laut und mächtig auftritt und alles für sich einfordert.

Du kannst das impulsive Kind daran erkennen, dass es sich eindeutig mehr nimmt, als ihm nach normalen Maßstäben zustehen würde. Besonders deutlich zeigt sich das wiederum in Situationen, in denen es eigentlich nicht schwierig wäre, sich etwas zu beherrschen. Oder in denen es nicht um wichtige, elementare Bedürfnisse geht, sondern eher um tägliche Kleinigkeiten.

Situation	**Reaktion des impulsiven Kindes**	**Normale, gesunde Reaktion**
In einer Unterhaltung hat jemand anders das letzte Wort oder zieht die Aufmerksamkeit der anderen stark an sich.	Ich bin beleidigt und fühle mich zurückgesetzt. Ich rede laut dazwischen oder versuche auf andere Art, selbst wieder die Aufmerksamkeit zu bekommen.	Ich bin etwas genervt, aber ich drängele mich nicht dazwischen – das bringt eh nichts. Wenn es mit dieser Person dauernd passiert, suche ich mir eine andere Unterhaltung oder – wenn die Person mir wichtig ist – spreche es mit ihr in Ruhe an.
Mein Partner sagt zum wiederholten Mal eine Verabredung kurzfristig ab, weil etwas dringendes Berufliches dazwischen gekommen ist.	Ich bin stinksauer und beleidigt und schicke ihm wütende Nachrichten.	Ich ärgere mich, das ist jetzt wirklich schon etwas zu oft passiert. Bei nächster Gelegenheit werde ich das mal mit ihm ansprechen.

TESTE DICH SELBST: DAS IMPULSIVE KIND IN DIR

Inwieweit treffen diese Aussagen auf dich zu?

1. »Wenn mein Partner etwas zu spät ist, bin ich stocksauer.«
   - ☐ Nein, das finde ich unangemessen. Ich bin ja vielleicht auch mal etwas zu spät. *(0 Punkte)*
   - ☐ Naja, ein bisschen zickig kann ich da schon mal reagieren, auch wenn es eigentlich egal ist, ob er etwas früher oder später kommt. *(1 Punkt)*
   - ☐ Wenn ich ehrlich bin, mache ich bei so was schon häufiger mal eine echte Szene. *(2 Punkte)*

2. »Wenn mein Partner am Wochenende etwas anderes tun möchte als ich, werde ich bockig.«
   - ☐ Nein, wir planen gemeinsam und versuchen, Kompromisse zu finden. Wenn wir verschiedene Vorstellungen haben, machen wir halt etwas getrennt. *(0 Punkte)*
   - ☐ Ich versuche ihn schon mal zu meinen Ideen zu beschwatzen und bin sauer, wenn das nicht klappt. *(1 Punkt)*
   - ☐ Ja, das kommt öfters mal vor. Da kann ich auch etwas extrem sein. *(2 Punkte)*

3. »Ich fühle mich schnell verletzt, und dann raste ich auch mal aus.«
   - ☐ Nein, überhaupt nicht.« *(0 Punkte)*
   - ☐ Ich werde schon etwas zickig, wenn ich mich verletzt oder gekränkt fühle. *(1 Punkt)*
   - ☐ Ja, das ist der Fall. Wenn ich mich gekränkt oder zurückgewiesen fühle, kann ich richtig wütend werden und das auch zeigen. *(2 Punkte)*

4. »Wenn ich kritisiert werde, bin ich sauer und sage: Dann mach's doch selbst!«
   - ☐ Das mache ich nur, wenn ich sicher bin, dass die Kritik unqualifiziert ist. *(0 Punkte)*
   - ☐ Das mache ich dann, wenn die Kritik auf wunde Punkte bei mir trifft. Das kommt aber nicht allzu oft vor. *(1 Punkt)*
   - ☐ Das passiert bei mir schnell. *(2 Punkte)*

5. »Wenn ich etwas von jemandem haben will, nehme ich es mir einfach, auch wenn das eigentlich sehr unvernünftig ist.«
   - ☐ Natürlich nicht, das kommt nicht infrage. *(0 Punkte)*
   - ☐ Ja, das kann schon mal vorkommen. *(2 Punkte)*

AUSWERTUNG

0–2 Punkte: Du kannst deine Impulse gut beherrschen. Ein impulsives Kind spielt bei dir keine wichtige Rolle.

3–5 Punkte: In manchen Situationen kommt bei dir ein wenig Impulsivität durch – aber alles in allem hast du das meistens im Griff.

6–10 Punkte: Du hast vermutlich ein ausgeprägtes impulsives Kind. Auch kleine Frustrationen können dich »unter die Decke« bringen, bzw. du nimmst dir radikal, was du willst. Damit du dieses Kind nicht so sehr spürst, wirst du von deiner Helfer-Rolle des Blenders unterstützt, der an allen Fronten um Aufmerksamkeit kämpft.

Sarahs überforderte Familie

Jetzt ist noch Sarah dran. Was steckt hinter ihrer Flüchtenden-Rolle?

Sarah ist für ihre Verhältnisse erstaunlich offen bei der Sache. Tiefe Gefühle sind ja sonst nicht so ihrs … Aber ihr fällt auf, dass sie das traurige Kind schon auch kennt. Manchmal fühlt sie sich einsam und traurig. Allerdings weiß sie längst nicht so gut wie die beiden, wo das im Leben eigentlich herkommt. Ellie gibt ihr deshalb einen Tipp, den hat sie auch von ihrer Psychologin: Sarah soll sich innerlich in Situationen begeben, wo sie sich seltsam fühlt – zum Beispiel einsam oder traurig. Dem soll sie nachspüren und dann einfach mal ihre Erinnerungen schweifen lassen, wo sie sie hinführen. Die nächste halbe Stunde liegt Sarah mit geschlossenen Augen auf dem Sofa und ist in ihre Gedanken vertieft … später, nach dem zweiten Glas Rotwein, fängt sie an, endlich mal ein wenig mehr von sich zu erzählen als sonst.

Sarahs Vergangenheit

»Ich kann es nicht so richtig beschreiben, doch manches von dem, was Ellie berichtet, kenne ich auch. Diese Übung und der ganze Psychokrams ist eigentlich so gar nicht meins … Ich kann mich an vieles in meiner Kindheit überhaupt nicht mehr erinnern oder habe es wahrscheinlich einfach verdrängt. Es war mäßig lustig. Wenn ich daran denke, sehe ich nur meine verzweifelte, weinende Mutter am Küchentisch sitzen, nachdem mein vier Jahre älterer Bruder Nico Scheiße gebaut hat. Sie kam gar nicht gegen ihn an. Er war aggressiv, laut und gegen alles. Auch gegen mich. Er verkloppte mich und sperrte mich stundenlang vor der Haustür aus, wenn unsere Eltern nicht da waren. Und das war noch harmlos. Meine Mutter musste ständig in der Schule antanzen, mit ihm zu irgendwelchen sozialen Maßnahmen rennen, während unser Vater sich in die Arbeit verkroch. Nico und ich haben keinen Kontakt mehr. Ich habe gehört, er stehe mit einem Bein im Gefängnis.

Alles nicht schön. Mama weinte oft, lag den ganzen Tag im Bett, und ich konnte es schlecht aushalten. ›Mama, hör auf zu weinen. Komm wir machen was zusammen‹, sagte ich nicht selten. Es war ja sonst keiner für sie da. Wie oft habe ich mir gewünscht, dass sie mal lacht und mit mir kuschelt. Sie konnte es aber leider nicht. Und Papa war zwar körperlich anwesend, doch mehr auch nicht. Keiner war für mich da. Eigentlich war ich als Kind trotz Familie ziemlich allein. Als ich größer wurde, fühlte ich mich immer mehr für Mama verantwortlich. Sie konnte ja nicht. Früher wusste ich es nicht, doch aus heutiger Sicht würde ich sagen, dass sie total depressiv war. Und ich? Ich habe versucht, keinen zusätzlichen Stress zu machen, und habe alles mit mir allein ausgemacht. Tagelang habe ich mich in meinem Zimmer regelrecht verkrochen. Da fühlte ich mich sicher … in meiner Höhle.«

»Ganz schön krass, das hast du so noch nie erzählt«, sagt Ellie. »Kein Wunder, dass du Angst vor starken Gefühlen hast und uns immer abblockst, sobald es mal etwas persönlich wird. Das hatte ja früher wirklich keinen Platz bei dir!«

Hinter der Flucht-Rolle

Bei Sarah spielt das traurige Kind auch eine sehr wichtige Rolle. Ihre Familie war so belastet, dass sie Sarah nicht das geben konnte, was sie als Kind gebraucht hätte. Zudem wurde sie von ihrem Bruder manchmal regelrecht gequält, ohne dass sie davor ausreichend Schutz gehabt hätte. Beides erklärt ihre Gefühle von Traurigkeit und Einsamkeit sehr gut. Auch die Rolle der Flüchtenden wird so viel verständlicher: Wenn Sarah gewissermaßen von der Bildfläche verschwunden ist, war sie nicht mit dem Leid der Mutter konfrontiert und konnte ihrem Bruder ausweichen. Außerdem war ihr Vater, der sich – wie Sarah sagt – »in die Arbeit verkrochen« hat, offenbar auch ein Flüchtender. Daher hatte Sarah auch ein Lernmodell dafür, sich durch Vermeidung aus der unerträglichen Situation zu retten.

Ein impulsives, bockiges oder wütendes Kind wie bei den beiden anderen gibt es bei Sarah eigentlich nicht. Manchmal holt sie sich vielleicht ein wenig Zuwendung in ihren harmlosen emotionalen Affären, so wie mit Thorben. Aber da träumt sie mehr als sie handelt, und es geht auch nie sonderlich weit. Mit »sich impulsiv etwas nehmen« hat das nichts zu tun.

Zusammenfassend kann man sagen, dass die Rolle der Flüchtenden versucht, die unangenehmen Gefühle der kleinen, traurigen, einsamen Sarah nicht an die Oberfläche kommen zu lassen. Das schafft die Flüchtende, indem sie flieht und sich in ihrem Schneckenhaus verkriecht.

Du kannst das traurige, einsame Kind daran erkennen, dass es sich schnell verletzt fühlt, Angst davor hat, von anderen verlassen zu werden oder dass andere es nicht mögen. Das Bedürfnis nach Sicherheit, Geborgenheit oder einer fürsorglichen Elternfigur wurde unzureichend erfüllt.

Situation	Reaktion des traurig/verletzten Kindes	Normale, gesunde Reaktion
Ich komme zu spät ins Meeting. Alle Kollegen schauen auf und hören auf zu sprechen.	Ich fühle mich ausgeschlossen. Irgendwas stimmt mit mir nicht. Die haben garantiert etwas gegen mich.	O.k., mein Fehler. Ich hätte pünktlich da sein müssen. Schön, dass ihr mich alle anschaut, aber lasst uns starten.
Mein Partner unterhält sich auf einer Feier länger mit einer charmanten Frau.	Ich fühle mich verlassen und habe Angst, ihn zu verlieren.	Ach, spannend: Wen hat er denn da entdeckt? Was für ein Glück ich habe, so einen attraktiven Partner an meiner Seite zu haben.

Die Übung, die Ellie Sarah zur Erforschung ihrer Biografie empfohlen hat, wird in der Psychotherapie auch als »imaginative Technik« bezeichnet. Mithilfe innerer Bilder (Imagination) kann man häufig sehr gut herausfinden, woher eigene Gefühle oder Reaktionen kommen, die auf den ersten Blick unverständlich erscheinen. Du kannst sie zum Beispiel ausprobieren, wenn du auf irgendetwas oder irgendwen gefühlsmäßig sehr heftig reagierst und eigentlich nicht genau verstehst, warum das so ist. Versetze dich für die Übung dann einfach noch mal in diese Situation, in der du so heftig reagiert hast, und mache von dort aus mit der Übung weiter.

ÜBUNG: IMAGINATION ZUR ERFORSCHUNG DER EIGENEN KINDHEITSGESCHICHTE

Mache es dir bequem, zum Beispiel auf einem gemütlichen Sofa oder Sessel. Entspanne dich ein wenig, indem du einige Atemzüge lang nur auf deinen Atem achtest – wie er einströmt und ausströmt … dadurch kommst du mit dir und deinen Gefühlen in Kontakt und der Alltag tritt etwas zurück.

1. Versetze dich dann in deiner Vorstellung in die aktuelle Situation, die dich so mitgenommen hat. Stell sie dir noch einmal genau vor, so als würde sie gerade jetzt noch einmal passieren. Was tust du in dieser Situation? Sind andere Menschen dabei, was machen diese? Was würdest du vielleicht gerne tun, aber du tust es nicht? Wie fühlst du dich in dieser Situation?
2. Kannst du deine Gefühle vielleicht an einer bestimmten Stelle deines Körpers spüren? Wo am intensivsten? – Verbleib so lange in dieser Vorstellung, bis du die Gefühle dieser Situation wieder spüren kannst.

3. Lass jetzt die aktuelle Situation vor deinem inneren Auge verschwinden. Lass deinen Geist in deine Vergangenheit, in deine Kindheit wandern. Beobachte ruhig und neugierig, welche Erinnerungen auftauchen. Manchmal kommen erst keine Erinnerungen – dann lass dir Zeit, vielleicht taucht doch noch etwas auf … manchmal kommen mehrere Erinnerungsbilder – dann nimm einfach irgendeines davon. Es gibt kein »Richtig« oder »Falsch« in dieser Übung.
4. Wenn eine Erinnerung aufgetaucht ist, dann versetze dich in sie hinein, als würde sie gerade jetzt wieder stattfinden. Was passiert in dieser Erinnerung? Wie fühlt sich dein »kleines Ich« in dieser Erinnerung? Sind andere Personen dabei, und was machen diese? Wie geht es deinem »kleinen Ich« damit? Was bräuchte es eigentlich? Warum kann es das in der Situation vielleicht nicht bekommen?
5. Wenn du auch die kindliche Situation ein wenig erforscht hast, komm wieder in die Gegenwart zurück. Lass die Bilder von heute und von früher auf dich wirken. Was könnten sie miteinander zu tun haben? Warum könnten diese Erlebnisse aus deiner Kindheit dazu führen, dass du dich heute in manchen Situationen so fühlst, wie du es gerade aktuell erlebt hast?

Diese Übung kannst du immer machen, wenn du neugierig darauf bist, wo Gefühle herkommen, die du heute erlebst und die du irgendwie irrational findest. Am Anfang mag sie dir etwas seltsam erscheinen und auch nicht immer gleich perfekt funktionieren. Aber mit etwas Übung kann sie dir wahrscheinlich oft schnell weiterhelfen, ein emotionales Problem zu verstehen.

Auftritt des strengen Richters

Die Rolle des strengen Richters oder der strengen Richterin geht mit der Rolle des traurigen Kindes gewissermaßen Hand in Hand. Sie heißt ursprünglich in der Schematherapie übrigens »strafender oder fordernder Elternanteil« – diesen Begriff finden wir aber etwas schwierig, weil erstens auch andere Personen als die Eltern solche negativen Erlebnisse vermitteln können und zweitens fast alle Eltern auch sehr liebevolle und positive Seiten haben.

Der strenge Richter verkörpert die negativen Botschaften, die wir von anderen gehört und die unseren Selbstwert geknickt und beeinträchtigt haben. Wenn wir in dieser Rolle sind, werten wir uns selbst ab. Wir sind nicht mit uns zufrieden, verzeihen uns keinen Fehler, gönnen uns keine Pause oder halten uns generell nicht für liebenswert.

Sie ist wie die Stimme des erbarmungslosen Vaters oder des gnadenlosen Mitschülers, die uns immer noch fertigmacht und uns für alles Mögliche beschuldigt. Je stärker das traurige, wütende oder impulsive Kind in uns ausgeprägt ist, desto stärker ist meist auch der strenge Richter und umgekehrt.

VARIANTEN DES STRENGEN RICHTERS

Der strenge Richter kann verschiedene Arten von Vorwürfen oder Forderungen an uns haben.

- **Strafend und abwertend.** Der strenge Richter hält dich für grundsätzlich wertlos und ungenügend. Du hast dann zum Beispiel das Gefühl, dass niemand dich je lieben kann oder dass du gar keine Zuwendung verdient hättest.
- **Fordernd und leistungsorientiert.** Der strenge Richter vermittelt dir, dass nur Topleistungen überhaupt akzeptabel sind und dass du nichts wert bist, wenn du nicht immer perfekt und überall der/die Beste bist.
- **Emotional fordernd und schuldinduzierend.** Der strenge Richter fordert, dass du dich immer um die anderen kümmern musst, weil die wichtiger sind als du selbst. Oder er lädt dir Schuld auf, wenn sich andere schlecht fühlen – selbst wenn du objektiv betrachtet überhaupt nichts dafür kannst.

Auch diese Idee, dass wir uns selbst mit strafenden inneren Stimmen in Schach halten, ist keine Erfindung der Schematherapie. Sie findet sich unter anderem in vielen Ansätzen aus dem Feld der Psychoanalyse. Dort werden solche Anteile manchmal auch als »Introjekte« bezeichnet – ein Introjekt ist wie ein böses kleines Männchen im Kopf, das uns miese Ansichten über uns selbst eintrichtert.

Am nächsten Abend am Kamin kommt Ellie auf ihre Versuche zu sprechen, ihr trauriges Kind zu beruhigen und auch mal etwas selbstbewusster aufzutreten. Das sollte doch eigentlich klappen, müsste man meinen, schließlich hat sie objektiv keinen Grund, sich so unsicher und wertlos zu fühlen.

Der Richter und das traurige Kind

Ellies Geschichte

»Ich habe mir ja schon öfters vorgenommen, etwas selbstbewusster zu sein. Im Job klappt das mittlerweile ja auch meistens sehr gut. Bei Freunden eigentlich auch. Ich weiß, die mögen mich, auch wenn ich nicht immer zu allem Ja und Amen sage. Doch sobald es sich um einen Typen handelt, von dem ich wirklich etwas will, bin ich wie verwandelt und fremdgesteuert. Mein ganzes Selbstbewusstsein kann von der einen auf die anderen Sekunde wie weggepustet sein. Ich verhalte mich, wenn ich ehrlich bin, wie ein kleines Mädchen, das bei Papa auf den Schoß möchte. Ich fühle mich unattraktiv, wertlos, idiotisch und frage mich, wie ich auf die dumme Idee kam, dass so ein toller Mann mit mir zusammen sein wolle. Meine Psychologin sagt, ich mache mich selbst total fertig. Dafür gäbe es auch einen Namen: den ›inneren Kritiker‹. Herzlichen Glückwunsch, und nun? Kann ich den auf den Mond schießen?«

»Und, lass mich raten – daran ist bestimmt auch wieder dein Vater schuld, oder?«, frotzelt Sarah. Sie geht grade manchmal etwas mehr aus sich heraus, das ist wirklich toll.

Ellie kann sich das schon etwas vorstellen: »Mein Vater hat nie direkt zu mir gesagt: Ellie, du bist eine Idiotin, hässlich, oder sonst was. Allerdings habe ich mich sehr oft nicht von ihm beachtet gefühlt. Wenn ich die liebe brave Ellie war, dann war die Welt in Ordnung. Aber wenn ich auf die Idee kam, mal etwas vorzuschlagen oder mir etwas zu wünschen, was ihm gerade nicht so in den Kram passte, dann war ihm das total lästig. Es ging immer erst um ihn, seinen Fußball und seine Ruhe. Und meine Mutter war immer seiner Meinung. Eigentlich total egoistisch gegenüber dem eigenen Kind, finde ich.

Wenn ich mal ganz ehrlich bin, suche ich mir immer Männer, die so ticken wie mein Vater. Dabei will ich das gar nicht. Doch es zieht mich förmlich an. Mit Stefan war es ähnlich. Nachdem er mich anfangs für ein paar Wochen in den Himmel gelobt hatte, waren plötzlich Freunde, sein Schwimmtraining und leider noch anderes interessanter. In diesem Moment schlägt dann mein ›innerer Kritiker‹ zu und den Rest kennt ihr ja …«

Wir verwenden gerne die Bezeichnung des »strengen Richters« für diesen Anteil – aber »Kritiker« kann man natürlich genauso gut dazu sagen. Menschen mit starken traurigen, wütenden und impulsiven kindlichen Anteilen erleben fast immer in irgendeiner Form auch so eine strenge Richter-Stimme. Es ist auch typisch, dass diese Stimme gleichzeitig mit der Rolle des traurigen Kindes aktiviert wird. Dabei kann die innere Stimme – wie bei Ellie – in verschiedenen Situationen auch mal stärker und mal schwächer sein.

Die Kombination aus beiden Rollen führt dann in der Regel dazu, dass die Helfer-Rollen aktiviert werden. Die Helfer-Rollen drängen diese Gefühle nämlich in den Hintergrund. Der Diener schafft das durch die Konzentration auf andere. Der Flüchtende weicht den Gefühlen einfach aus, und der Blender haut gewissermaßen so laut auf die Pauke, dass die Gefühle übertönt werden.

Manchmal spiegeln die Sätze des strengen Richters tatsächlich ziemlich genau die Sätze wider, die wir als Kinder gehört haben. Oft ist das aber auch nicht der Fall, weil abwertende Botschaften früher nicht mit Sätzen transportiert wurden – sondern eher damit, wie auf bestimmte Verhaltensweisen, Bedürfnisse oder Erlebnisse des Kindes reagiert wurde. Das ist zum Beispiel bei Ellie so – ihr Vater hat sie nicht direkt und ausdrücklich abgewertet. Aber seine genervten Reaktionen haben ihr gezeigt, dass sie bei ihm nicht mehr ankommt, wenn sie für sich selbst eintritt oder auch nur eine eigene Meinung hat. Der strenge Richter in ihr sagt heute, dass sie wertlos und nicht liebenswert ist, wenn ein Mann, der so ähnlich wie ihr Vater ist, von ihr nicht total begeistert ist.

TYPISCHE SÄTZE EINES STRENGEN RICHTERS/KRITIKERS, DER VERMITTELT, DASS MAN NICHT VIEL WERT SEI:

- »Du bist lächerlich/albern/dämlich!«
- »Hab dich nicht so! Was du willst, interessiert eh keinen!«
- »Du bist so, wie du bist, nicht in Ordnung, nicht liebenswert!«
- »Du kannst froh sein, wenn sich überhaupt irgendjemand für dich interessiert!«

Der Richter und das verwöhnte Kind

Leonores Geschichte

»Wie gesagt haben meine Eltern mir ja immer vermittelt, dass ich großartig und bewundernswert bin. Doch eine Sache war in unserer Familie ganz klar gesetzt. Ich musste überall die Beste sein. Zum großen Teil lief das ganz automatisch sehr gut. In der Schule hat ja meine gewitzte Art schon immer zu lauter guten mündlichen Noten geführt – und dank bester Förderung daheim waren die schriftlichen Leistungen auch meist super. Doch wehe, ich lief mal nicht so rund …. Meine Eltern haben nie laut geschimpft oder so, aber die stille Verachtung, die dann durchkam, dass ›eine von uns‹ nicht brilliert, die hat viel mehr wehgetan … Mir wären ein paar klare Ansagen lieber gewesen. Schweigen zu ertragen, ist viel schlimmer.«

»Bist du deshalb heute so ein Workaholic?«, fragt Sarah. »Garantiert!«, wirft Ellie ein. »In Beziehungen läuft ja bei dir meist alles nach Wunsch, aber wenn du mal einen Auftrag nicht bekommst, dann verfällst du ja fast in Depressionen.«

Leonore muss da zustimmen: »Da hast du schon recht. Im Kontakt mit Männern kenne ich die Stimme dieser strengen Richterin nicht. Doch sobald es um Leistungen geht, muss ich die Beste sein und bleiben. In diesem Punkt gibt es kein Limit und keine Grenze. Ich verdiene mehr als genug und würde es mir echt gerne öfters mal ein bisschen leichter oder gemütlicher machen. Aber dann fühle ich mich unter Druck und wie eine absolute Versagerin. Das halte ich gar nicht aus.

Nun stellt euch mal vor, ich würde ein Kind bekommen. Wie sollte das denn bitte klappen? Zu Hause sitzen und auf den Mann warten, während ich vom Babykurs komme und ihm abends das Essen serviere? Ich könnte ja nicht mehr rund um die Uhr rackern. ›Nur‹ das Kind zu versorgen, würde mir nie reichen. Ich würde mich spätestens drei Monate nach der Geburt wie eine Totalversagerin fühlen. Guckt mich nicht so entsetzt an. Ich weiß, dass mir Tausende Mütter für diese Aussage am liebsten die Augen auskratzen würden. Doch so bin ich nun mal. Insofern hat dieser strenge Richter in mir anscheinend indirekt eine wichtige Funktion … Hält er mich von einer Familie ab?«

Es ist sinnvoll zu verstehen, in welchen Situationen der strenge Richter besonders »zuschlägt«. Bei Ellie sind es die Männer, die sie unbewusst an ihren Vater erinnern. Bei Leonore sind es Leistungssituationen, in denen sie nicht die Beste ist.

ÜBUNG: WANN SCHLÄGT DEIN STRENGER RICHTER ZU?

Das kannst du auch mit einer kleinen imaginativen Übung herausfinden. Mach es dir bequem, schließe die Augen, und entspanne dich ein wenig. Und dann lass deinen Geist einfach durch die letzten Tage schweifen. Wann hast du dich besonders unwohl gefühlt? Wann warst du mit dir übermäßig unzufrieden oder hast dich geschämt, obwohl objektiv eigentlich nichts Schlimmes passiert ist? Kennst du das aus ähnlichen Situationen? Das sind die Momente, in denen deine strenge Richterin besonders aktiv ist.

Solche strengen Richter-Stimmen, die vor allem Leistung verlangen, führen bei manchen Menschen dazu, dass sie sich überhaupt nicht mehr in Leistungs-Situationen begeben. Das ist zum Beispiel häufig der Fall bei Studenten, die eine Prüfung nach der anderen einfach nicht antreten – die Angst zu versagen, ist schlimmer als die Tatsache, dass sie so nie weiterkommen! Sie aktivieren also die Rolle des Flüchtenden, um dem strengen Richter zu entgehen.

Andere Menschen – so wie Leonore – rasen getrieben von einem Erfolg zum nächsten und sind doch nie zufrieden. Denn der strenge Richter sagt nie, dass es gut genug wäre. Der Fokus auf Leistung kann dazu führen, dass andere wichtige Lebensbereiche vernachlässigt werden, bei Leonore zum Beispiel die Familiengründung. Und wenn sie Ablenkung braucht, stürzt sie sich in eine aufregende Affäre – aber auch das ist ziemlich stressig, letztlich bleibt sie getrieben.

TYPISCHE SÄTZE EINES STRENGEN RICHTERS, DER DAUERND ZUR BESTLEISTUNG ANTREIBT:

- »Nur wenn du der/die Beste bist, bist du etwas wert!«
- »Fehler sind etwas für Dumme!«
- »Du darfst nie mit einer Leistung zufrieden sein, sonst gibst du dich auf!«

Eine strenge Richter-Stimme kennt Sarah auch. Aber sie hat den Eindruck, dass die noch einmal etwas anders klingt als die Richter von Ellie und Leonore.

Der Richter und das traurige, schuldige Kind

Sarahs Geschichte

»Immer dann, wenn ich mir mal etwas erlaube, kommt sofort diese Richter-Stimme, die mir sagt, dass das nicht geht. Ellie fühlt sich dann traurig und ich habe dann eher immer ein schlechtes Gewissen. So als würde ich etwas ganz falsch machen und mich nicht gut genug um die anderen kümmern. Dabei sind manchmal gar keine ›anderen‹ da, um die ich mich kümmern könnte. Es reicht einfach schon aus, wenn ich meinen Wünschen mal nachgehe.«

Ellie, die Hobby-Psychologin, kann das gut verstehen. »Das ist kein Wunder, wenn man sich deine Kindheit vor Augen führt: Deine depressive Mutter war doch von allem überfordert – egal was du von ihr gewollt hättest, es hätte immer das Risiko gegeben, dass sie sich deshalb schlechter fühlt, oder? Und du hättest dich nur noch schuldiger gefühlt, auch wenn das in der Sache natürlich Quatsch ist, weil du ja nichts für die Depressionen deiner Mutter konntest.«

Da ist für Sarah etwas dran: »Es stimmt schon, wenn man es sich so überlegt. Manchmal hatte ich ja auch Probleme, die ich mit meiner Mutter besprechen musste. Zum Beispiel mal eine schlechte Note, die sie unterschreiben musste. Dann klagte sie über die vielen Sorgen, die sie durch meinen Bruder schon hätte. Da fühlte ich mich oft schuldig. Wenn ich jetzt darüber nachdenke, finde ich es brutal, was ich mir damals alles aufgeschultert habe. Alles, was Nico mir angetan hat, konnte ich niemandem erzählen. Weinen erst recht nicht. Mama war alles zu viel.

Wie schon bereits gesagt, kehrte sich das Bild mit zunehmendem Alter. Ab meinem 12. Lebensjahr war ich für meine Mutter der Kummerkasten. Ich wäre die Einzige, die ihr Leid mit Nico und Papa verstehen könne und ihr zuhöre. Wenn ich ehrlich bin, muss ich sagen, dass ich es gehasst habe. Doch was sollte ich denn tun? Ausbüxen?

Puh, jetzt wo ich so ausführlich darüber spreche, wird mir übel. So offen habe ich über diese Zeit in meinem Leben noch nie mit anderen geredet. Und sofort habe ich meiner Mutter gegenüber ein schlechtes Gewissen und fühle mich schuldig. Als ob ich sie verrate und hintergehe. Sie hat sich doch bemüht. Mein Bauch tut jetzt weh.«

»Sie war stets bemüht«, wirft Leonore sarkastisch ein. »Ganz schön herb, meine Liebe! Ich beginne zu verstehen, warum du dir gefühlvolle Dinge lieber vom Hals hältst und immer abhaust, bevor es ernst wird. Sobald der andere etwas von dir möchte, was dir eigentlich zu viel ist, fühlst du dich so, als ob du wieder in der altbekannten Falle sitzt …«

TESTE DICH SELBST: DER STRENGE RICHTER IN DIR

Inwieweit treffen diese Aussagen auf dich zu?

1. »In Konflikten denke ich schnell, dass ich eh blöd bin und keine Liebe verdient habe.« (Richter mit Vorwurf der Wertlosigkeit)
   - ☐ Nein, Konflikte sind etwas Normales, mit Wertlosigkeit hat das nichts zu tun. *(0 Punkte)*
   - ☐ Manchmal habe ich dieses Gefühl schon. Aber ich kann mich davon auch wieder relativ schnell distanzieren und mir klarmachen, dass das Quatsch ist. *(1 Punkt)*
   - ☐ Ja, das kenne ich gut. Deshalb sind auch kleine Konflikte für mich ziemlich grässlich. *(2 Punkte)*

2. »Ich habe das Gefühl, dass ich alles richtig und perfekt machen muss, damit mein Partner mich mögen kann.« (Richter mit Leistungsanspruch)
   - ☐ Nein, niemand ist perfekt, auch ich nicht. Das weiß auch mein Partner, und das ist in Ordnung so. *(0 Punkte)*
   - ☐ Ich kenne dieses Gefühl, aber eigentlich weiß ich, dass es nicht stimmt. Es kostet mich manchmal etwas Mühe, aber ich kann dann schon auch zu meinen Macken stehen. *(1 Punkt)*
   - ☐ Ja, das ist bei mir so. Deshalb gebe ich mir größte Mühe, keine Schwächen oder Macken erkennen zu lassen, oder vermeide das Thema Partnerschaft ganz. *(2 Punkte)*

3. »Weil ich – wie alle Menschen – körperlich nicht perfekt bin, halte ich mich für hässlich und unattraktiv.« (Richter mit Vorwurf der Wertlosigkeit)
   - ☐ Ich habe schöne und weniger schöne Seiten, das ist normal. Deshalb halte ich mich nicht für hässlich. *(0 Punkte)*
   - ☐ Ich achte mehr auf meine Makel als auf das, was schön an mir ist. Aber ich weiß, dass das eigentlich nicht richtig ist, und kann auch immer wieder auf meine schöneren Seiten achten. *(1 Punkt)*
   - ☐ Ich kann auch kleine körperliche Makel kaum ertragen und fokussiere mich total darauf. Deshalb fühle ich mich oft hässlich. *(2 Punkte)*

4. »Wenn mein Partner mir vermittelt, dass er wegen mir unglücklich oder unzufrieden ist, fühle ich mich sehr schuldig, auch wenn es sich nur um Kleinigkeiten handelt.« (Richter mit Schuldgefühlen)

- ☐ Ich prüfe, ob ich etwas falsch gemacht habe. Wenn ja, entschuldige ich mich und versuche, es besser zu machen. Bei Kleinigkeiten habe ich deshalb keine starken Schuldgefühle. *(0 Punkte)*
- ☐ Ich bin dafür schon anfällig und lasse mir leicht Schuldgefühle einreden. Allerdings kann ich die zum Glück auch wieder abschütteln, wenn ich sie gründlich hinterfrage. *(1 Punkt)*
- ☐ Ich fühle mich sehr leicht schuldig, auch wenn das objektiv vielleicht Quatsch ist. Ich kann mich aber kaum davon distanzieren. *(2 Punkte)*

5. »Wenn mein Partner Schwierigkeiten hat, fühle ich mich sofort verantwortlich dafür, sie zu lösen.« (Richter mit Schuldgefühlen)

- ☐ Ich helfe ihm gerne, aber ich fühle mich nicht grundsätzlich für alle Schwierigkeiten meines Partners verantwortlich. *(0 Punkte)*
- ☐ Ich fühle mich schon leicht verantwortlich, auch wenn ich das objektiv gar nicht bin. Aber wenn ich das in Ruhe hinterfrage, kann ich mich davon auch distanzieren. *(1 Punkt)*
- ☐ Ja, auch wenn mein Partner nur kleine Schwierigkeiten hat, fühle ich mich sofort dafür verantwortlich, sie für ihn zu lösen. Es kann sich fast anfühlen, als sei ich an den Schwierigkeiten schuld. *(2 Punkte)*

AUSWERTUNG

0–3 Punkte: Du scheinst mit dir gut im Reinen zu sein. Du weißt, was deine Stärken und Schwächen sind, und wirst nicht getrieben von einer starken Richter-Stimme. Deine Helfer-Rolle kommt selten zum Einsatz.

4–6 Punkte: Du kennst die strenge Richter-Stimme ganz gut – aber du kannst dich meist davon distanzieren, sodass sie dir das Leben nicht andauernd schwer macht.

7–10 Punkte: Du hast eine ausgeprägte strenge Richter-Stimme, die dir das Leben oft sehr schwer macht. In deiner Helfer-Rolle gibst du dir alle Mühe, die Ansprüche deines Richters zu erfüllen.

Schuldgefühle sind eine weitere Geißel, mit der so ein strenger Richter manchmal arbeitet. Das ist besonders typisch, wenn – wie bei Sarah – in der Kindheit ein großer Druck bestand, jemanden zu schonen oder zu versorgen. In Sarahs Fall musste die Mutter vor weiteren Problemen mit den Kindern geschont werden, da sie ja schon mit dem schwierigen Bruder zu kämpfen hatte. Außerdem verursachten Probleme bei ihr Depressionen. Dadurch gab sie Sarah das Gefühl, ihr ganz direkt Leid zuzufügen. Solche Kindheitserlebnisse können zu hartnäckigen und stabilen Richtern mit Schuldandrohung führen.

Zudem kam in Sarahs Jugend noch das Problem der sogenannten Parentifizierung hinzu. Das bedeutet, dass sich die Eltern-Kind-Rollen herumdrehen und das Kind gewissermaßen für das Elternteil emotionale Verantwortung übernimmt. Das ist bei Sarah passiert, als ihre Mutter sich bei ihr immer wieder über Nico und ihren Vater ausgeweint hat. Auf einmal war Sarah in der Rolle der Trösterin und Stützerin – ohne allerdings die Macht zu haben, die Probleme in irgendeiner Weise zu beeinflussen. Für eine Jugendliche ist die normalste und gesündeste Reaktion auf solche Anforderungen, sie von sich zu weisen und sich von der Mutter zu distanzieren. Das schaffte Sarah allerdings nicht wegen ihrer Schuldgefühle – ihrer Meinung nach hätte sie ihre Mutter damit ja noch weiter in die Depression getrieben. Dass sie sie durch ihre Unterstützung auch nicht von der Depression befreien kann und dass die Mutter für ihr Leben selbst verantwortlich ist, solche Argumente lässt eine strafende Richter-Stimme üblicherweise nicht gelten.

Das erwachsene Ich

Bisher haben wir uns voll auf diejenigen Rollen konzentriert, die uns Probleme bereiten können. Die Rollen des traurigen, wütenden und impulsiven Kindes gehen einher mit sehr unangenehmen Gefühlen. Die Rolle des strengen Richters straft uns ab und ruiniert unseren Selbstwert. Und in den Helfer-Rollen fühlen wir uns vielleicht einigermaßen stabil – sie sind aber auch kein guter Garant dafür, dass wir unsere Bedürfnisse in unseren Beziehungen angemessen und erfolgreich artikulieren können und diese erfüllt werden.

Doch das ist ja zum Glück nicht alles, was auf der inneren Bühne stattfindet! Oft sind wir ja auch ganz ausgeglichen, gut im Kontakt mit uns selbst und nicht von unangenehmen Gefühlen geplagt. Dann wissen wir, was wir uns erlauben können und was nicht, und handeln danach. Diesen Anteil bezeichnet die Schematherapie als Anteil des »gesunden Erwachsenen«, wir sprechen noch lieber vom »erwachsenen Ich«. Das erwachsene Ich kann wie gesagt eigene Gefühle und Bedürfnisse gut wahrnehmen und ausdrücken und angemessen für ihre Befriedigung sorgen. Es findet aber auch einen guten Ausgleich zwischen Pflichten und Aufgaben einerseits und Pausen, Erholung und Spaß andererseits. Und es kann Kompromisse finden, wenn die eigenen Bedürfnisse zu denen anderer Personen unseres Umfelds im Widerspruch stehen.

Viele Menschen erleben sich stark in ihrem erwachsenen Ich, wenn es um »fachliche« Domänen wie die Arbeit oder andere Pflichten geht. Oft fällt es uns gerade gegenüber solchen Menschen leicht, erwachsen zu agieren, zu denen wir keine sonderlich enge Beziehung haben. Je enger allerdings eine Beziehung ist oder je wichtiger jemand anderes für uns ist, umso intensiver sind auch die Gefühle. Und dann besteht immer die Gefahr, dass die anderen Rollen sich in den Vordergrund drängen …

ANDERE NAMEN FÜR DAS ERWACHSENE ICH

Auch das erwachsene Ich findet sich so ähnlich in vielen therapeutischen Ansätzen. So sprechen zum Beispiel Psychoanalytiker von der »gesunden Ich-Funktion« und meinen damit etwas ganz Ähnliches. Oder in der humanistischen Therapie wird davon gesprochen, dass ein Mensch seine verschiedenen Anteile »gut integriert« hat oder dass er zu seinem »wahren Selbst« strebt.

Wir können doch alle auch anders …

Das Wetter ist herrlich, der Schnee frisch, das Panorama ein Traum … die drei haben tagsüber viel Spaß auf der Piste. Ihr Lieblingslift ist ein Dreier-Sessellift, in dem sie ungestört die nächsten Abfahrten planen und sich gegenseitig foppen können … »Ellie, ich glaube noch an dich!«, verkündet Leonore. »Wie du grade die Frau mit der pinken Mütze am Lift weggedrängelt hast – da ist Luft nach oben, was den Punkt ›eigene Bedürfnisse durchsetzen‹ betrifft!«

Ellie sieht es als Kompliment: »Wenn ich jetzt mit euch zusammen mein Verhalten aus der Distanz betrachte, ist es total irre, was ich immer wieder mit mir machen lasse, und zwar von Männern, die es überhaupt nicht verdient haben.

Vom Kopf her weiß ich das auch … Und mit den meisten Situationen in meinem Leben kann ich ja bereits auch anders umgehen.

Erinnert ihr euch noch? Früher war ich generell viel unsicherer, habe mich an anderen Menschen orientiert. Ob im Job oder in Freundschaften. Das ist heute nicht mehr so. Klingt etwas merkwürdig, doch ich denke, ich bin erwachsener geworden und weiß, was ich kann und wert bin. Außerdem sage ich euch beiden schon, wenn mir etwas nicht passt, auch wenn das im Vergleich zu Leo noch harmlos klingt.

Also, Leo und Sarah, mir passt es nicht, dass ihr das Après-Ski heute Abend ausfallen lassen wollt. Wenn ihr schlafen gehen wollt, ich gehe dann allein …«

Sarah muss lachen. »Nun sei mal nicht so kritisch mit Leo – immerhin hat sie dir vorhin in der Gondel den Vortritt gelassen und über das Après-Ski können wir noch mal verhandeln …«

Auch Leo freut sich über dieses kleine Lob: »Natürlich finde ich es auch nicht immer so prickelnd, wenn mich alle für impulsiv und arrogant halten. Wenn ich Menschen gegen mich aufbringe und dann mal wieder die Zicke bin. Ihr beide hingegen, ihr nehmt mich so, wie ich bin, und haltet mir den Spiegel hin. Das ist was ganz Besonderes. Wisst ihr, was mich zur Zeit echt beschäftigt? Einerseits spüre ich diesen Kinderwunsch und andererseits halte ich diesen Gedanken kaum aus. Was zeichnet mich dann aus? Wer bin ich ohne meine Arbeit? Kinder haben sollte eigentlich kein Wettbewerb sein, oder?«

»Das klingt ja schwer geläutert«, lästert Ellie. Und richtet sich direkt an Sarah: »Wo hast du denn schon versucht, etwas an deinen typischen Reaktionen zu verändern? Gibt es Beziehungen, aus denen du dich nicht sofort zurückziehst, wenn es mal etwas enger wird?«

Sarah denkt nach: »Das klingt jetzt vielleicht saublöd: Unser Hund, bei dem kann ich mich richtig fallen lassen. Dem erzähle ich sogar manchmal, dass ich allein bin … Der ist so unglaublich zugewandt, der will nur kuscheln und erzählt es garantiert keinem weiter. Und ansonsten kenne ich das wie Ellie auch, dass außerhalb von Beziehungen vieles besser läuft. Im Job mache ich schon einigermaßen klare Ansagen und sehe auch andere Kollegen in der Verantwortung. Genau das, was mir in einer Beziehung undenkbar erscheint und wo ich mich eher zurückhalte.«

Die funktionale Rolle

In der Rolle des erwachsenen Ichs sieht man die Dinge viel rationaler und klarer, als man sie in einer der anderen Rollen erlebt, um die es bisher ging. Ellie kann erkennen, wo sie Grenzen setzen sollte, und tut das auch. Leonore kann Beziehungen warmherzig und liebevoll gestalten, ohne dauernd in Kämpfe zu geraten oder ständig auf der Suche nach Abenteuern zu sein. Und selbst Sarah, die in Beziehungen vor Gefühlen flieht wie der Teufel vor dem Weihwasser, kann recht gut zu Schwächen oder zu Ärger stehen.

Das erwachsene Ich kann eigene Bedürfnisse wahrnehmen und vertreten, ist aber ebenso in der Lage, die Bedürfnisse von anderen anzuerkennen und Kompromisse zu finden. Es kann seine Pflichten erfüllen und sich anstrengen, dann wieder Pausen machen und sich etwas gönnen. In schwierigen Situationen erleben wir in dieser Rolle auch unangenehme Gefühle – aber sie passen zur Situation und sind nicht übertrieben wie die Gefühle des traurigen, wütenden oder impulsiven Kindes.

Das erwachsene Ich im Vergleich zum …	
Blender	Das erwachsene Ich kann für eigene Bedürfnisse eintreten, berücksichtigt aber auch die Bedürfnisse von anderen, weil das Zusammenleben sonst nicht funktioniert. Der Blender kümmert sich zu wenig darum, was andere wollen oder brauchen.
Diener	Das erwachsene Ich kann sich um andere kümmern, verliert dabei aber eigene Bedürfnisse nicht aus den Augen. Der Diener sieht nur noch die anderen und verliert sich selbst aus dem Blick.
Flüchtenden	Das erwachsene Ich kann auch unangenehme Gefühle aushalten und sich ihnen stellen. Es akzeptiert sie als einen Teil des Lebens und sucht nach machbaren Lösungen. Der Flüchtende vermeidet intensive Gefühle.
traurigen Kind	Das erwachsene Ich fühlt Trauer oder Einsamkeit, wenn das der Situation angemessen ist, z. B. bei Verlusten oder wenn er wirklich alleine ist. Diese Gefühle weisen ihm den Weg, was zu tun ist. Das traurige Kind fühlt diese Emotionen auch dann, wenn die Situation sie objektiv betrachtet gar nicht nahelegt.
schuldigen oder beschämten Kind	Das erwachsene Ich fühlt Schuld bzw. ein schlechtes Gewissen, wenn das der Situation angemessen ist, z.B. wenn es einen Unfall gebaut hat. Es bedauert sein Verhalten und stellt sich aber nicht als gesamte Person infrage. Das schuldige Kind hingegen wertet sich im Zuge eines Fehlers als gesamte Person ab.
wütenden Kind	Das erwachsene Ich fühlt Wut oder Ärger, wenn das der Situation angemessen ist, wenn es z.B. zu Unrecht angegriffen wurde und die persönlichen Grenzen überschritten wurden. Es ist normal, auch mal ärgerlich zu werden. Lediglich das Ausmaß der Emotionen, die das wütende Kind zeigt, ist unangemessen hoch.
impulsiven Kind	Das erwachsene Ich kann auch mal hedonistisch sein und einfach nur genießen. Aber es ist ebenso in der Lage, seine Impulse und Lüste zurückzustellen und in einem für die Gemeinschaft akzeptablen Maß auszuleben.
strengen Richter	Das erwachsene Ich ist selbstkritisch und hinterfragt, was er tut. Aber es weiß z.B., dass Fehler normal sind, dass man selbst – wie alle Menschen – nicht perfekt ist, und kann deshalb auch gnädig mit sich sein.

TESTE DICH SELBST: WIE STARK IST DEIN ERWACHSENES ICH?

Inwieweit treffen diese Aussagen auf dich zu?

1. »Ich bin in der Lage, Kompromisse zwischen den Bedürfnissen von anderen und meinem Partner zu finden.«
   - ☐ Das ist für mich schwierig. Entweder sehe ich nur meine Bedürfnisse, oder ich bin voll fokussiert auf die Bedürfnisse des anderen. *(0 Punkte)*
   - ☐ Manchmal gelingt mir das ganz gut, aber oft auch nicht – weil ich entweder mich oder den anderen zu sehr in den Mittelpunkt stelle. *(1 Punkt)*
   - ☐ Ja, das fällt mir meistens ziemlich leicht. *(2 Punkte)*

2. »Ich fühle mich von meinem Partner geliebt und akzeptiert.«
   - ☐ Das fällt mir sehr schwer. Ich fühle mich kaum geliebt oder akzeptiert, selbst wenn er mir das versichert. *(0 Punkte)*
   - ☐ Manchmal spüre ich, dass er mich liebt. Aber sobald es irgendwo knirscht, geht das Gefühl weg. *(1 Punkt)*
   - ☐ Ich weiß und ich kann spüren, dass mein Partner mich liebt – auch wenn es vielleicht manchmal kracht. *(2 Punkte)*

3. »Ich bin in meiner Beziehung entspannt und gelassen.«
   - ☐ Das kann ich von mir gar nicht sagen. Ich bin oft gestresst und angespannt oder wütend und gereizt. *(0 Punkte)*
   - ☐ Manchmal bin ich schon entspannt. Aber wenn eine Kleinigkeit schiefläuft, geht das flöten, und ich rutsche in Stress oder ungünstige Gefühle. *(1 Punkt)*
   - ☐ Ja – natürlich nicht immer, aber ziemlich häufig. *(2 Punkte)*

4. »Wenn wir Probleme haben, finden wir Wege, um sie zu lösen.«
   - ☐ Das geht oft kaum. Ich werde eher wütend, stecke den Kopf in den Sand oder lade alles bei meinem Partner ab. *(0 Punkte)*
   - ☐ Das ist für mich nicht immer ganz einfach – aber relativ häufig klappt es nach einer Weile dann doch einigermaßen. *(1 Punkt)*
   - ☐ In aller Regel schaffen wir das gemeinsam ganz gut. *(2 Punkte)*

5. »Ich kann auch Durststrecken in der Partnerschaft durchstehen, z.B. wenn mein Partner viel Stress und deshalb wenig Zeit für mich hat.«
   - ☐ Das fällt mir sehr schwer. Dann bin ich leicht frustriert, stelle alles infrage oder gerate in großen Stress. *(0 Punkte)*
   - ☐ So mittelmäßig. Teilweise kann ich das verstehen und damit gut umgehen, aber ich rutsche immer wieder auch in Stress, Frust oder Verzweiflung. *(1 Punkt)*
   - ☐ Ja, das kann ich gut. Wenn wir die Durststrecke überwunden haben, lassen wir es uns dafür besonders gut gehen. *(2 Punkte)*

6. »Ich kann für mich einstehen, wenn mein Partner ungerecht zu mir ist.«
   - ☐ Nein, das kann ich nicht gut. Entweder raste ich aus oder ich ducke mich weg. *(0 Punkte)*
   - ☐ Manchmal geht das, aber oft auch nicht. Dann bin ich entweder zu aggressiv oder viel zu vorsichtig. *(1 Punkt)*
   - ☐ Ja, das kann ich gut. Ich spreche das an, ohne auszurasten und ohne mich zu sehr wegzuducken. *(2 Punkte)*

AUSWERTUNG

0–6 Punkte: Dein erwachsenes Ich ist in deiner Beziehung ziemlich schwach ausgeprägt. Das macht es dir oft schwer, und schon kleine Probleme sind eine große Belastung. Deine Helfer-Rolle hingegen scheint sehr präsent zu sein, damit du im Alltag zurechtkommst.

7–9 Punkte: Dein erwachsenes Ich ist manchmal da, oft aber auch nicht. Du musst immer wieder dagegen ankämpfen, dass du nicht in die anderen, ungünstigen Rollen rutschst.

10–12 Punkte: Du hast ein gut ausgeprägtes erwachsenes Ich. Damit kannst du deine Beziehung gut mit deinem Partner gemeinsam gestalten und Probleme lösen. Deine Helfer-Rolle kommt selten zum Einsatz und wird nicht oft gebraucht.

Exkurs: Eifersucht

Drei Varianten

Irgendwie kommen die drei auf das Thema Eifersucht zu sprechen. Ellie weiß, dass sie selbst schrecklich eifersüchtig werden kann, aber sie fragt sich, ob ihre Freundinnen das überhaupt kennen, so cool wie sie immer sind …

Ellie denkt nach: »Als letztes Jahr klar wurde, dass Stefan vermutlich noch was anderes laufen hat, da war ich brutal eifersüchtig. Ich fühlte mich so klein und unwichtig! Die ganze Zeit hatte ich im Kopf, dass er mit anderen zusammen ist, und habe mich so zurückgesetzt gefühlt. Deswegen habe ich echt einige Nächte durchgeheult. Aber auch sonst kenne ich Eifersucht gut: Sobald mein Partner eine andere Frau auch nur ansatzweise gut findet, fühle ich mich total bedroht und denke, die andere ist eh viel besser als ich etc. Das sind dann auch die Situationen, in denen ich manchmal so wütend werde, wenn ich es recht überlege.«

»Da bist du echt ein armer Hase!«, fasst Leonore zusammen. »Das ist bei mir komplett anders.«

Leonores Geschichte zur Eifersucht: »Ich glaube, Eifersucht ist bei mir eher getrieben von Wettbewerb und ›will ich haben‹. Wenn ich einen Typen herumkriegen will, und er hat eine andere, dann spornt mich das eher an, dann will ich es mir und ihr erst recht beweisen, dass ich kriege, was ich will! Was ich Eifersucht nennen würde, ist eher so eine Kampfeslust. Ich kriege das dann aber auch nicht aus dem Kopf – da ist schon ein ganz starker Druck dahinter!«

»Das klingt wirklich anders als bei mir«, meint Ellie. »Und Sarah, wie sieht das bei dir aus?«

Sarahs Geschichte zur Eifersucht: »Ich kann Eifersucht gar nicht ausstehen. Das ist für mich so ein klebriges Gefühl, das erinnert mich daran, wie meine Mutter an mir geklammert hat, glaube ich. Deshalb mag ich nichts damit zu tun haben. Vielleicht ist das auch ein Grund dafür, dass ich mit Tim zusammen bin – ich habe keine besonders intensive Bindung zu ihm, selbst wenn er fremdgehen würde, fände ich das vermutlich gar nicht so schlimm. Vielleicht tut er es ja … Aber wahrscheinlich nicht, weil er dafür selbst viel zu zurückhaltend ist. Und bei den kleinen romantischen Geschichten, die ich manchmal habe, so wie mit Thorben – das kommt ja gar nicht so weit, dass überhaupt Eifersucht ins Spiel kommt.«

Eifersucht kann mit verschiedenen Rollen zusammenhängen

Eifersucht ist ein sehr komplexes Gefühl, das in der Psychologie auch als »sekundäres« Gefühl bezeichnet wird, weil es sehr stark davon abhängt, wie man eine Situation und die eigene Rolle in dieser Situation bewertet.

PRIMÄRE UND SEKUNDÄRE GEFÜHLE

Primäre Gefühle sind angeboren, werden durch bestimmte Reize bzw. Situationen ausgelöst und laufen grundsätzlich bei jedem Menschen gleich ab – auch wenn die Intensität natürlich variieren kann. Das typischste primäre Gefühl ist Angst – die wird bei jedem Menschen (und jedem Tier) ausgelöst, wenn er beispielsweise von einem Tiger angeknurrt wird. Aber auch Schreck, Freude oder Wut gehören dazu.

Sekundäre Gefühle entstehen dadurch, dass man Situationen bewertet und auf sich bezieht. Typische Beispiele sind Eifersucht, Schuld oder Scham. Ein schulterfreies Auftreten in der Öffentlichkeit würde bei einer strenggläubigen Muslima Schuld oder Scham auslösen. Das wäre ein sekundäres Gefühl, denn es entsteht nur durch die Bewertung als unangemessen. Bei einer nicht religiösen Frau hätte es keinerlei emotionale Begleitung.

Solche Gefühle können deshalb mit verschiedenen Rollen zusammenhängen. Bei Leonore ist die Eifersucht abhängig von der Bewertung, dass jemand anders etwas hat, was sie in diesem Moment möchte. Damit wäre es vor allem ihr impulsives Kind, das eifersüchtig ist, weil es einfach alles haben will, und zwar sofort. Das stachelt dann die Blenderin in ihr erst so richtig an.

Bei Ellie hingegen entsteht die Eifersucht aus der Verzweiflung ihres traurigen, verlassenen inneren Kindes und aktiviert auch das wütende Kind. Das muss fürchten, für die Konkurrenz wieder allein gelassen zu werden und wieder mal nicht wichtig zu sein. Für Sarah hingegen ist Eifersucht verbunden mit der Erfahrung, in einer Klammer zu stecken und keine Freiheit zu haben – auch wenn es sich dabei eher um die Erfahrung mit der Eifersucht ihrer Mutter handelte und nicht um ihre eigene Eifersucht. Dadurch ist Eifersucht aber so negativ »besetzt«, dass Sarah sie einfach komplett vermeidet. Leider vermeidet sie damit zwangsläufig auch engere Bindungen, die ihr wahrscheinlich sehr guttun würden.

Natürlich kann Eifersucht auch ein relativ erwachsenes, normales Gefühl des »erwachsenen Ich« sein, auf den wir gleich noch zu sprechen kommen. Das ist dann der Fall, wenn die Eifersucht gewissermaßen zur Situation passt. Zum Beispiel wenn ein Partner, mit dem ich bisher sehr gute Erfahrungen gemacht habe, auf einmal anfängt, sich zurückzuziehen, und offensichtlich Interesse an jemandem anders entwickelt. Dann ist die gute Beziehung ernsthaft bedroht und Eifersucht ein völlig normales Gefühl.

Teste dich selbst: In welcher Rolle bist du eifersüchtig?

Welchen dieser Aussagen stimmst du zu?	Diese Rolle ist beteiligt:
»Ich bin eigentlich selten oder nie eifersüchtig. Dabei lebe ich in einer Beziehung, auf die ich mich gut verlassen kann.«	**Erwachsenes Ich**
»Ich bin selten oder nie eifersüchtig. Damit will ich einfach nichts zu tun haben. Beziehungen lasse ich gar nicht erst so weit kommen.«	**Flüchtender**
»Ich bin eifersüchtig, wenn ich auf etwas scharf oder gierig bin. Wenn ich es dann habe, verschwinden Gier und Eifersucht schnell.«	**Impulsives Kind**
»Eifersucht spornt mich an. Wenn ich dann bekomme, was ich will, triumphiere ich!«	**Blender**
»Wenn ich eifersüchtig bin, tue ich alles, um es dem anderen recht zu machen, ich werde dann auch unterwürfig.«	**Diener**
»Wenn ich eifersüchtig bin, dann bin ich völlig verzweifelt.«	**Trauriges Kind**

Alle Jahre wieder: Gute alte Vorsätze!

Am letzten Abend gehen die drei immer richtig gut essen. Nach der Vorspeise hebt Ellie das Glas: »Auf die gelungene Liebe!« »…was auch immer man darunter versteht!«, kann sich Leonore nicht verkneifen. Aber Ellie ist es ernst damit. Sie möchte in diesem Jahr alles anders machen und ihre Vorsätze mit ihren Freunden teilen, damit die sie im Zweifel auch mal daran erinnern können:

»Ich habe mir vorgenommen, dass ich mehr hinterfrage, wen ich richtig gut finde. Wen ich wirklich spannend finde und nicht nur toll finde, weil er mir wieder erzählt, dass er mich in zwei Monaten in Las Vegas heiraten will. Sobald ich total verliebt bin und vor lauter Schmetterlingsgefühlen 24 Stunden auf mein Handy starre, weiß ich, dass ich vermutlich wieder einem kleinen Narzissten begegnet bin. Stattdessen werde ich nach Typen Ausschau halten, die mich nur zu 75 Prozent ›anmachen‹, obwohl ich diese Männer im ersten Moment vielleicht nicht sooo berauschend finde. Aber dann bleibe ich klar im Kopf und kann vielleicht üben, meinen Wünschen und Bedürfnissen mehr Raum zu geben. Und wenn einer doof zu mir ist, dann jage ich ihn zum Teufel und nicht umgekehrt!«

»Sounds good«, nickt Leonore. »Und was ist mit dir, Sarah?«

Sarahs Vorsatz: »Naja, ich möchte probieren, mich mal etwas mehr einzulassen. Vielleicht hauche ich der Beziehung zu Tim wieder neues Leben ein. Vielleicht fällt mir ja auch noch was anderes ein. Wenn mir mal wieder jemand gefällt, könnte ich mich ja vielleicht etwas mehr trauen und nicht nur romantisch träumen. Ich denke mal drüber nach …«

»Wunderbar!«, ruft Ellie und umarmt Sarah. »Darauf stoßen wir an! Und wir werden dich regelmäßig dazu befragen!«

Sarah grinst verlegen und wendet sich dann an Leo: »Was hast du dir vorgenommen?«

Leonores Vorsatz: »Eigentlich bin ich ja insgesamt ziemlich zufrieden mit meinem Leben. Aber wegen meines Kinderwunsches werde ich mich dieses Jahr auch mal nach einem seriösen Partner umschauen. Und prüfen, ob das vielleicht doch etwas für mich ist. Und wenn nein, dann überdenke ich nächstes Jahr mein Leben noch mal neu.«

»Das ist doch eine Ansage à la Leo«, freut sich Sarah. »Da können wir ja mal gespannt sein, was in den nächsten zwei Jahren passiert …«

TEIL 2

WELCHER TYP PASST ZU DIR?

Eine Frage der Chemie

Bisher haben wir die verschiedenen Rollen jeweils nur bezogen auf die einzelne Person angeschaut. Dabei treten bei den meisten Menschen die verschiedenen Rollen in unterschiedlichen Situationen auch unterschiedlich stark auf. Und viele kennen auch mehr als nur eine Helfer-Rolle von sich!

Außerdem sind diese Rollen ja in Beziehungen mit anderen Menschen entstanden. Und sie sind in unserem täglichen Leben auch dauernd in Interaktion und im Austausch mit den Rollen von anderen Personen. Jede Rolle in diesem Buch kann prinzipiell von jedem Menschen unabhängig von der Geschlechterrolle eingenommen werden. Das traurige Kind taucht zum Beispiel auf, wenn du dich von anderen Menschen zurückgewiesen fühlst. Das wütende Kind dreht durch, wenn du dich ungerecht behandelt fühlst. Der strenge Richter weist uns zurecht, wenn wir uns vermeintlich zu viel herausnehmen. Der Flüchtende vermeidet Beziehungen. Der Blender tut alles, um andere zu beeindrucken. Und der Diener hat ja quasi nichts zu tun, wenn er sich nicht um andere Menschen kümmern kann.

Wie fällt eigentlich die Entscheidung darüber, wen – von all den Menschen um uns herum – wir mögen, auf wen wir stehen, in wen wir uns verlieben? Sicherlich gibt es hier viele Faktoren wie gemeinsame Interessen, ähnlicher Humor oder auch schlicht ansprechendes Aussehen. Aber darüber hinaus gibt es einen Faktor, den wir als Schema-Chemie bezeichnen. Damit ist gemeint, dass wir oft besonders stark auf Typen abfahren, deren Rollen mit unseren eigenen Rollen und Erfahrungen »matchen«. Wenn die Schema-Chemie »stimmt«, verlieben wir uns sehr intensiv und setzen ganz besonders viel Hoffnung in diese Beziehung. Wir erleben die »ganz großen Gefühle«, 100 Prozent Verliebtheit. Unsere Schema-Chemie zu verstehen, ist ein sehr wichtiger Schritt, um nicht mehr auf die Falschen hereinzufallen und die, die richtig wären, an uns vorbeiziehen zu lassen.

Sehr häufig bilden wir mit Menschen, mit denen uns Schema-Chemie verbindet, ähnliche Rollenkonstellationen wie die, die wir mit (und auch von) wichtigen Bezugspersonen aus unserer Kindheit kennen. Ellie hat zum Beispiel eine starke Schema-Chemie mit Blender-Typen, die sich wichtig nehmen und in den Vordergrund spielen, so wie es ihr Vater getan hat. Solche Männer setzen gewissermaßen ihr Bedürfnis nach Liebe und Anerkennung frei. Das ist gerade auch deshalb so stark, weil sie sich von ihrem Vater immer Liebe und Anerkennung gewünscht hat, aber nicht in dem Ausmaß bekommen konnte, wie sie es gebraucht hätte. Wie bei ihrem Vater früher (und wie sie es ihrer Mutter abgeschaut hat) versucht sie, sich die Zuneigung als Dienerin zu erarbeiten. Dahinter steht natürlich das traurige Kind, das eine große Sehnsucht und Hoffnung entwickelt, dass es dieses Mal endlich funktionieren kann.

Bei Leonore entsteht Schema-Chemie ebenfalls mit Typen, die an ihre Bezugspersonen in der Kindheit erinnern. Ihre ganze Familie ist geprägt von der Blender-Rolle, und genau das trifft auch zu auf die Männer, mit denen sie Affären eingeht. Der Thrill und das gemeinsame Gefühl des Besonderseins, das kennt sie schon aus ihren frühesten Beziehungen und sucht es deshalb immer wieder. Ihren Partnern geht es vermutlich häufig ähnlich.

Bei Sarah ist die Sache etwas anders. Sie ist in der Rolle der Flüchtenden ja vor allem in der Vermeidung. Starker Schema-Chemie geht sie, wie generell intensiven Gefühlen, lieber aus dem Weg. Allerdings hat sie auch ein typisches Bindungsmuster, das sich bei Menschen mit der Helfer-Rolle der Flüchtenden oft zeigt. Sie geht Beziehungen sicherheitshalber eher mit solchen Männern ein, die ebenfalls zur Rolle des Flüchtenden neigen. Bei Menschen, die im realen Leben Beziehungen und Gefühle auf diese Art vermeiden, finden trotzdem manchmal Liebesaffären mit Schema-Chemie statt – aber oft eher in ihren Tagträumen und Fantasien als in der Realität.

AUSFLUG IN DIE PSYCHOANALYSE: DER WIEDERHOLUNGSZWANG

Die Idee, dass man in Beziehungen immer wieder in die gleichen Muster rutscht, ist keine Erfindung der Schematherapie. Schon Sigmund Freud, der Gründer der Psychoanalyse, hat im Grunde genau dieses Phänomen beschrieben. Er nannte es »Wiederholungszwang«. Damit ist gemeint, dass sich immer wieder beobachten lässt, dass Menschen fast zwanghaft dazu neigen, immer wieder in die gleichen problematischen Beziehungssituationen zu geraten. Ein verwandter Begriff ist die sogenannte »Reinszenierung«. Dieser beschreibt, dass Menschen die Beziehungskonstellationen ihrer Kindheit in wechselnder Besetzung immer aufs Neue in Szene setzen, also wiederholt »inszenieren«.

Schema-Chemie kann sehr stabil sein und sich äußerst hartnäckig in unserem Beziehungsleben halten. Menschen, die uns mit unseren Macken kennen und von außen beobachten, erkennen deren Wirken bei uns oft leichter als wir selbst, vor allem wenn wir grade mal wieder mitten im Beziehungstaumel stecken. Und dabei ist es völlig irrelevant, ob es sich um heterosexuelle oder homosexuelle Beziehungen handelt. Da ticken wir alle gleich. Während wir selbst denken, dass diesmal alles ganz anders sei, rollen die gute Freundin oder der beste Freund die Augen, weil sie sehen, dass dem gar nicht so ist.

Schema-Chemie: Feuerwerk oder Wunderkerze

Es gibt Menschen, die verlieben sich Knall auf Fall über beide Ohren. Ein absolutes Feuerwerk. Sie können an nichts anderes mehr denken. Das Objekt deiner Begierde ist unantastbar. Du himmelst eine Person total an, und irgendwann stürzt sie in deinem Ansehen vermutlich völlig ab. Möglicherweise wechselt sich beides auch ab – aber die gesunde Mitte mit einer Aktivierung deines erwachsenen Ich findet kaum statt. Typische Aussagen sind häufig: »Wir passen perfekt zueinander« oder »Es prickelt ununterbrochen«. Schema-Chemie auf dem Level einer Wunderkerze hingegen bringt zum Ausdruck, dass du trotz aller Begeisterung diesen Menschen auch realistisch einordnen kannst. Und zwar als eine Person, die ebenso wie du starke und schwache Seiten in sich trägt.

Schema-Chemie bzw. das Feuerwerk ist oft umso stärker wirksam, je stärker die Rollen des traurigen und wütenden Kindes, des strengen Richters und der Helfer-Rollen ausgeprägt sind. Umgekehrt gilt: Je mehr im Beziehungsgeschehen dein erwachsenes Ich das Heft in der Hand hat, umso schwächer wird die Schema-Chemie, und du genießt den Anblick der Wunderkerze. Du spürst dann vielleicht noch, dass ein bestimmter Typ dich spontan anspricht, aber du verliebst dich nicht gleich wieder Hals über Kopf in ihn …

Es gibt übrigens auch negative Schema-Chemie, wenn zwei sich regelrecht abstoßen. Die meisten kennen es: Von bestimmten Menschen ist man besonders leicht genervt, obwohl diese sich eigentlich gar nicht so besonders auffällig verhalten. Andere reizen sie längst nicht so stark dazu, die »Wand hochzugehen«. Auch solche Typen erinnern uns unbewusst oft an wichtige Bezugspersonen, die wir vielleicht schon als Kinder schwierig fanden oder nicht mochten. Das sind häufig Geschwister oder auch andere Personen, zu denen wir als Kinder in Konkurrenz standen.

Innere Widerstände überwinden

Ein paar Wochen später treffen sich die drei zum Skatspielen. Ausgerechnet Sarah schneidet das Thema wieder an. »Na, Mädels, was ist aus euren guten Vorsätzen geworden, euch nach neuen Männern umzuschauen? Schon was in die Tat umgesetzt?« Ellie lacht. »Dazu könnt ihr mich gleich mal beraten. Ich habe eine neue Bekanntschaft am Start …« Leo signalisiert, dass sie auch etwas zu berichten hat. Und Sarah? Wird rot und murmelt etwas von »der Beziehung zu Tim etwas Gefühl einhauchen«. Na, das kann ja ein lustiger Abend werden!

Ellie berichtet: »Ich habe mich bei Tinder ja abgemeldet, jetzt probiere ich es mit einer anderen Dating-App, die ist ein bisschen seriöser. Man schreibt mehr über sich, und Matches gibt es nur, wenn auch Interessen zusammenpassen. Das finde ich gut. Jetzt habe ich mich ein paarmal mit Henry getroffen und finde ihn echt richtig super. Er ist viel einfühlsamer als Stefan und interessiert sich total für mich. Außerdem echt cool und sehr erfolgreich. Ich glaube, ich bin gerade dabei, mich wieder ernsthaft zu verlieben!«

Leonore ist misstrauisch. »Meine Liebe, du hast schon wieder dieses Funkeln in den Augen, was da bisher nur Narzissten hineingezaubert haben. Hattest du Silvester nicht etwas davon gesagt, dass es nur noch ein 75-Prozent-Mann geben solle? Erzähl doch mal ein bisschen mehr von Henry: Was macht er so, was ist an ihm cool, wo ist er erfolgreich?«

Ellie erzählt weiter: »Er macht mir sooo süße Komplimente! Und ist so aufmerksam – ein Mann, der einem aus dem Mantel hilft, wo gibt es das noch? Er macht irgendwas mit Software, irgendein cooles Start-up. Ich glaube, er kennt Gott und die Welt in der Szene. Und seine Familie scheint schwer Kohle zu haben, die haben sogar ein Chalet in der Schweiz. Seine Wohnung muss mega chic sein – ich war noch nicht da, aber bin mal gespannt. Bisher waren wir nur bei mir, ich hab ihn bekocht und ein bisschen verwöhnt, das macht solchen Spaß, wenn jemand das wertschätzt!«

Leonore unterbricht sie. »Mein Schätzchen, nimm es mir nicht übel – ich hoffe, ich täusche mich, aber ich glaube, das wird genau das Gleiche wie mit diesem Stefan letztes Jahr. Oder Sarah, was ist dein Eindruck?« Sarah nickt etwas betreten. Ellie ist gekränkt. »Wie kommt ihr denn da drauf?!«

»Weil«, erklärt Leonore ganz liebevoll und ruhig, »du dich anscheinend grade total von ihm um den Finger wickeln lässt. Angeblich hat er eine super schicke Wohnung, aber gesehen hast du sie noch nicht. Angeblich hat er die fette Kohle, aber du bekochst ihn – warum führt er dich nicht aus? Angeblich arbeitet er in einem coolen Start-up, aber wer weiß … Also ganz ehrlich, für mich klingt das total nach Bluff!«

Ellie ist beleidigt. »Bitte? Für wie blöd haltet ihr mich eigentlich. Erstens kann man ihn gar nicht mit Stefan vergleichen. Er ist viel reifer, aufmerksamer und ein richtiger Gentleman. Ich habe Bilder von seiner Wohnung gesehen. Warum sollte er mir denn so einen Bären aufbinden? Warum vermutet ihr hinter allem immer gleich einen Bluff? Wisst ihr was? Auf mich macht ihr eher einen eifersüchtigen Eindruck. ›Ellie angelt sich so einen Mann und wir straucheln hier rum.‹ Und das Start-up kannst du gern einmal googeln. Er ist einer der Gründer. Also hört auf, mich so rundzumachen, und freut euch als Freunde mit mir!«

Aber Leonore gibt sich nicht geschlagen: »Das finde ich schon bemerkenswert, dass du mich so angiftest, nur weil ich ein paar offensichtliche Ungereimtheiten bei deiner neuen Flamme anspreche! Sarah-Schatz, was meinst du?« Sarah windet sich – aus solchen Diskussionen hält sie sich eigentlich lieber raus. »Naja, ich kann euch irgendwie beide verstehen …«

Ellie schämt sich ein bisschen, weil sie sich grade schon kindisch benimmt: »Ja, ich reagiere heftig und bin neben der Spur. Es ist alles so viel für mich.« Leonore stimmt einen versöhnlichen Ton an: »Ist schon in Ordnung, ich glaube, das ist einfach menschlich. Man mag nicht so gern realisieren, dass man selbst gerade Dummheiten macht. Das kennen wir ja alle.« Aber jetzt hat Ellie, die sich wirklich etwas gefangen hat, eine Frage, die ihr echt wichtig ist: »Sagt mal, woran merkt ihr das denn? Und wieso merke ich nichts? Leo, du hast grade von dem Flackern in meinen Augen gesprochen, das ein Narzisst auslöst, und Sarah, du hast genickt – wie seht ihr das, um Himmels willen? Ich komme mir ja schon ganz schön blöd vor, dass ich das gar nicht raffe …«

Leo schaut Sarah fragend an: »Kannst du es ihr erklären?« Sarah wächst über sich hinaus in Sachen »mal etwas direkter sein« und versucht ihr Glück: »Du bist begeistert, obwohl du den Mann eigentlich noch gar nicht kennst und du ihn durch so eine App kennengelernt hast. Die Möglichkeit, dass er dich verarscht, blendest du aus – obwohl es das ja leider öfters mal gibt, dass solche Apps auch von komischen Typen benutzt werden, die nichts ernst meinen.«

Ellie ist jetzt etwas zerknirscht. »Da habt ihr wohl recht. Anfangs bin ich immer Feuer und Flamme, denke, es ist der Mann fürs Leben, hänge mich rein, himmle ihn an, und dann endet es im Desaster. Wie oft saß ich nachher dann alleine da, habe mich mit Schokolade und einer Netflix-Serie getröstet. Eigentlich kann man die Namen der Männer einfach austauschen. Andreas, Marc, Stefan … und nun: Henry … Das ist mir echt peinlich, das zuzugeben. Und dann fahre ich euch auch noch an, da ich denke, ihr wollt mir mein Glück mit meinem Superheld nicht gönnen. Ich komme in solchen Momenten nicht aus meiner Haut.«

»Noch besser wäre ja, du könntest es selbst etwas eher bemerken«, meint Leonore dazu nur trocken, und Sarah nickt mit einem kleinen Grinsen.

Woran könnte Ellie es selbst merken?

Sie geht in sich: »Wenn ich euch richtig verstanden habe, habe ich an einer gewissen Stelle offensichtlich immer wieder Scheuklappen auf. Manches will ich einfach nicht sehen und hören, um mir mein Bild von einem Traumprinzen zu erhalten. Ich schaue nur auf das Positive. Und wenn ich mal ganz ehrlich zu mir bin, dichte ich mir selbst viel Positives hinzu, an Stellen, über die ich eigentlich noch nichts weiß. Ich verliebe mich in eine Fantasiefigur und versuche, alles passend zu machen. Ich könnte es vielleicht daran merken, dass ich innerhalb von ein paar Tagen zu 150 Prozent verliebt bin und mich wie Meghan Markle fühle, die von Prince Harry zur Prinzessin gemacht wurde.«

»Das klingt ganz gut!«, bestätigt Sarah grinsend. »Bei anderen Gelegenheiten bist du ja auch viel differenzierter. Vorhin hast du von deiner neuen Kollegin erzählt und gesagt: ›Sie macht einen netten Eindruck, aber man muss sich erst noch besser kennenlernen.‹ Da siehst du das viel klarer als mit deinem neuen Henry, an dem es von der ersten Sekunde an nichts auszusetzen gibt.«

Da muss Ellie zustimmen. »Mein Scheuklappen-Alarm muss also bimmeln, wenn ich jemanden einseitig toll finde, obwohl ich ihn so wenig kenne, dass ich das noch gar nicht beurteilen kann.« »Check«, ruft Leonore. »Dann schauen wir mal, wie gut der funktioniert bei deinen nächsten Dates. Und den guten Henry kannst du ja mal abklopfen – geh doch mal mit ihm aus, und schau, ob er dich einlädt; und sag ihm, dass du unbedingt seine tolle Wohnung sehen willst, schließlich lässt es sich da sicher auch sehr stilvoll vögeln …« Ellie stöhnt. »Typisch Leo! Aber du hast schon recht, das mach ich morgen, da sind wir verabredet.«

Ellies Reaktion auf Leonores Konfrontation mit ihrer aktuellen Rolle ist ganz typisch! Wenn man gerade richtig in einer der Rollen des Dieners, Blenders oder Flüchtenden steckt, dann merkt man das oft selbst nicht. Andere können es aber manchmal ganz leicht erkennen – vor allem enge Freunde, die dich gut kennen, sich wirklich für dich interessieren. Es ist wichtig, dass du ebenfalls lernst, es schnell zu merken, wenn du in deine typische Rolle reinrutschst. Nur dann bekommst du nämlich auch schnell »einen Fuß in die Tür« beziehungsweise aus der Rolle hinaus.

Die von Sigmund Freud gegründete Psychoanalyse, die sich viel mit solchen verdeckten, unbewussten Prozessen beschäftigt, bezeichnet eine abweisende, verärgerte Reaktion auf berechtigte Kritik als Widerstand oder Abwehr. Das Unbewusste baut vereinfacht gesagt einen Widerstand auf, wenn wir mit etwas konfrontiert sind, womit wir nicht gut umgehen können. In Ellies Fall müsste sie sich eigentlich fragen: »Ist Henry wirklich so toll, wie er tut?«, und würde dann – so die Annahme der Psychoanalyse – irgendwie auch bei der Frage landen: »Ist mein Vater wirklich so toll, wie er tut?«. Vor dieser Frage will das Unbewusste sie sozusagen bewahren, weil das die kleine Ellie ganz schön traurig machen könnte.

Ob diese psychoanalytischen Überlegungen genau so stimmen, kann man kaum sagen, das lässt sich auch nicht wirklich erforschen. Aber dieses Phänomen, dass man naheliegende Dinge nicht sehen oder wahrhaben will, vor allem wenn sie einen sehr persönlich betreffen – das kennen wohl die allermeisten Menschen, die öfters mal über sich nachdenken.

Woran können wir diesen Widerstand bzw. das »Dagegensein« erkennen? Beziehungsweise woran kannst du merken, dass du gerade wieder stark in deine Diener-, Blender- oder Flucht-Rolle rutschst oder schon drin bist? Mit etwas Abstand siehst du das natürlich zum Beispiel im Selbsttest im entsprechenden Kapitel. Aber damit kannst du eher testen, ob du generell zu dieser Rolle neigst.

Das akute Greifen deines Rollenmusters kannst du eher daran erkennen, dass andere die aktuelle Situation ganz anders einschätzen als du. Wichtig ist, dass das Menschen sein sollten, die dich gut kennen und von deren Urteil du im Allgemeinen viel hältst. Wenn du dann auch noch gereizt oder kindisch reagierst, wenn du mit dieser Sicht der anderen konfrontiert bist – dann ist das schon ein ziemlich guter Hinweis darauf, dass du gerade in deine typische Helfer-Rolle rutschst!

MÖGLICHE ANZEICHEN DAFÜR, DASS DU GERADE IN DIE ROLLE DES DIENERS, BLENDERS ODER FLÜCHTENDEN RUTSCHST

Nicht bei jedem Menschen und nicht bei jeder Rolle sind alle folgenden Punkte gegeben. Auch wenn du nur einzelne Punkte von dir kennst, könnte das für dich ein wertvoller Hinweis darauf sein, dass du gerade wieder in dein Rollenmuster »reinrutschst«.

- Andere Menschen, deren Urteil du eigentlich schätzt, sehen die Situation ganz anders als du.
- Du reagierst gereizt, bockig oder auf andere Art etwas kindisch, wenn andere, deren Urteil du eigentlich schätzt, dich auf deine »blinden Flecke« hinweisen.
- Du siehst die aktuelle Situation relativ einseitig (gut oder schlecht); deine gesunde ausgewogene Urteilskraft ist mehr oder weniger ausgeschaltet.

- Wenn du zur Diener-Rolle neigst, dann bist du wahrscheinlich sehr aktiv, kümmerst dich um andere oder bewunderst andere, wenn die Rolle aktiviert wird.
- Wenn du zur Flucht-Rolle neigst, dann willst du vermutlich mit der aktuellen Situation oder bestimmten Personen gar nichts zu tun haben – obwohl es eigentlich wichtig wäre, sich genau damit auseinanderzusetzen.
- Wenn du zur Blender-Rolle neigst, dann agierst du wahrscheinlich emotional aufgebracht, bist wütend, aggressiv oder machst dich über andere lustig.

Im Korsett der Rolle

Aber jetzt ist Leonore dran! »Na, und was ist bei dir der aktuelle Stand? Du wolltest dich doch mal nach seriöseren Männern umschauen?«, will Ellie wissen.

Leonore hat anscheinend wieder was Heißes laufen: »Oh, es ist einiges passiert. Nach Silvester wollte ich mir mal eine ganz andere Art von Mann suchen. Weg von Statusgehabe und dickem Konto, hin zu mehr Freiheit und Spaß. Und ihr werdet es nicht glauben, genau so einer ist mir auch über den Weg gelaufen: Flo ist sein Name. Eigentlich arbeitet er als Surflehrer auf Hawaii oder in Brasilien, doch aktuell jobbt er als Zumbatrainer in meinem Fitnessstudio. Total heißer Typ, ein Traumkörper, blonde Locken, brauner Teint. Außerdem ist er ein paar Jahre jünger, das hatte ich bislang auch noch nicht und ist ganz verlockend. Natürlich habe ich ihn auch ein wenig gestalkt und seinen Instagram-Account genau unter die Lupe genommen. Ein Selfie jagt da das andere: Mal mit einer Schönheit in seinem Arm, auf dem nächsten Bild mit zwei Frauen, dann er beim Training im Gym und dann wieder bei einer coolen Beach-Party. Aktuell macht er bei so einer crazy Instagram-Challenge mit: 30 Klimmzüge in 3 Wochen. Punkt 5 Uhr klingelt der Wecker und er ist bereit. Er ist schon krass drauf.«

Sarah muss lachen: »Hattest du nicht was von ›solide‹ und ›Kinderwunsch‹ gesagt? Danach klingt das ja nicht gerade!« Und Ellie runzelt die Stirn: »Da tauschst du jetzt ›reich und mächtig‹ gegen ›jung und sexy‹? Mit dem willst du doch nichts Ernsthaftes anfangen, oder?«

Jetzt ist es an Leonore, sich etwas ertappt zu fühlen: »Ja, schon klar. Doch bis ich den Mann gefunden habe, darf ich mir meine Zeit doch mit einem attraktiven jungen Mann versüßen oder etwa nicht? Vielleicht mache ich im Sommer bei ihm einen Surfkurs. Was seid ihr kleinkariert und neidisch! Das eine schließt das andere doch nicht aus. Natürlich ist der nichts für eine Familie, aber falls ich doch schwanger werden sollte, habe ich zumindest ein hübsches Kind.«

»Okay, ein bisschen neidisch und kleinkariert bin ich vielleicht schon«, gibt Ellie zu. »Trotzdem: Mehr als ein paar Wochen gebe ich der Sache nicht. Entweder verliebt er sich in dich und will bei dir einziehen, dann servierst du ihn ab. Oder er sucht sich eine Jüngere und serviert dich ab. Sarah, worauf tippst du?« Sarah windet sich mal wieder etwas: »Das ist ein bisschen gemein. Aber so könnte es natürlich schon laufen …«

An Leonores aktueller Geschichte lässt sich ein wichtiges Merkmal der aktivierten Blender-Rolle erkennen: Sie kann sich für einen selbst verdammt gut anfühlen! Man tut Dinge, die aufregend, spannend oder einfach geil sind. Das wohlige Gefühl, dass andere einen beneiden, verschafft zusätzliche Befriedigung.

Deshalb sind Menschen mit starken Blender-Rollen auch selten motiviert, an dieser Rolle ernsthaft etwas zu ändern – sie ist einfach meist zu angenehm! Selbst wenn die langfristigen Konsequenzen negativ sein sollten, so wie bei Leonore mit ihrem Kinderwunsch. Das kann man auch oft merken, wenn man sie darauf anspricht – sie nehmen das Thema nicht sonderlich ernst, unterstellen anderen (vielleicht zu Recht) Neid und lachen das Gegenüber womöglich aus.

Wenn du eher zur Diener- oder zur Flucht-Rolle neigst, dann sieht das wahrscheinlich etwas anders aus. Du fühlst dich in diesen Rollen in der Regel nicht richtig schlecht – aber so richtig toll eben auch nicht. Die Diener-Rolle kann sehr anstrengend sein, auch wenn man den Menschen, um den man sich gerade dreht, ganz faszinierend findet. Und der Flüchtende fühlt sich in aller Regel auch nicht pudelwohl, wenn er sich einer Situation oder einer Beziehung emotional nicht stellt.

Das Korsett lockern

Jetzt ist aber Sarah dran! »Und was ist los bei Tim und dir? Kommen da allmählich mehr Gefühle ins Spiel?«, fragt Ellie neugierig.

Sarah berichtet von ihrem Versuch, ihre Beziehung mit Tim etwas zu beleben: »Ich würde es als nicht definierbar bezeichnen. Einen Abend habe ich richtig schön für uns gekocht, nachdem wir morgens alles gemeinsam frisch auf dem Markt gekauft hatten. Die Sonne schien und es war alles sehr harmonisch. Während des Essens gab ich ihm schon zu verstehen, dass ich mir wieder mehr Zeit mit ihm wünschen würde. Er nickte und damit hatte sich das Thema auch schon erledigt. Nun waren wir ein paar Mal zusammen joggen und ich habe ihm den Rücken massiert. Tim schien es zu gefallen.«

»Das klingt doch gut«, lobt Ellie sie. Aber Leonore ist etwas kritischer: »Naja, ganz ehrlich, das klingt eher nach einem netten Versuch. Aber unter ›emotional‹ würde ich eigentlich etwas anderes verstehen als joggen. Und Massage als Höchstes der Gefühle – naja. Ich will dir ja nicht zu nahe treten: Das ist schon emotionaler als eine Steuererklärung, aber wenn es dann nicht weitergeht …«

Sarah seufzt: »Was ist daran falsch? Macht man das nicht so? Wie soll das denn gehen, dieses Sich-mehr-Einlassen und mehr Fühlen? Es kommt mir so vor, als hätte ich eine universelle Sprache der Gefühle verlernt. Darüber sprechen kann ich, doch fühlen tue ich wenig. Wahrscheinlich merkt das auch Tim. Richtig viel Rückmeldung bekomme ich von ihm nicht. Mir fällt auch nichts mehr ein und ich kann meine Gefühle doch nicht einfach so anknipsen …«

»Zugegeben, das ist eine Herausforderung, gerade mit Tim, der ist ja wirklich nicht gerade eine Gefühlsbombe«, bestätigt Leonore. Aber was hältst du davon, wenn du ihn einfach mal wieder so richtig schön verführst? Ihr könntet tanzen gehen, einen Cocktail in einer romantischen Bar trinken, du tanzt eng mit ihm, nimmst seine Hand an der Bar … wie klingt das?«

Sarah wirkt etwas gestresst: »Oh mein Gott. Das wäre purer Stress und alles andere als erotisch. Ich wäre wie ein Schauspieler in einer falschen Rolle. Tim würde mich für völlig verrückt halten, da ich so was noch nie getan habe.«

Ellie ist ein bisschen verwundert. »Vielleicht eine doofe Frage, aber wie ging das eigentlich bei euch los? Und vor Tim hattest du doch auch andere Partner, oder?«

Sarah wird wieder etwas rot. »Das stimmt schon, aber es war etwas ganz anderes. Wir haben uns im Urlaub kennengelernt, und es stimmt, Tim hat irgendwann nach meiner Hand gegriffen und romantisch war es irgendwie auch. Aber damals war er der Aktive, ich habe mir das gefallen lassen und fand es auch schön. Er hat sich ganz schön geändert seitdem. Ich hatte vor Tim eine längere Beziehung. Aber ich würde sagen, da war auch Peter der Aktive. Er war auch irgendwann derjenige, der sich getrennt hat.«

Ellie wird jetzt ganz pragmatisch: »Aber zumindest hast du dann ja schon mal erlebt, wie es geht – auch wenn du vielleicht noch nie selbst die Initiative ergriffen hast. Was hältst du davon, wenn du das jetzt mit Tim einfach mal durchziehst? Vielleicht ist das ja für ihn auch schön – irgendwann hat er es anscheinend ja auch mal gemocht.«

Sarah will sich das vornehmen: »Ellie, du meinst, ich soll mich wirklich einfach mal trauen, mich so romantisch zu benehmen wie Tim früher? Vielleicht stelle ich mir besser vor, ich wäre in einem Film, da sieht man so was ja oft. Puh, aber ich fürchte, das wird schiefgehen. Wahrscheinlich findet mich Tim danach total peinlich und lässt mich stehen. Oder aber er lässt sich durch mein anderes, aufmerksames Verhalten anstecken. Ehrlich gesagt habe ich davor auch Angst, obwohl es das ist, was ich mir wünsche. Wie gehe ich damit dann um? Ich denke noch mal darüber nach und werde euch berichten.«

ÜBUNG: MIT WEM REAGIERT DEINE SCHEMA-CHEMIE?

Um zu verstehen, mit welchen Typen deine Schema-Chemie an stärksten reagiert, analysierst du am besten die Gemeinsamkeiten derjenigen Personen, mit denen du die schlimmsten »Beziehungsflops« hattest. Also all der Menschen, in die du erst sehr verliebt und von denen du im Verlauf dann umso mehr enttäuscht warst. Wo gab es ein großes Feuerwerk, das dann schnell abbrannte?

Stell sie dir einmal nebeneinander vor, deine zwei oder drei größten Beziehungs-Desaster. Wenn du nun mit viel Distanz darüber nachdenkst: Welche Rollen waren oder sind bei ihnen besonders stark ausgeprägt? Welche Gemeinsamkeiten haben sie dabei? Gibt es eine Rolle, die bei allen deinen Beziehungsflops vorkommt?

Rekapituliere den Verlauf dieser Beziehungen. Dabei ist es egal, ob es auch in der Realität zu einer Beziehung kam oder nur in deiner Fantasie. Welche Hoffnungen und Erwartungen hattest du am Anfang? Was fandst du an diesen Typen toll? Dass sie solche Helden waren? Dann waren es vielleicht Blender-Typen. Oder dass sie so lieb und zugewandt waren? Ein Zeichen für Diener … Oder dass sie immer so cool waren? Dann waren es vielleicht eher Flüchtende? Und wie hat sich das im Lauf der Zeit verändert? Welchen Eindruck hattest du, als du mit den Beziehungen »durch« warst? War aus dem Held ein Macho geworden? Aus dem zugewandten Diener eine Nervensäge?

Und dann wandere in die Welt deiner Erinnerungen und in deine Kindheit: Findest du hier Parallelen? Hat ein Elternteil oder haben beide ähnliche Rollen-Konstellationen wie deine Beziehungsflops? Hattest du als Kind an bestimmte Menschen Hoffnungen oder Wünsche, die sich ganz ähnlich angefühlt haben? Hast du so ähnliche Enttäuschungen erlebt?

Du kannst diese Fragen auch mit einer guten Freundin besprechen. Häufig fällt es anderen Menschen leichter, die wiederkehrenden Muster an uns zu erkennen, als uns selbst.

Die ersten Schritte der Veränderung können hart sein

Wenn du in Beziehungen neue Wege gehen möchtest, dann musst du als Erstes natürlich deine Rollen und ihre Reaktion mit denen der anderen verstehen. Es ist wichtig klarzusehen, in welche Fallen du immer wieder tappst und wer dich immer wieder begeistert, obwohl er das vielleicht gar nicht verdient hat.

Der nächste Schritt ist, aus diesen Mustern auszusteigen. Und das kann erst mal ganz schön schwierig sein. Denn die Schema-Chemie wirkt dagegen und hält uns in unseren gewohnten Bahnen. Und sie wehrt sich dagegen, sich ihr Scheitern einzugestehen! Du musst hier also mit einer erheblichen Menge an innerlichem Widerstand rechnen.

Außerdem wirst du vielleicht zuerst versuchen, deine Muster in der Beziehung zu ändern, in der du gerade lebst. Auch hier kannst du Widerstand erwarten, und zwar von deinem Partner, also von außen. Denn auch der fährt ja in seinen gewohnten Bahnen und wird es oft nicht sehr verlockend finden, daran etwas zu ändern. Das gilt umso mehr, je häufiger und intensiver auch dein Partner selbst in anderen Rollen außerhalb des erwachsenen Ich steckt. Und es gilt umso mehr, je länger ihr schon zusammen seid und je mehr ihr euch beide in euren üblichen Rollen aneinander gewöhnt habt und genau diese Rollen deshalb auch vom anderen erwartet.

In der ersten Phase der Veränderung geht es um zweierlei:

- Eine schonungslose Analyse: Was passiert hier eigentlich zwischen uns? Wie läuft das ab? Woran kann ich erkennen, dass es schon wieder losgeht?
- Kleine Tests, ob du in der Beziehung etwas anders machen kannst. Ist es möglich, aus deiner typischen Rolle auszusteigen? Welche Schritte oder Verhaltensweisen sind dafür geeignet? Wie geht es dir damit, diese auszuprobieren? Und wie reagiert dein Partner?

Faktencheck

Vier Wochen später ist am Wochenende schon herrlich warmes Frühlingswetter. Die drei treffen sich zu einem langen Spaziergang und gehen danach noch einen Kaffee trinken. Leonore kann sich nicht verkneifen, Ellie zur Begrüßung gleich zu fragen, ob sie ihre neue Flamme ein bisschen »abgeklopft« hat. Sie waren da ja unterschiedlicher Ansicht gewesen: Ellie war Feuer und Flamme für Henry, während ihre Freundinnen vermuteten, dass er ein narzisstischer Bluffer sei. Ellie verdreht die Augen. »Ihr hattet natürlich recht, leider!« »Erzähl!«, verlangt Leonore.

Ellie hat Henry genau so »getestet«, wie Leonore und Sarah vorgeschlagen hatten: »Wir hatten ja abgemacht, dass ich mal nicht so »blauäugig« bei jedem seiner Sätze dahinschmelzen sollte. Eines sage ich euch. Das ist mir echt schwergefallen. Eine Seite in mir schrie: ›Tu es nicht!‹ Doch ich hatte mir ja vorgenommen, der Sache auf den Grund zu gehen. Also bestand mein erster Test darin, ihn nicht nach einem langen Arbeitstag zu bekochen. Als er in meiner Tür stand und auf den leeren Herd starrte, stöhnte ich darüber, wie viel ich doch zu tun gehabt hätte und nicht auch noch einzukaufen konnte. Ihr hättet seinen Blick sehen müssen.

Ich habe ihm dann vorgeschlagen, essen zu gehen. Das fand er nicht so prickelnd. Ratet mal, wo wir dann gelandet sind? Bei seinem Lieblingsitaliener um die Ecke. Das ist eine einfache Pizzeria mit klassischem Essen ohne Schnickschnack. Ehrlich gesagt war ich ziemlich baff, weil es gar nicht zu dem Henry passte, den er mir vorher präsentiert hatte. Als er am Ende dem Kellner sagte, dass wir die Rechnung teilen, musste ich dreimal schlucken. Emanzipation hin oder her, doch das passt in der Verliebtheitsphase nicht und ist alles andere als großzügig. Auf dem Weg nach Hause war ich sehr traurig und musste aufpassen, nicht wieder in die Ich-mach-alles-was-du-willst-Haltung zu verfallen. Als ich ihm dann vorschlug, die Nacht mal bei ihm zu verbringen, tischte er mir etwas von einem kaputten Klo und Handwerkern auf. Tja … schließlich landeten wir mal wieder bei mir. Als wir mit einem Glas Cremant auf dem Sofa saßen, startete ich meinen letzten Versuch. Ich holte meinen Laptop und bat ihn, mir die Webseite seines Start-ups zu zeigen und mir dessen Konzept zu erklären. Er zeigte mir dann auch einige Seiten, doch nirgends war sein Name erwähnt … Ich merkte, wie unruhig er wurde, und beließ es dabei.

Ich habe dann die halbe Nacht wach gelegen, denn ich war total verwirrt. Henry hatte sich im Übrigen ohne einen Kuss oder ein liebevolles Wort auf die Seite gedreht. Als ich am nächsten Morgen total verschlafen wach wurde, war er schon weg. Keine Nachricht, nichts – seitdem ist Funkstille. Dieser Test hat mir die Augen geöffnet, und dass es so bitter wird, hätte ich nicht gedacht.«

»Ganz schön heftig«, meint Leonore. »Wie geht's dir damit?« Sarah schaut auch ganz bedauernd.

Zu beider Erstaunen muss Ellie lächeln. »Ehrlich gesagt geht es mir ganz gut damit. Ich weiß ja, wie die Story weitergelaufen wäre. Dafür habe ich es schon zu oft erlebt. Ich richte mich nach dem Typen aus, dem wird es langweilig, dann klammere ich, werde in den Nächten zum Serienjunkie, und meine Hose wird zu eng … Ich bin es leid und komme mir natürlich total blöd vor. Auch wenn ich den Spruch hasse, aber besser ein Ende mit Schrecken als ein Schrecken ohne Ende.

Ohne euch wäre ich noch lange nicht an diesem Punkt. Dieser Test hat mir die Augen geöffnet. Denkt nicht, dass ich mich in dem Moment gut gefühlt habe, als ich den Test durchgeführt habe … doch nun bin ich schlauer. Eine billige Pizza auf eigene Rechnung, kein Blick in seine ach so tolle Wohnung, seinen Namen nirgendwo im Zusammenhang mit einem eigenen Start-up entdecken können und sich ohne Worte in der Nacht davonstehlen, das spricht leider für sich.«

»Puh, zum Glück trauerst du ihm nicht hinterher«, meint Sarah. »Aber die Frage ist doch«, ergänzt Leonore, »wen du dir jetzt als Partner wünschst.«

Ellie reflektiert noch mal: Das Gefühl von totaler Verliebtheit habe ich dann, wenn es sehr schnell knallt und ich hin und weg bin. Diese Männer lösen in mir einen hunderprozentigen Wow-Effekt aus. Also rein strategisch dürfte ich mich nur mit einem Typen treffen, der in mir den 75-Prozent-Wow-Effekt auslöst. Einem, der aktuell in meinen Augen eher l-a-n-g-w-e-i-l-i-g wirkt. Der am Anfang halt nicht das ganz große Komplimente- und Liebeskino auffährt. Der von seinem alten Bulli, dem Besuch bei seiner Oma jeden Sonntag und seinen ersten Pickeln erzählt. So einer …«

»Das klingt nach einem Plan!«, bestätigen Sarah und Leonore. Sie sind gespannt, was als Nächstes kommen wird …

Ellie gerät immer wieder an Blender-Typen – Männer, die schnelle, intensive Affären suchen und es genießen, von Ellie verehrt und bewundert zu werden. Mit der Wahrheit nehmen sie es nicht so genau, sie nutzen Ellie aus, und diese lässt sich ausnutzen.

Das ist sehr typisch für die Kombination aus Diener-Rolle und Blender-Rolle. Der Blender sucht Intensität, Bewunderung und findet es gut, wenn die Sache schnell Fahrt aufnimmt. Mit Komplimenten gießt er Öl ins Feuer – das macht die Affäre für ihn selbst heißer und aufregender, und er kann damit Ellie manipulieren und so gewissermaßen Macht über sie übernehmen. Mit echter Liebe und Zuneigung hat das aber wenig zu tun, es geht dem Blender eher um die Aufregung, die Stimulation und das Gewinnen. Deshalb hat er vielleicht auch andere Affären oder belügt Ellie schamlos, wenn es der Sache dient.

Ellie hingegen sucht die große und verbindliche Liebe, und da der Blender in so lauten Tönen dröhnt, fällt sie der Illusion anheim, sie hier gefunden zu haben. Sie geht voll auf in der Diener-Rolle, um zu gefallen und die Beziehung zu halten. Dahinter passiert bei Ellie einiges in der Rolle des traurigen Kindes und der strengen Richterin: Das traurige Kind hofft nämlich, endlich von jemandem geliebt zu werden – und die strenge Richterin behauptet, dass sie das eh nicht verdient habe und das gar nicht sein kann. Deshalb wird die Helfer-Rolle des Dienens angeworfen, um den Partner zu halten und ihm zu gefallen.

Das wiederum schmeichelt dem Blender, zumindest zu Beginn der Beziehung. Ellies Bewunderung tut ihm gut und gießt somit ebenfalls Öl ins erotische Feuer. Und sein impulsives Kind bekommt, was es will!

Das geht aber meistens nur eine Weile gut, dann kippt die Situation. Die Person in der Diener-Rolle – hier unsere Ellie – wünscht sich Verbindlichkeit und Exklusivität. Sie beginnt, das einzufordern, was vom Blender als Klammern und Kletten erlebt wird. Das hat natürlich auch viel mit dem traurigen Kind zu tun, das spürt, dass die Liebe doch nicht so echt und verlässlich ist, wie es gehofft hatte. Das Kletten ist dann aber für das Gegenüber nicht mehr aufregend, sondern nervig. Entsprechend wird der Blender abweisend und kalt. Das verstärkt Ellies Angst vor dem Verlust der Beziehung und damit auch ihre Versuche, ihm zu gefallen und ihn zu halten. Umgekehrt kann die Aktivität des Blenders dann auch aggressiver werden – er entwertet den Partner, um sich so selbst aufzuwerten und Macht auszuüben. So entsteht ein Teufelskreis, der sich manchmal sehr lange hinziehen kann. Bei Ellie ist es meist zum Glück schnell wieder vorbei, auch weil ihre Freundinnen und Freunde sie immer wieder darin unterstützen, sich zu distanzieren.

Es gibt aber durchaus Menschen, die jahrelang in solchen Beziehungen verharren. Nicht selten sind das On-Off-Beziehungen, die zwischen heißer Nähe und schweren Streits mit Trennungen schwanken. Insbesondere für den Partner in der Diener-Rolle kann das ausgesprochen quälend sein. Ein großes Problem ist, dass die Gefühle von Wertlosigkeit und Hilflosigkeit, die im traurigen Kind hinter der Diener-Rolle stecken, in solchen Partnerschaften auch immer wieder bestätigt werden. Das hält den Teufelskreis leider mit aufrecht, da die Person in der Diener-Rolle nie das Selbstvertrauen entwickelt, sich gegen den Blender zu stellen bzw. die Beziehung zu beenden. Für den Blender kann die Bewunderung des Dieners ein Grund sein, in dieser Beziehung zu verharren. Außerdem kann er gerade im längeren Verlauf, wenn die erotische Spannung abgekühlt ist, zumindest noch Aggression ausleben, um sich überlegen zu fühlen. Das hält dann den Teufelskreis von seiner Seite aus mit aufrecht.

Manche langen Beziehungen in dieser Konstellation haben aber auch keine On-Off-Dynamik, das heißt, die Beteiligten streiten und trennen sich nicht dauernd. Stattdessen macht der Blender im Grunde, was er will, und der Diener unterwirft sich brav und lässt seinem Blender-Partner alles durchgehen. Von außen sind solche Beziehungen oft schwer erträglich. Viele Menschen empfinden starkes Mitleid für den Diener. Andere ärgern sich eher darüber, was er sich klaglos alles gefallen lässt. Allerdings ist es meistens nicht Erfolg versprechend, wenn man versucht, den Diener zu überreden, die Beziehung zu beenden. Die meisten Diener reagieren darauf eher mit Widerstand und verteidigen den Blender. Nur wer wie Ellie von sich aus hoch motiviert ist, seine Muster zu ändern, wird für solche Gesprächsangebote dankbar sein.

In der folgenden Tabelle ist zusammengefasst, wie sich diese Dynamik aus der Perspektive der beiden Beteiligten anfühlen kann – in der ersten Phase der Beziehung und nach einiger Zeit, wenn das erste Hoch abgeklungen ist. Falls du zur Diener- oder zur Blender-Rolle neigst, kannst du damit prüfen, ob dir davon etwas bekannt vorkommt.

	Blick auf die Beziehung aus der Perspektive des Dieners	**Blick auf die Beziehung aus der Perspektive des Blenders**
Frühe Phase	■ Unkritische Bewunderung des Blenders ■ Große Verliebtheit ■ Überzeugung, »Mr Right« gefunden zu haben ■ Engagement für und Hingabe an die Beziehung	■ Geschmeichelt durch die Bewunderung des Dieners ■ Angeregt von der Intensität der Beziehung ■ Genießt die Versorgung und Hingabe, die der Diener zuteilwerden lässt
Spätere Phase	■ Wünscht sich und kämpft für die Liebe und Fürsorge des Blenders ■ Ist verzweifelt, weil der Blender sich nicht verbindlich einlässt ■ Fühlt sich wertlos, wenn der Blender keine Liebe mehr ausdrückt ■ Folgt brav den Vorstellungen des Blenders, unterwirft sich	■ Zunehmend gelangweilt oder angeödet, nachdem das erste Hoch vorbei ist ■ Aggression, Machtausübung oder Herablassung kann Befriedigung bringen ■ Ggf. schon wieder auf der Suche nach anderen BeziehungenAffären

Entzauberung

Jetzt wollen Ellie und Sarah aber wissen, wie es mit Leonore und ihrem Surflehrer weitergegangen ist. Da hatten Ellie und Sarah ja die gleiche kurze Flamme am Start gesehen, wie sie Leonore sonst mit ihren Managern hat. Hat er die vergangenen vier Wochen überlebt?

Leonore erstattet Bericht: »Ich mag es ja ungern zugeben, doch ihr zwei hattet recht. Das ist eigentlich schade, denn er ist schon sehr heiß. Wir hatten eine gute Zeit, doch dann wurden wir beide irgendwie zickig. Seine wiederholten Sprüche zu meinem Alter fand ich völlig daneben. Das habe ich ihm dann auch zu verstehen gegeben. Was haben ihm denn die jungen Hüpfer schon zu bieten? Und so ging es dann immer hin und her. Mal foppte er mich und dann ich ihn, wenn er mal wieder nach 50 Liegestütze zusammenbrach. So ein Schwachsinn. Wir haben uns dann beide ganz stur nicht mehr gemeldet und damit hat es sich erledigt. Ist schon okay so, auch wenn es mich schon etwas pikst, dass es genau so gelaufen ist, wie ihr vorhergesagt habt.«

»Das tut mir auch irgendwie leid«, muss Ellie zugeben. »Wie soll es denn jetzt weitergehen? Mit der nächsten heißen Eintagsfliege?«

Leonore denkt da auch grade drüber nach: »Mit so einem Mann werde ich kaum eine Familie gründen. Das müsste ein seriöser, lieber und verantwortungsvoller Typ sein. Der Haken ist, dass ich diese Männer uninteressant finde. In diesem Punkt ähneln Ellie und ich uns. Wenn es einen nicht sofort kickt, dann ist es langweilig. Aber probieren geht über studieren. Vielleicht sollte ich es einfach mal testen. Was habe ich schon zu verlieren? Meine Dating-App und Business-Treffen sollte ich zur Kontaktanbahnung erst mal nicht nutzen.«

Die drei beraten scherzhaft, wo Leonore so einen seriösen Schwiegersohn-Typen finden könnte. Ganz langweilig dürfte er ja auch nicht sein … Vielleicht beim Sport oder auf einer privaten Party – in ihrem Bekanntenkreis gibt es viele Singles, und wenn Leonore auf jemanden ein Auge geworfen hat, dann bekommt sie den in der Regel auch herum. Sie will sich mal umschauen.

Leonore und ihr cooler Surflehrer – das klingt nach zwei Blendern, die den Kick suchen und in der kurzen Beziehung auch finden können. Ihre bisherigen kurzen, heißen Affären hatte Leonore in der Regel mit Blender-Typen, und sie laufen immer wieder ganz ähnlich ab.

Für Blender-Typen sind andere Blender oft spontan interessant – sie sind aufregend und ein bisschen gefährlich. Sie stellen etwas dar, zumindest auf den ersten Blick. Manchmal entpuppt sich das nach einer Weile als viel »heiße Luft«, aber das merkt man am Anfang ja noch nicht. Außerdem haben Blender vor ihresgleichen in der Regel keine Angst, während Diener oder Flüchtende sich vor ihnen durchaus ein wenig fürchten können. Das alles führt dazu, dass es zwischen zwei Blender-Typen schnell mal knistert.

Zudem gibt es zwischen Blendern häufig ein Phänomen, das in der Psychologie mit dem Fachbegriff »narzisstische Kollusion« bezeichnet wird. Damit ist gemeint, dass zwei narzisstische, überhebliche Blender-Typen unbewusst gemeinsame Sache machen: Sie jubeln nicht nur sich selbst, sondern auch ihr Blender-Gegenüber hoch und werten sich so gegenseitig auf. So erhalten beide einerseits Bestätigung vom anderen; andererseits kann jeder sich selbst noch wichtiger fühlen, weil er mit solch einer großartigen Person liiert ist. Als Außenstehender hat man den Eindruck, dass sich da zwei gegenseitig ganz toll finden, ohne dass man das selbst so ganz nachvollziehen kann.

Allerdings kann das Hoch zwischen zwei Blendern angesichts ihrer dynamischen Art oft auch ganz schnell kippen. Zum einen verbraucht sich der Zauber des Neuen und Aufregenden. Alltag und Routine sind für Blender ziemlich abtörnend, auch und gerade in Beziehungen. Zum anderen können die Seifenblasen der Angeberei und der Selbstdarstellung, die vielleicht am Anfang noch geglänzt haben, zerplatzen, wenn die Realität immer deutlicher wird. Zum Dritten haben Blender oft auch eine sehr aggressive Seite – deshalb könnte man sie eigentlich manchmal auch als »Kämpfer« bezeichnen. Wenn die aktiviert wird und sich gegen den aktuellen Partner richtet, dann kann auch ganz schnell wieder Schluss sein.

Genau das ist mit Leonore und ihrem Surflehrer gerade passiert. Die beiden fanden sich erst toll und sowohl gegenseitig als auch gemeinsam äußerst cool. Nach den ersten Schmetterlingen kam jedoch bei ihm eine kleine Aggression (Bemerkung über ihr Alter) durch, auf die Leonore offensichtlich gleich mit Gegen-Aggression reagiert hat. Wenn so eine frische Beziehung schon in Streitereien kippt, dann sollte man es in der Tat lieber wieder bleiben lassen.

Leonore hat aber auch schon das Aus einer Beziehung durch aufkeimende Langeweile erlebt – ihre letzte Affäre war so ein Fall.

	Typische Dynamik zwischen zwei Blendern aus der Perspektive der Betroffenen
Frühe Phase	▪ Begeisterung, Spannung, Prickeln durch den intensiven, aufregenden Kontakt. ▪ Der andere wird großartig gefunden, man selbst dadurch auch aufgewertet. ▪ Häufig intensive erotische Begegnungen.
Spätere Phase	▪ Spannung und Aufregung kann in Aggression und Ablehnung umschlagen. ▪ Langeweile kann eintreten, die Beziehung wird uninteressant, der Partner unattraktiv. ▪ Alternativ: Verfestigung der gemeinsamen Großartigkeit »gegen den Rest der Welt« (narzisstische Kollusion).

Als dieser Mann laut über eine Trennung von seiner Ehefrau und ein Leben mit Leonore nachdachte, wurde Leonore angeweht vom Gruftgeruch der Langeweile und hat sich ganz schnell wieder zurückgezogen.

Nicht immer laufen übrigens Beziehungen zwischen zwei Blender-Typen in dem Sinne schief, dass sie sich trennen. Eine alternative Entwicklung kann gewissermaßen die Verstetigung der oben beschriebenen »narzisstischen Kollusion« sein. Paare, die so ein Muster leben, finden sich gegenseitig und gemeinsam ganz besonders auf eine Weise, die von der Mehrheit der Außenwelt nicht ganz nachvollziehbar ist. Das ist wichtig – von narzisstischer Kollusion würde man nicht sprechen, wenn z.B. beide Partner im Leben sehr erfolgreich und darauf auch stolz sind! Sondern nur dann, wenn die gemeinsame Besonderheit nur für die beiden eine Realität ist, die sie zusammenhält – diese aber für die meisten anderen Menschen nicht ersichtlich ist. Das betrifft allerdings meist nur psychisch recht auffällige Menschen und kommt nicht sehr häufig vor. Ein Beispiel dafür findest du hier:

FALLBEISPIEL LANGFRISTIGE NARZISSTISCHE KOLLUSION

Sabine und Marco sind beide ziemliche Großmäuler, die sich selbst ganz toll finden, während sie über andere (Kollegen, Nachbarn, Bekannte) gern und ausführlich lästern. Beruflich haben sie schon verschiedene Versuche gestartet, die aber alle nicht recht erfolgreich waren. Sie träumen beide von anspruchsvollen Tätigkeiten, die sie aber aufgrund ihrer mangelnden Qualifikation und Einsatzbereitschaft gar nicht bekommen können. Also verharren sie in schlechten Jobs, die sie eigentlich total unter ihrer Würde finden, und kompensieren das damit, dass sie miteinander dauernd über ihre unfähigen Kollegen und Chefs und die unsagbar stupide Arbeit lästern. Von außen betrachtet droht die Gefahr der Langzeit-Arbeitslosigkeit, weil sich beide langfristig nicht mit den Bedingungen arrangieren mögen. Das wäre mit weiterem sozialem Abstieg verbunden – und vermutlich mit noch einmal verstärkter Bestätigung der gegenseitigen Großartigkeit. Vom Freundeskreis bleiben mit der Zeit nur noch diejenigen übrig, die so ähnlich »ticken«, der Rest zieht sich genervt zurück. Damit verfestigt sich die narzisstische Kollusion und das »Wir gegen den Rest der Welt« über die Jahre immer mehr.

Mehr wagen als nebeneinanderher leben

+

»Und, du solltest doch mit Tim romantisch werden – wie hat es bei euch geklappt mit dem Händchenhalten?«, wendet sich Ellie jetzt an Sarah.

Sarah berichtet: »Händchen halten? Ihr habt leicht reden. Das bin ich ja so gar nicht. Dennoch hatte ich mir ja vorgenommen, mal etwas anders zu machen. Ich habe ihn mit einem Wochenende in einem schönen romantischen Hotel überrascht. Dort haben wir zusammen das Wellness-Angebot genutzt und einen langen Spaziergang an einem See gemacht. Ich nahm seine Hand und er sah mich völlig verunsichert an. Fragte mich, was denn los sei. Dann habe ich mir ein Herz genommen und geantwortet, dass ich gern ein bisschen mehr Gefühl in unserer Beziehung leben würde. Er hat mich verwundert angeschaut und gefragt, warum das denn sein müsse. Es sei doch alles in Ordnung. Dann habe ich ehrlich gesagt aufgegeben, weil ich das Gefühl hatte, ich mach mich nur noch lächerlich.

Den Sonntag haben wir dann nur noch mit Seriengucken im großen Hotelbett verbracht. Aber echte Nähe war das nicht.«

Für ihren Versuch bekommt Sarah erst mal ein ganz dickes Lob von ihren beiden Freundinnen. »Das hast du super gemacht!«, bestätigt ihr Leonore. »Aber wenn nichts mehr geht, dann geht halt nichts mehr. Es hat dann wirklich keinen Sinn, weiter auf ihn zuzugehen. Aber immerhin hast du es versucht, Chapeau!« Ellie macht sich aber auch ein bisschen Sorgen um Sarah. »Wie geht's dir jetzt damit?«

Sarah denkt ein wenig nach: »Wenn ich ehrlich bin, macht mich das schon sehr traurig. Im Alltag fällt es nicht so sehr auf. Wir leben wie in einer WG nebeneinanderher. Da fehlt mir nichts. Doch wenn ich ein wenig mehr auf ihn zugehe, dann ist da nichts. Keine Romantik. Was hat das dann noch mit Liebe zu tun, frage ich mich.«

Leonore schaut wie immer nach vorne: »Und jetzt? Was ist dein Plan B?«

Darüber hat Sarah auch schon nachgedacht: »Also ich werde nicht sofort aufgeben, sondern weiter versuchen, ihn zu erreichen. Aber nicht auf Teufel komm raus. Er sollte es schließlich auch wollen. Falls das nichts wird, werde ich mich auch woanders umschauen. Letztes Jahr habe ich ja auch Thorben getroffen, so was kann es doch vielleicht auch mal wieder geben. Also gut, ich bin jetzt mal ganz ehrlich: In der Laufgruppe ist ein Neuer dazugekommen, er heißt Luciano. Ich glaube, wir gefallen uns ganz gut. Ich werde versuchen, da mal etwas mutiger zu sein.«

»Super Plan!«, freut sich Leonore. »Probieren geht über studieren!« Auch Ellie ist einverstanden. Die beiden freuen sich sehr, dass Sarah endlich mal ihre Komfortzone etwas verlassen möchte. Sie ist so eine nette und tolle Frau mit einem guten Gefühl für andere Menschen. Sie hat mehr emotionalen Tiefgang verdient als mit Tim zur Zeit.

Sarah und Tim scheinen beide stark zum Flucht-Typus zu neigen. Beiden sind emotionale Ausbrüche eher unangenehm und peinlich, sie können nicht viel damit anfangen. Weil sie beide so sind, vermissen sie auch erst mal nicht viel in der Beziehung und sind oft vermutlich sogar ganz froh, dass der andere sie in Ruhe lässt. Dem traurigen Kind, das bei beiden hinter dem Flüchtenden steckt, geht es zwar nicht wirklich gut – aber es hat zumindest jemanden und ist nicht ganz alleine.

Solche Beziehungen halten oft erstaunlich lang – teilweise für den Rest des Lebens. Man arrangiert sich, lebt nebeneinanderher, hat keine großen Konflikte – was will man mehr, könnte man sagen. Solange also niemandem etwas fehlt, kann das sehr gut gehen, und es ist nichts dagegen einzuwenden.

Ziemlich häufig geht es aber doch nicht für immer gut, so wie sich das gerade bei Sarah abzeichnet. Denn zum Glück hat das Leben dann oft doch Verführungen zu bieten. Zwischenmenschliche Nähe, Romantik, Verliebtheit – solche emotionalen Erlebnisse sind einfach schön, man möchte sie haben. Typen mit Flucht-Tendenz suchen sie vielleicht nicht aktiv, aber trotzdem bekommen sie sie manchmal angeboten. Es gibt ja auch andere Menschen in der Umgebung, denen der Flüchtende vielleicht gefällt und die dann Nähe anbieten – so wie Luciano das gerade bei Sarah tut.

Deshalb kommt es in Beziehungen zwischen zwei Flüchtenden häufig zu Problemen, wenn einer der beiden von jemand anderem verlockt wird. Unter Umständen läuft das ohne größeren Streit ab. Manchmal arrangiert sich auch der Partner mit der Situation, wie das bei Tim und Sarah bisher ja auch der Fall ist. Manche Menschen in solchen Konstellationen führen auch jahre- oder sogar jahrzehntelange Nebenbeziehungen, ohne dass der andere das mitbekommt. Das kann für sie ein akzeptables Arrangement sein – einerseits gibt es mit der Hauptbeziehung eine verlässliche Basis, die nicht viel Gefühl von ihnen fordert. Andererseits ist die Nebenbeziehung quasi »das Salz in der Suppe«, ebenfalls ohne zu viel zu fordern. Gleichzeitig verfestigen solche Arrangements die Strukturen der Vermeidung und des Schweigens – denn je länger zum Beispiel eine Nebenbeziehung schon gelaufen ist, umso unmöglicher ist es, darüber noch ehrlich zu sprechen. Wer könnte sich schon vorstellen, von seinem Partner zu hören, dass der seit 15 Jahren eine Liaison mit dem Nachbarn hat?

BEZIEHUNGEN ZWISCHEN ZWEI FLÜCHTENDEN SIND OFT EINE STABILE SACHE. SCHIEFGEHEN KANN ES, WENN …

- das Leben von außen Verlockungen bietet, die mit mehr Nähe und Gefühl zu tun haben.
- Stresssituationen entstehen, die eigentlich nur bewältigt werden können, indem man »näher zusammenrückt«.

Eine andere Situation, in der die Beziehung zwischen zwei Flüchtenden problematisch werden kann, ist das Auftreten von Schicksalsschlägen oder großem Stress. Wenn einer der beiden schwer krank wird, seinen Job verliert oder mit einer großen Prüfung zu kämpfen hat, dann führt das zu Belastung und negativen Emotionen, und zwar auf beiden Seiten. Man macht sich Sorgen, hat Angst vor der Zukunft, fühlt sich unsicher … Damit muss man irgendwie umgehen! Gut ist es dann, sich gegenseitig zu unterstützen und Mut zu machen, vielleicht gezielt auch mal etwas Schönes zu unternehmen. Es kann sinnvoll sein, sich zu helfen und praktische Lösungen zu suchen. Und manchmal ist es vielleicht auch einfach das Beste, zusammen eine schwierige Situation auszuhalten. In der Psychologie bezeichnet man das als »gesunde Problembewältigung«.

Wenn sich aber beide zurückziehen und in den Flucht-Modus gehen, dann kann eine solche gesunde Bewältigung nicht stattfinden. Stattdessen kommt es zu Schweigen, Einsamkeit, vielleicht auch ungünstigen Bewältigungsschritten wie zu viel Alkohol trinken oder sich in andere Welten (z. B. Computerspiele) zurückziehen. Oder es tritt die Situation ein, dass jemand von außen zwischenmenschliche Wärme und Unterstützung anbietet und es dann zur Außenbeziehung oder Trennung kommt. Das ist dann oft ganz besonders bitter.

Beziehungen zwischen zwei Flüchtenden fühlen sich für die Beteiligten oft lange »ganz in Ordnung« an. Außenstehende sehen das aber vielleicht ganz anders. Sie finden die Beziehung unerfüllt und langweilig.

Blick auf die Beziehung aus der Perspektive des Flüchtenden	Blick auf die Beziehung aus der Außenperspektive
▪ Alles ist »ganz in Ordnung«. ▪ Ich möchte eigentlich nichts ändern. ▪ Manchmal ist es vielleicht etwas langweilig oder eintönig, aber ist das nicht in jeder Beziehung auf die Dauer der Fall? ▪ Manchmal habe ich vielleicht außerhalb der Beziehung emotionale Erlebnisse – aber das ist mir auch ein bisschen unheimlich, die Beziehung gibt mir Sicherheit. ▪ Andere meinen vielleicht, ich könnte mehr erleben – aber was soll das heißen? Passt doch alles!	▪ Die Beziehung ist ganz schön öde, da passiert ja eigentlich nichts. ▪ Eigentlich könnten die so viel mehr erleben, warum machen sie so wenig aus ihrer Beziehung und ihrem Leben? ▪ Na gut, da funktioniert alles, aber das kann doch nicht alles sein? ▪ Kein Wunder, dass es immer wieder zu Außenbeziehungen kommt. Warum reden die beiden nicht darüber und versuchen, was zu ändern?

Wer matcht mit wem?

Im vorherigen Kapitel und in den nächsten Abschnitten geht es um die »Matches« der verschiedenen Rollen – also darum, wer an welchen Punkten zu wem passt und wer eben nicht. Wer matcht mit wem gut oder schlecht? Wodurch zeichnen sich die verschiedenen Konstellationen aus? Dabei konzentrieren wir uns hier erst mal auf alle die Rollen, die nicht das erwachsene Ich sind. Denn das ist vermutlich schon einigermaßen klar geworden: Die entspannteste und beste Beziehung führst du, wenn ihr beide in der Rolle des erwachsenen Ich seid! Darum geht es später noch einmal ausführlicher. Hier findest du einen kompakten Überblick über die möglichen Kombinationen der anderen Rollen.

Flüchtender trifft Flüchtenden 

Diese Konstellation verläuft oft ohne große Dramen. Man gibt sich gegenseitig nicht viel, lässt sich aber andererseits auch in Ruhe. Solange im Leben sonst wenig passiert, kann das lange gut gehen. Wenn aber Ereignisse eintreten, die eine Auseinandersetzung mit den eigenen Gefühlen erfordern, dann kann es schwierig werden. Das kann einerseits Positives (beispielsweise das Erwachen des erotischen Interesses) oder auch Negatives (zum Beispiel Krankheiten oder schlimme Misserfolge) betreffen. In solchen Situationen sind Flüchtende oft hilflos und können sich auch gegenseitig nicht erreichen oder unterstützen.

Flüchtender trifft Diener

Dieses Match ist oft nur wenig erfolgreich. Der Diener möchte es dem Flüchtenden recht machen, aber dem wird schnell alles zu viel. Er fühlt sich vom Diener bedrängt und weiß nicht, wie er damit umgehen soll. Der Diener hingegen wird frustriert, weil sich der Flüchtende seinen Versuchen, ihn zu umsorgen und sich um ihn zu kümmern, entzieht. Eine langfristige Lösung können solche Konstellationen finden, wenn der Diener ein anderes Feld bekommt, auf dem er sich »austoben« kann. Typisch wäre hier, wenn eine Frau in der Diener-Rolle Kinder bekommt und sich dann vor allem auf deren Versorgung konzentriert. Der Partner kann dann so lange sein Ding machen, was ihm als Flüchtenden entgegenkommt. Allerdings kann es auch dann im Verlauf irgendwann wieder klemmen, wenn die Kinder zum Beispiel flügge werden.

Flüchtender trifft Blender

Diese Kombination geht in der Regel nicht gut. Der Blender verschreckt den Flüchtenden, der sich deshalb immer mehr in sein Schneckenhaus zurückzieht. Das wiederum reizt und nervt den Blender, der deshalb womöglich noch mehr »auf die Pauke haut«. Genau das Gleiche findet sich übrigens in der Kombination »Flüchtender trifft wütendes Kind«.

Diener trifft Diener

Dieses Match kann, wie die Kombination »Flüchtender trifft Flüchtenden«, wenig dramatisch laufen. Wenn es blöd läuft, dann können die beiden auf die Dauer nicht viel miteinander anfangen. Weil beide so darauf aus sind, sich dem anderen anzupassen, entsteht womöglich nur ein Vakuum. Es kann auch beide nerven, dass sich der andere zu sehr am Partner orientiert. Manchmal, wenn genügend erwachsenes Ich dabei ist, ist diese Kombination aber durchaus auch ein Erfolgsmodell. Denn beide kümmern sich umeinander, und das ist grundsätzlich eine ziemlich gute Grundlage für eine Beziehung, die ja in der Regel auch einiges an Stress und Belastung aushalten muss.

Diener trifft Blender

Das ist ein »Klassiker« der schwierigen Beziehungen. Der Diener bewundert den Blender und gießt Öl in sein Angeber-Feuer, in dem der Blender sich sonnt und produziert. Gleichzeitig verachtet der Blender den Diener womöglich regelrecht dafür, dass er kein »Standing« zeigt. Und der Diener kann daran verzweifeln, dass er vom Blender einfach keine stabile Beziehung angeboten bekommt, obwohl er doch alles dafür tut, dass der Blender glänzen und leuchten kann.

Blender trifft Blender

Auch das ist ein Klassiker im Genre des Beziehungsdramas. Hier treffen zwei heiße Wesen aufeinander, die sich aneinander entzünden, aber häufig auch schnell verglühen können. Die Dynamik kann aggressiv sein, erotisch, misstrauisch oder alles zusammen. Das kann ein kurzes Zusammentreffen sein oder auch eine neverending Story mit vielen aufregenden Kapiteln.

Flüchtender trifft trauriges Kind

Bei diesem Match macht sich schnell Depression und Hoffnungslosigkeit breit. Das traurige Kind möchte sich anlehnen, versorgt und gehalten werden. Wenn es das nicht erlebt, wird es immer trauriger. Der Flüchtende findet diese Gefühle schwierig und zieht sich immer mehr zurück. Das macht es für das traurige Kind immer schlimmer. Ein echter Teufelskreis! Was diese Beziehung zusammenhalten kann, ist, dass sich beide oft unsicher fühlen und eher passiv agieren. Man lässt sicherheitshalber alles so, wie es ist. Viel Platz für Freude ist dann aber nicht.

Flüchtender trifft wütendes/impulsives Kind

Dieses Match wird nicht erfolgreich sein. Der Flüchtende wird mit dem wütenden bzw. impulsiven Ausdruck des Kindes nicht zurechtkommen und nur eine Reaktion als Antwort haben: Rückzug.

Diener trifft trauriges Kind

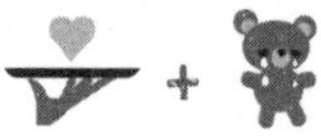

Diese Konstellation kann phasenweise gut funktionieren, denn die Bedürfnisse der beiden Rollen ergänzen sich recht gut. Das traurige Kind möchte versorgt werden, der Diener versorgt sehr gerne. Im Idealfall entwickeln sich beide miteinander – das traurige Kind wird durch die Versorgung zufriedener, und davon hat der Diener dann auch etwas. Wenn es nicht so günstig läuft, bleibt das traurige Kind aber in der Regression stecken, auch weil es sich so gut anfühlt, versorgt zu werden. Dann kann das eine Beziehung werden, die sich stabil um das Leid des traurigen Kindes dreht.

Diener trifft wütendes/impulsives Kind

Auch dieses Match kann in einem gewissen Maße funktionieren, da das wütende Kind heiß seine Bedürfnisse herausschreit und der Diener generell von allen Rollen am besten gewappnet ist, darauf einzugehen, auch wenn der Tonfall des wütenden Kindes völlig daneben ist. Bei einem eher impulsiven Kind läuft es ähnlich – es nimmt sich, was es will, und der Diener macht mit. Wenn es gut läuft, beruhigt sich das wütende/impulsive Kind durch die Versorgung, und die Beziehung kann sich weiterentwickeln. Oft entsteht aber eine ähnliche Dynamik wie beim Diener mit dem Blender, allerdings durchgängig von viel Wut und Ärger dominiert.

Blender trifft trauriges Kind

Das kann sich für beide kaum gut anfühlen. Der Blender wertet das traurige Kind ab, das sich ohnehin schon so klein und mickrig fühlt. Durch dessen verzagtes Verhalten fühlt sich der Blender eher provoziert und »haut noch mehr drauf«. Das macht das traurige Kind wiederum noch verzagter und hilfloser. Eine ganz ähnliche Dynamik wie bei der Konstellation »Blender trifft Flüchtender«!

Blender trifft wütendes/impulsives Kind

Diese Konstellation ähnelt dem Match von »Blender trifft Blender«. Allerdings ist sie durch das wütende Kind geprägt von Aggression und Ärger. Das impulsive Kind fordert den Blender mit seinen Ansprüchen heraus. Das kann eigentlich niemals gut gehen. Im schlimmsten Fall werden solche Beziehungen sogar gewalttätig und gefährlich.

Trauriges Kind trifft trauriges Kind

Solche Beziehungen sind geprägt von Schwere und Depression. Beiden geht es schlecht, beide fühlen sich unterversorgt, und beide sind davon überfordert, sich um den anderen zu kümmern. Manchmal kann das zu einer regelrechten »Konkurrenz der Depression« führen. Ein Aufbrechen dieses zähen Musters ist sehr schwierig.

Trauriges Kind trifft wütendes/impulsives Kind

Hier läuft es so ähnlich wie zwischen dem Blender und dem traurigen Kind. Allerdings kann es emotional noch schwieriger werden, denn in dieser Konstellation sind eigentlich alle negativen Gefühle versammelt, die man sich vorstellen kann. Traurigkeit, Einsamkeit, Ärger, ungefilterte Impulse, Wut … all das Richtung Freude und Lust zu durchbrechen, ist schwer.

Wütendes/impulsives Kind trifft wütendes/impulsives Kind

Diese Konstellation hat es in sich. Durch den fehlenden erwachsenen Anteil werden hier die Fetzen fliegen – ohne Chance auf Beruhigung. Ein befriedigendes langfristiges Miteinander ist nicht möglich.

Die Kombinationen in Aktion

Achtung: Emotionale Erpressung! +

Mittlerweile hat der Frühling Einzug gehalten, man kann abends schon gut draußen sitzen. Die drei treffen sich zum traditionellen Angrillen auf Leonores Balkon. Natürlich sind alle neugierig, welche neuen Liebes-Kombinationen grade am Start sind …

»Und wie sieht es aus? Finden sich bei Tinder auch Typen, die nicht auf dicke Hose machen? Hast du schon jemand mit 75 Prozent Wow-Faktor gefunden, das war doch dein Plan?«, will Sarah von Ellie wissen. Ellie seufzt. »Ja, die gibt es, das ist die gute Nachricht. Aber das Gelbe vom Ei ist das dann auch nicht unbedingt …« Jetzt sind Leonore und Sarah natürlich gespannt – »Erzähl!«, verlangt Leonore.

Ellie berichtet: »Er heißt Maurice und ist definitiv ein anderer Typ Mann als Stefan, Henry und die davor. Sein Profil war nicht protzig. Stattdessen wurde klar, dass er auch zu seinen Schwächen steht. Unser erstes Treffen war schön. Wir haben uns stundenlang über schon sehr private Dinge unterhalten. Es fühlte sich völlig natürlich an. Was jedoch anders war als sonst, war dieses fehlende Feuerwerks-Gefühl. Kein 100-Prozent-Mann. Ich konnte seine guten und auch nicht so tollen Seiten wahrnehmen. Das gelingt mir ja sonst nicht.

Maurice erzählte mir über seine Sehnsüchte, seine Enttäuschungen und seine Wünsche. Das war schon besonders und kenne ich gar nicht. Ein Mann, mit dem man wirklich reden kann. Solche Gespräche habe ich bislang nur unter Frauen erlebt. Er nahm auch kein Blatt vor den Mund, was seine Probleme angeht. Seit Längerem kein Job mehr, hat er immer mal wieder Hochs und Tiefs und versucht, sich mit Aushilfsjobs über Wasser zu halten. Mir hat seine Ehrlichkeit imponiert und dann so ein Gefühl von ›Mütterlichkeit‹ in mir ausgelöst, den Wunsch, ihm helfen zu wollen. Ich habe sogar seine karge Wohnung gesehen, und er hat versucht, für mich Lasagne zu kochen. Das war süß.

Das war alles sehr bodenständig und hat gar nicht den Geschmack vom Seifenblasen-Prinzen. Im Bett war er auch total lieb und zärtlich. Der Mega-Kuscheltyp, der mich ständig fragte, was ich brauche. Manchmal konnte er nicht so, wie er wollte. Aber wir konnten ehrlich und offen darüber sprechen und dann war es sexuell auch sehr schön und zärtlich. Maurice war total erleichtert und sagte mir immer wieder, wie dankbar er sei, so jemanden wie mich gefunden zu haben. Er fühle sich verstanden und wertgeschätzt. Er ist auch ein lieber Kerl … Doch irgendwas in mir ist nicht so wirklich happy. Ich mag das jetzt gar nicht richtig sagen, doch er hat etwas von einem Jammerlappen. Er bekommt nicht so richtig den Hintern hoch und schaut mich mit diesem fragenden Blick an: ›Bitte erklär mir das Leben.‹ Er ist, glaube ich, ganz schön verknallt in mich und will mich intensiv an seinem Leben teilhaben lassen. Genau das, was mir bei Stefan und Henry gefehlt hat … doch das ist mir jetzt wiederum viel zu viel. Verrückt, oder? Verkehrte Welt!«

Leonore muss lachen. »Das klingt jetzt fast so, als würde ich reden! Was macht er denn, dass es sogar dir zu viel wird?«

Ellie holt ihr Handy raus. »Ich möchte euch mal etwas zeigen, auch wenn das eigentlich nicht so meine Art ist. Bitte schaut euch mal unseren Chat an. Wie findet ihr das? Maurice schreibt mir mindestens zehnmal am Tag. In der einen Hälfte der Nachrichten erzählt er mir, wie toll ich bin und wie er mich liebt. Die andere Hälfte der Nachrichten sind Bilder mit Lebensweisheiten: Kleine traurige Kätzchen oder Sandstrände mit ›Nur mit dem Herzen siehst du gut …‹. Das ist ja alles ganz herzzerreißend, aber doch nicht dauernd, oder? Dann das ganze ›Danke, danke, dass du so lieb an mich gedacht hast heute‹ … So gerne ich mich eigentlich auch wirklich um andere kümmere – da wird es auch mir zu viel! Das setzt mich unter Druck. Er inhaliert alle möglichen Selbstfindungsblogs und schreibt dann so was wie: ›Wenn alles dunkel scheint, leuchten die Sterne umso heller.‹ So wirklich glücklich wirkt das nicht. Eher schwer und nachdenklich. Bei mir kommt dann eher so ein Mutterinstinkt auf. Wenn er mir dann erzählt, wie froh er sei, mich endlich gefunden zu haben, dann fehlt mir richtiggehend die Luft zum Atmen.«

Sarah seufzt mitleidig. »Der erinnert mich total an meine Mutter. Die macht auch ganz viele solche Sprüche: ›Was würde ich bloß ohne dich tun‹ und so weiter. Man fühlt sich total bedrängt!« Ellie schaut sie erstaunt an. »Ja, genauso ist es! Ich habe schon richtig Schuldgefühle, wenn ich mich mal zwei Stunden nicht melde! Das ist doch irgendwie auch nicht normal, oder?«

»Nein, ist es nicht!«, bekräftigt Leonore energisch. »O je, ich würde sagen, du bist in eine neue Falle getappt. Zum Glück hast du es diesmal viel schneller gemerkt! Und es scheint ja mal eine andere zu sein als sonst …« Ellie guckt geknickt und Leonore rudert etwas zurück. »Du kriegst das schon noch hin. Aber diesen Typen musst du, glaube ich, auch wieder in die Wüste schicken.« Ellie erschrickt, was Sarah sehr gut nachvollziehen kann. Sie nimmt Ellies Hand und sagt ernst: »Leo hat recht, Ellie, mit dem wirst du nicht glücklich. Ich kann mir gut vorstellen, wie schuldig du dich dabei fühlst. Mach dir aber bitte klar: Das war nur ein Date,

Maurice hat überhaupt keinen Anspruch darauf, die Herrschaft über dein Leben zu übernehmen!« Ellie nickt. »Danke, das tut gut. Ihr habt recht. Ich beende das. Und werde weitersuchen …«

Die Situation, in die Ellie da hineingerutscht ist, klingt nach der Kombination »Diener trifft trauriges Kind«. Maurice ist zwar gefühlvoll und warm, aber leider viel mehr in der Rolle des traurigen Kindes als im erwachsenen Ich. Sein trauriges Kind sehnt sich danach, geliebt zu werden und sich anzulehnen. Das bringt er auch sehr intensiv zum Ausdruck. Diese übersteigerten und dadurch unangemessenen Wünsche überfordern Ellie und würden jede andere Frau sicher auch überfordern. In einer funktionierenden erwachsenen Beziehung muss jeder Beteiligte zunächst selbstständig sein können. Wenn jemand mehr oder weniger ununterbrochen die Aufmerksamkeit und Liebe eines Gegenübers benötigt, um sich selbst stabil und wohlzufühlen, setzt das den anderen massiv unter Druck. Je nachdem, was er für ein Typ ist, wird er sich dann entweder schuldig fühlen oder wütend werden – häufig auch beides.

Für die Person, die gerade in der Rolle des traurigen Kindes ist, ist eine Beziehung mit einem Diener sehr angenehm, denn dieser kümmert sich zunächst intensiv um seine Bedürfnisse. Am Anfang ist der Diener wahrscheinlich sogar gerührt von den Gefühlen des traurigen Kindes und übernimmt das Kümmern richtig gerne. So ging es ja auch Ellie bei den ersten Begegnungen mit Maurice. Im weiteren Verlauf der Beziehung ist der Diener-Typ vielleicht nicht mehr so angetan – weil er sich aber immer so gut kümmert, bleibt er dem Partner im traurigen Kind womöglich noch eine ganze Weile treu. Das fühlt sich für das traurige Kind weiterhin sehr gut an! Irgendwann wird es aber auch einem Diener-Typen vermutlich zu viel und er stellt die Fürsorge und damit fast zwangsläufig auch die Beziehung ein. Das kann für das traurige Kind sehr überraschend kommen, zumal es seine eigene Liebe als sehr beständig empfindet.

Ihm geht es dann wahrscheinlich sehr schlecht, womöglich verfällt er sogar in eine Depression. Für den Diener ist das Ende hingegen ein Befreiungsschlag! Die folgende Tabelle fasst das Erleben zu Beginn der Beziehung und nach einer Weile aus den Perspektiven der beiden Beteiligten noch einmal zusammen.

	Blick auf die Beziehung aus der Perspektive des Dieners	Blick auf die Beziehung aus der Perspektive des traurigen Kindes
Frühe Phase	▪ Rührung durch die Emotionalität des traurigen Kindes. ▪ Liebevolle Fürsorge wird gerne gegeben. ▪ Die emotionale Offenheit und Sehnsucht des traurigen Kindes können zu intensiver Nähe in der Beziehung führen. ▪ Oft ist Fürsorge und Kuscheln im Vordergrund, nicht unbedingt leidenschaftlicher Sex.	▪ Glücksgefühle, weil eine liebevolle, fürsorgliche Bezugsperson gefunden ist. ▪ Sehnsucht und Liebesbedürfnis konzentriert sich ganz auf diese Person. ▪ Die Person wird als »Heilsbringer« erlebt, die für das Glück auf Erden sorgt. ▪ Dauernde Liebesbekundungen.
Spätere Phase	▪ Zunehmendes Gefühl, unter Druck gesetzt oder emotional erpresst zu werden. ▪ Schuldgefühle, weil man sich nicht mehr so gerne kümmern mag. ▪ Wut oder Ärger, die häufig so lange wie möglich unterdrückt werden. ▪ Zunehmender Wunsch nach Distanz, der oft irgendwann zum Ende der Beziehung führt.	▪ Rückzug des anderen wird bedrohlich erlebt, daher eher Zunahme der Liebesbekundungen, um den anderen zu halten. ▪ Beim Ende der Beziehung, Verzweiflung. ▪ Oft wenig Verständnis, warum der andere die Beziehung beendet hat.

Menschen mit starker Diener-Rolle sind übrigens von allen Rollen am meisten anfällig für die emotionale Erpressung des traurigen Kindes. In allen anderen Konstellationen geht das in der Regel viel früher schief.

Wenn ein trauriges Kind auf einen Blender-Typen trifft, passiert in der Regel gar nichts, außer dass beide so rasch wie möglich das Weite suchen. Denn das traurige Kind hat Angst vor dem Blender, weil der so bedrohlich und aggressiv sein kann. Der Blender hingegen ist von Anfang an massiv genervt von dem »Jammerlappen«, mit dem er da zu tun hat. Hier besteht also wenig Gefahr einer langfristigen Verstrickung mit Schuldgefühlen und Ärger.

Wenn ein trauriges Kind auf einen Menschen in der Rolle des Flüchtenden trifft, geht das meist auch nicht lange gut. Der Flüchtende ist zwar für das traurige Kind nicht so bedrohlich, aber er geht auch nicht auf seine emotionalen Wünsche ein. Die gehen ihm viel zu nah und lösen schon relativ bald Fluchtreflexe aus. Daher wird er den Kontakt mit dem traurigen Kind vermeiden, so gut es möglich ist.

Der einzige Grund, warum ein Mensch in der Flucht-Rolle es vielleicht doch eine Weile mit einem traurigen Kind aushält, ist die Furcht, dass ein Ende der Beziehung zu einer ganz schlimmen Eskalation führen würde. Wenn das traurige Kind z. B. (direkt oder indirekt) damit droht, sich etwas anzutun, wenn es verlassen würde, bringt dies den Flüchtenden womöglich dazu, die Beziehung weiterzuführen. Denn die Aussicht auf die Eskalation bei einem Ende der Beziehung ist gewissermaßen noch schlimmer als das Aushalten der Beziehung. Es ist aber leicht ersichtlich, dass eine solche Beziehung, die vor allem auf Erpressung (beim traurigen Kind) und Vermeidung (beim Flüchtenden) aufbaut, keine positive Perspektive haben kann.

Manchmal treffen auch zwei Menschen im traurigen Kind aufeinander. Das kann zu Beginn der Beziehung emotional sehr intensiv sein, weil sich zwei getroffen haben, die sich gegenseitig extrem gut in den anderen hineinversetzen können. Wenn aber beide langfristig in der Rolle des traurigen Kindes bleiben, entwickelt sich daraus nichts Gutes. Dann ist das Zusammensein permanent geprägt von Traurigkeit, Unsicherheiten und Ängsten, und es gibt wenig Initiative, Freude und Spaß. In extremen Fällen kann sich daraus fast eine Art »Konkurrenz der Depression« entwickeln. Dann geht es nur noch darum, wem es von den beiden gerade schlechter geht, sodass er mehr Fürsorge braucht.

Häufig gehen solche Beziehungen auch nicht lange gut, weil sie so frustrierend und negativ sind. Allerdings gibt es auch immer wieder Ausnahmen, und die Partner hängen sehr aneinander, was von außen betrachtet oft nicht gut nachvollziehbar ist. Ein Grund dafür ist vermutlich, dass zwei traurige Kinder sich selbst und dem anderen viel Aufmerksamkeit schenken – sehr viel mehr, als dies z. B. Menschen in der Rolle des erwachsenen Ich machen würden, die eben nicht so stark um sich selbst kreisen. Und auch wenn diese Aufmerksamkeit negativ getönt ist, so sind die beiden doch permanent mit sich beschäftigt und müssen sich nicht aus ihrem kleinen traurigen Kosmos hinausbewegen. Der andere ist verlässlich da, auch wenn es nur in einer etwas hilflosen Rolle ist. Das kann für traurige Kinder, die intensive Bindung suchen, ein sehr wichtiger Faktor sein, der die Beziehung aufrechterhält. Und nicht zuletzt fordern andere traurige Kinder zwar auch ihre Aufmerksamkeit – aber sie verlangen nicht unbedingt, dass man seine Komfortzone verlässt und sich mit der Rolle des erwachsenen Ich abmüht. Deshalb können solche Beziehungen in all ihrer Tristesse sehr stabil sein.

DER FACHBEGRIFF FÜR DIE ROLLE DES TRAURIGEN KINDES: REGRESSION

Regression bedeutet wörtlich übersetzt »Zurückgehen« – gemeint ist das Zurückfallen in kindliches Verhalten. Das kennt fast jeder in einem gewissen Maß von sich selbst. Wir alle werden manchmal wie nörgelige oder traurige kleine

Kinder, z. B. wenn wir völlig erschöpft oder überfordert sind. Auch schwere Schicksalsschläge können dazu führen, dass wir uns hilflos fühlen und uns am liebsten dem Nächstbesten weinend in die Arme werfen würden.

In einem gewissen Ausmaß ist das auch völlig in Ordnung. Jeder kennt den Impuls, eine erschöpfte Freundin einfach mal in den Arm zu nehmen und ihr eine Schulter zum Ausweinen anzubieten. Aber wichtig ist, dass Beziehungen nur ein relativ kleines Maß an Regression vertragen und dieses auch einigermaßen ausgewogen verteilt sein muss. Es ist unproblematisch, wenn du deinen Partner ab und zu ein wenig Kind sein lässt und er dich auch hin und wieder. Möchte aber einer von euch beiden ständig das traurige kleine Kind sein, dann wird es schwierig.

Zur Abwechslung mal ein ruhiger Mann?

Nachdem Ellie von ihren beiden Freundinnen noch mal darin bestärkt wurde, Maurice den Laufpass zu geben, ist nun Leonore an der Reihe. Hat es geklappt mit dem seriösen Schwiegersohn-Typen, nach dem sie sich einmal umschauen wollte?

Leonore berichtet: »Also, so richtig toll fand ich die Aufgabe, mir mal einen ruhigeren Mann anzulachen, von vorneherein nicht. Aber gut. Ich habe es gewissermaßen sportlich genommen und einfach mal mein Glück versucht. Auf einer Party von Britta habe ich Ernst getroffen – der Name ist ein bisschen Programm, würde ich sagen, also der richtige Mann für mein Experiment. Ich habe mich einfach mal mit ihm unterhalten und muss sagen, das war sogar richtig nett. Er hat diverse Interessen, macht viel Sport, das hat mir gut gefallen. Wir haben uns dann verabredet – beim ersten Mal ganz klassisch zum Kino, das habe ich schon ewig nicht gemacht! Beim zweiten Mal sind wir Sonntagnachmittag spazieren gegangen, sonst auch nicht so mein Standardprogramm mit neuen Männern. Anyway, warum nicht …

Von da an lief es jedoch irgendwie schräg. Sein Geplauder fand ich zunehmend langweilig. Das hatte zur Folge, dass ich ein bisschen zickig und bissig wurde, fürchte ich. Er wollte wohl aber mehr von mir, deswegen hat er meine Eskapaden ausgehalten. Irgendwann sagte er allerdings gar nichts mehr, und ich hatte das Gefühl, ich mache ihm Angst. Ernst hat mich wie ein rohes Ei behandelt. Das alles hat mich ganz schön genervt, sodass wir nach dem dritten Treffen die ganze Sache einvernehmlich beendet haben. Und ganz ehrlich, so ein braver Schwiegersohn ist nichts für mich. Ich war froh, als ich diese Liaison beenden konnte.«

Ellie fragt nach: »Was machst du denn, dass du ihm solche Angst einjagst?« Sarah lacht. »Das kann ich mir ganz gut vorstellen! Wahrscheinlich provozierst du ihn am laufenden Band, und der arme Kerl weiß gar nicht, wie er reagieren soll …«

Leonore schaut erstaunt, das trifft wohl den Nagel auf den Kopf … »Ja, das ist möglich. Mich macht es wahnsinnig, wenn ich einem Typen alles aus der Nase ziehen muss und nichts Spannendes von ihm kommt. Dann muss man die Leute doch mal ein bisschen aus sich rauslocken, etwas provozieren – warum nicht? Manche schauen so, als ob man ihnen gleich eine Torte ins Gesicht werfen wolle. Oh Mann, so schlimm ist das doch nicht. Das muss man doch aushalten können!?«

Sarah muss wieder lachen. »Weißt du was, mir würde es mit dir wahrscheinlich genauso gehen wie dem armen Ernst, wenn wir miteinander anbandeln müssten. Deine scharfe

Zunge kann einen schon ganz schön einschüchtern … Nicht jeder ist aus dem gleichen harten Holz geschnitzt wie du!« Leonore zuckt die Schultern. »Tja, so scheint das wohl zu sein. Aber ganz ehrlich, so weich kann ich gar nicht werden, dass ich einem Ernst nicht gefährlich werde, fürchte ich.«

Leonores Geschichte klingt nach der Konstellation »Blender-Typ trifft Flüchtenden«. Das geht nur kurz gut. Sehr häufig kommen diese beiden Typen aber gar nicht erst zusammen. Auch in diesem Fall ging der Versuch ja eher von Leonores Entschluss zum Experiment aus. Sie fühlte sich von Anfang an nicht sonderlich von Ernst angezogen, fand ihn lediglich »ganz nett«. Er hörte ihr zu, gab ihr Aufmerksamkeit und erst mal positive Rückmeldungen, das hat Leonore so gefallen, wie es jedem Menschen gefällt, wahrgenommen zu werden und Applaus zu bekommen. Ernst war seinerseits vermutlich von Leonore fasziniert, denn Blender-Typen sind oft interessant, schillernd und deshalb attraktiv.

Schon nach relativ kurzer Zeit setzte aber der typische Teufelskreis zwischen diesen beiden Typen ein: Der Flüchtende ist eher zurückhaltend und daher für den Blender recht schnell etwas langweilig, wenig greifbar und womöglich auch etwas nervig. Darauf reagiert der Blender mit dem Ausfahren seiner Stacheln: Er provoziert und versucht den Flüchtenden aus der Reserve zu locken.

Der Effekt ist aber genau gegenteilig – der Flüchtende fühlt sich eher bedroht, und wie es seine Art ist, zieht er sich noch mehr zurück. Das wiederum reizt den Blender noch mehr zum Widerspruch und zur Provokation. Er verliert dann unter Umständen auch regelrecht den Respekt vor dem Flüchtenden und wird womöglich sogar etwas boshaft. Der Flüchtende vermeidet den Blender umso mehr. Auf diese Weise eskaliert die Beziehung rascher, als sie begonnen hat. Beide haben das Gefühl, dass das nichts werden kann, und legen die Sache ad acta. In der folgenden Tabelle ist diese Dynamik noch einmal zusammengefasst.

	Blick auf die Beziehung aus der Perspektive des Blenders	Blick auf die Beziehung aus der Perspektive des Flüchtenden
Frühe Phase	▪ Der Flüchtende ist attraktiv, weil er Aufmerksamkeit und Bewunderung spendet. ▪ Die Ruhe des Flüchtenden kann beruhigend und durchaus angenehm wirken.	▪ Der Blender ist attraktiv, weil er schillert, glänzt und interessant ist. ▪ Die Dynamik und Power des Blenders wirken belebend.
Spätere Phase	▪ Der Flüchtende wird langweilig und dadurch auch nervig. ▪ Der Blender provoziert, um den Flüchtenden aus der Reserve zu locken – das klappt nicht, was den Blender weiterfrustriert.	▪ Der Blender wird bedrohlich. ▪ Der Flüchtende verkriecht sich in sein Schneckenhaus, um der Provokation zu entgehen – das führt zu weiterer Provokation oder Desinteresse.

Wenn Wunscherfüllung Unbehagen auslöst

Wie ist es bei Sarah mit ihrem Tim und mit Luciano aus der Laufgruppe weitergegangen? Ihre beiden aktuellen Möglichkeiten, etwas mehr Gefühl in ihre Beziehungen zu bringen …

Sarah berichtet: »Mit Tim läuft es wie immer. Ich investiere aber auch keine große Energie mehr in unsere Beziehung. Mal sehen, ob noch was von Tim kommt. Aber mit Luciano habe ich einen kleinen Flirt, würde ich sagen, der sich aber auch komisch anfühlt.

Wir sind ein paarmal nach dem Laufen noch zusammen etwas trinken gewesen. Es war irgendwie schön, auch sehr romantisch, wir waren in einem Café im Wald, wo wir auch laufen gehen, das hat etwas. Wir haben uns tief in die Augen geschaut und auch ziemlich persönlich unterhalten. Luciano hat sich richtig Mühe gegeben und mich ganz viel gefragt, was mich interessiert, was mir wichtig ist und so weiter. Das absolute Gegenteil von Tim. Einerseits ist es genau das, was ich suche, und andererseits geht mir dieses Gefrage nach meinen Wünschen auch auf den Keks. Als ob er auf der Lauer liegt und auf nichts anderes wartet, als mir alles recht zu machen. Das stresst mich massiv, denn oft will ich gar nichts Bestimmtes! Durch diese ganze Fokussierung auf meine Person weiß ich gar nicht, was er will und was ihm gefällt. Ich habe sogar schon versucht, ihm zu sagen, dass ich mich auch freuen würde, wenn er mal etwas von sich erzählt, unfd ihn gefragt, was ihm wichtig ist im Leben. Ich will gar nicht so sehr betüdelt werden. Luciano guckte mich dann mit seinen treuen großen Augen an und wirkte eher traurig. Meine Worte dringen wohl nicht wirklich zu ihm durch – ganz komische Nummer.«

Leonore muss lachen. »Das klingt, als hättest du eine Ellie in männlich abgegriffen, meine Liebe!« Ellie ist ein kleines bisschen beleidigt, obwohl sie zugeben muss, dass da was dran ist. Lucianos großer Wunsch, zu Diensten zu sein – das kennt sie ja selbst auch sehr gut. Irgendwie auch ganz interessant, das mal aus der anderen Perspektive zu hören. »Wie willst du jetzt mit ihm weitermachen?«, fragt ihre Freundin vorsichtig.

Sarah denkt da die ganze Zeit schon drüber nach. »Wie schon gesagt, es ist toll, so viel Aufmerksamkeit zu bekommen. Wenn wir weitergehen würden, dann würde er mich sicher auch total verwöhnen im Bett und so weiter. Doch ich würde das alles lieber eher unverbindlich halten, damit ich noch Luft bekomme. Wenn es nach ihm ginge, würde er mir vermutlich jeden Tag Rosen schenken und ein ganzes Menü kochen. Einmal die Woche ein Date und sich so allmählich näherkommen, das wäre für mich okay.«

Ellie zuckt zusammen. Sie hat sich schon ein wenig in Luciano versetzt und kann sich vorstellen, wie er reagieren wird, wenn Sarah ihn so in die Schranken weisen will. »O je, ich glaube nicht, dass er das gerne mitmacht. Genauso werde ich ja oft behandelt und dann drehe ich immer durch. Der arme Kerl! Aber ich verstehe dich natürlich, du darfst das nicht mitmachen, wenn es dir zu viel ist.«

Leonore beschäftigt noch eine andere Frage: »Willst du dich denn eigentlich noch weiter umschauen, Sarah? Ich meine, Tim und Luciano sind schon zwei, mit denen es so mäßig läuft. So wie ich dich kenne, wirst du jetzt nicht weiter nach Mr Right suchen, sonst wird es ja noch viel anstrengender, oder?«

Sarah lächelt ein kleines bisschen verlegen. »Tja, ihr kennt mich wirklich gut. Ich habe aber eine andere Idee: Schon seit meiner Kindheit träume ich davon, im Chor zu singen. Das kostet mich zwar eine Menge Überwindung, doch ich habe wirklich Lust darauf. Musik und Emotionen gehören zusammen und das kann mir sicher nicht schaden. Ich habe vor Kurzem mal in einen coolen Chor reingeschnuppert … und ab nächster Woche bin ich regelmäßig dabei!«

Ellie klatscht in die Hände. »Super Idee! Wir kommen dann zum Konzert! Und ich bin gespannt, wie die Leute drauf sind, die du dort triffst!«

Sarah und Luciano – das klingt in der Tat nach der Kombination »Flüchtender trifft Diener«, wie Leonore gleich festgestellt hat. Dies ist eine meist recht freundliche und wenig aufregende Konstellation, die dennoch schiefgehen kann, weil beide nicht gut darin sind, ihre Bedürfnisse zu formulieren.

Der Diener möchte sich immer gut kümmern. Beim Flüchtenden hat er allerdings das Problem, dass der sich kaum entlocken lässt, was er sich wünscht und welche Bedürfnisse er hat. Das kann den Diener in Stress versetzen und dazu führen, dass er anfängt, regelrecht zu bohren und zu kletten – wie es Ellie vor Kurzem ja auch noch öfters gemacht hat. Dieses Drängen weckt jedoch beim Flüchtenden weitere Fluchtreflexe. Es fällt ihm ja ohnehin schwer, seine Bedürfnisse zu spüren und zu formulieren – unter Stress geht das dann garantiert nicht mehr!

Die logische Konsequenz des Flüchtenden auf diesen Stress ist genau die Strategie, die auch Sarah verfolgt: Den Kontakt etwas zu reduzieren, um einfach weniger Stress damit zu haben. Das wiederum ist ein Rückschlag für den Diener, der sich zurückgewiesen fühlt und dadurch seinerseits in Stress gerät.

Finden die beiden hier eine akzeptable Balance und haben neben ihren Flucht- und Diener-Rollen noch ausreichend Zugang zu

	Blick auf die Beziehung aus der Perspektive des Flüchtenden	Blick auf die Beziehung aus der Perspektive des Dieners
Frühe Phase	▪ Die Angebote des Dieners können reizvoll und verführerisch sein. ▪ Der Flüchtende wird versorgt, ohne sich gleich aus der Deckung wagen zu müssen. ▪ Das emotionale Drängen des Dieners kann schon zu Beginn zu Stress führen.	▪ Der Flüchtende lockt, weil er schwer erreichbar ist, aber eigentlich Versorgung bräuchte. ▪ Der Diener kann schon früh zu anhänglich werden, um den Flüchtenden zu »knacken«.
Spätere Phase	▪ Bei milder Ausprägung kann die Versorgung durch den Diener den Flüchtenden etwas aus der Reserve locken. ▪ Bei starker Bedrängung durch den Diener verkriecht sich der Flüchtende immer mehr in sein Schneckenhaus.	▪ Der Rückzug des Dieners kann Stress auslösen. ▪ Bei milder Ausprägung kann die Bereitschaft des Flüchtenden, sich versorgen zu lassen, sehr befriedigend sein.

ihren erwachsenen Ich-Rollen, dann kann das unter Umständen lange gut gehen. Wenn das erwachsene Ich aber nicht häufig genug das Ruder übernimmt, eskaliert diese Konstellation meist bald.

Eine glückliche Kombination

Ein paar Wochen später, das Wetter ist weiter herrlich, verbringen die drei zusammen einen Nachmittag am See. Wie ist alles weitergegangen?

»Hast du deinen Maurice abgesägt, das traurige Kind mit den vielen SMS?«, will Leonore gleich ganz direkt wissen. »Sonst hätte ich mich hier ja nicht mehr blicken lassen können!«, lacht Ellie. »Aber nein, im Ernst … Leicht gefallen ist mir das natürlich nicht, das könnt ihr euch ja denken. Er hat das aber irgendwie geahnt, ich hatte mich ja schon etwas distanziert und eh nicht mehr auf alle Chats geantwortet und so, weil mir das zu viel wurde. Ganz ehrlich, ich vermute, dass er das auch schon öfter erlebt hat. Aber was sein eigener Beitrag dazu ist, dass seine Beziehungen dauernd schiefgehen, ich glaube, das kapiert er nicht. Naja, nicht mehr mein Problem, zum Glück! Er hat verstanden, dass Schluss ist, und nach einer Weile habe ich auch nichts mehr von ihm gehört.

Dafür ist mir etwas Lustiges passiert. Ich habe einen Typ kennengelernt, der Sarahs Luciano sehr ähnlich ist. Auch so ein Diener-Typ, der es mir dauernd recht machen möchte. Das fühlt sich total merkwürdig an, da es doch sonst eher meine Art zu handeln ist. Es lohnt sich wirklich mal, Männer zu daten, bei denen ich eigentlich sofort Nein sagen würde. Diese Erfahrungen sind Gold wert. Zum Beispiel hat er vom ersten Treffen an immer gefragt: ›Was möchtest du? Mir ist alles recht, Hauptsache, du bist glücklich.‹ Anstatt einfach mal etwas von sich zu erzählen oder eine Bar vorzuschlagen. Ich hingegen fragte ihn natürlich auch die ganze Zeit, was er wollte. Somit kamen wir überhaupt nicht voran, weil wir uns gegenseitig fragten, was dem anderen wohl gefallen würde. Das ist ganz schön anstrengend.«

»Und wie ging es damit weiter?«, fragt Sarah neugierig.

»Lang hat das nicht gedauert: Ich habe angefangen, darüber nachzudenken, was mit ihm und mir da gerade passiert. Es ist total ungewohnt für mich, dass ein Mann mir so sehr auf die Pelle rückt. Bislang habe ich mir immer nur Männer gesucht, die das absolute Gegenteil davon getan haben. Doch irgendwann fiel es mir wie Schuppen von den Augen. Der Typ klettet so, wie es mir auch oft nachgesagt wird. Das war eine bittere Erkenntnis.

Beim nächsten Treffen nahm ich mir vor, es einfach mal offen und ehrlich anzusprechen. Wer hätte je gedacht, dass ich so was tue. Na gut, ich hatte nichts zu verlieren und die Lage war so klar. Doch er schaute mich nur fragend an und schien gar nichts zu verstehen. Er verhielt sich ehrlich gesagt exakt so wie ich, wenn mir die Typen mein ›Kletten‹ vorwarfen und ich nur in Panik verfiel. Irgendwie hat es sich dann nach und nach verlaufen. Nicht schlimm, da er weder super sympathisch noch besonders attraktiv war.«

»Das ist interessant, du machst echt Fortschritte«, meint Leonore. »Vor ein paar Monaten mussten wir dir noch mühsam erklären, was es mit deiner Über-Begeisterung und deiner Lust an der Unterwerfung auf sich hat. Und teilweise warst du deshalb echt etwas sauer auf uns! Und jetzt erklärst du es schon anderen, ich bin echt stolz auf dich! Der Mann scheint aber noch nicht so weit zu sein wie du – eher so auf dem Stand wie du vor ein paar Monaten …« Sarah nickt dazu.

Ellie ist verblüfft, so hat sie das noch nicht gesehen. Aber es stimmt, und irgendwie ist sie darauf auch ein bisschen stolz. Und zunehmend optimistisch, dass sie schon noch den Richtigen finden wird, weil sie schließlich nicht mehr dauernd in die gleiche Falle tappt …

Ellie und ihr letztes Date, das war wohl die Kombination »Diener trifft Diener«. Wenn beide die Diener-Rolle nicht allzu ausgeprägt haben und auch viel in ihrem erwachsenen Ich unterwegs sind, kann das eine sehr freundliche und positive Kombination sein. Denn dann schauen beide genau danach, was der andere braucht. Und da das erwachsene Ich die Versorgung auch annehmen kann, geht es beiden gut. Eine ausgeglichene, positive Beziehung!

Wenn allerdings das erwachsene Ich nicht gut ausgeprägt ist und beide selbst nicht gut Versorgung annehmen können, kann diese Konstellation für beide Beteiligte sehr stressig sein. Bildlich gesprochen versuchen dann beide, sich gegenseitig die Türe aufzuhalten, und stoßen dabei ständig zusammen bzw. kommen einfach nicht voran.

Davon abgesehen haben die drei allen Grund, auf Ellie stolz zu sein. Denn durch die ausführliche Reflexion ihrer Muster und durch die ernsthafte und ehrliche Auseinandersetzung damit, hat sie viel dazugelernt. Vor einigen Monaten hatte ihr Widerstand noch verhindert, dass sie ihre Diener-Rolle klar erkennt, deshalb ist sie da immer wieder hineingerutscht, ohne groß dagegensteuern zu können. Mittlerweile hat sie Abstand dazu gewonnen und kann dadurch viel besser wahrnehmen, was bei ihr und den anderen passiert. Das ist eine wichtige Voraussetzung dafür, seine Beziehungsmuster zu verändern. Ihr Optimismus ist also durchaus berechtigt!

Probier's mal mit Beständigkeit

»Und, bist du schon wieder zu deinen wilden Affären zurückgekehrt oder immer noch auf der Suche nach einem ruhigeren Mann – trotz der Pleite mit Ernst vor Kurzem?«, fragt Sarah bei Leonore nach.

Leonore berichtet: »Nee, ganz aufgegeben habe ich nicht, doch so richtig überzeugt bin ich auch nicht. Aktuell treffe ich mich gerade öfters mit Lukas. Ich habe ihn beim Sport kennengelernt. Er ist wirklich ganz cool und auch nicht so ängstlich wie Ernst. Wenn ich einen Spruch raushaue, kontert er gut. Er hängt nicht an meinem Rockzipfel und scheint sein eigenes Leben gut im Griff zu haben. Gut aussehen tut er auch. Trotzdem funkt es nicht so wirklich.«

»Wieso? Das klingt doch richtig super!«, meint Ellie. »Endlich mal nicht so eine Geschichte, die völlig übertrieben ist und nach ein paar Wochen verraucht. Ein vernünftiger erwachsener Mann mit allen Qualitäten, die man sich wünschen kann. Was passt dir daran nicht?«

Leonore seufzt: »Ich kann es dir gar nicht genau sagen. Er hat eigentlich alles, was frau sich wünscht, dennoch fehlt die Spannung. Mein Surflehrer zum Beispiel hat mir Aufregung, Abenteuer und pure Leidenschaft geboten. Auch wenn es nach ein paar Wochen vorbei war, hat mich das mehr gekickt. Ich brauche das irgendwie.

So ein bisschen fuchst es mich ja auch, weil ich ja auch gerne den Vater für mein Kind finden würde. Ihr habt schon recht, dafür sind Typen wie Lukas natürlich viel eher zu gebrauchen als die heißen Surflehrer. Aber irgendwie kann ich mir das einfach nicht vorstellen: eine Beziehung zu so einem Mann und auf Affären und Abenteuer verzichten? Denn das wäre klar: »Für einen Mann wie Lukas käme es nicht infrage, dass ich nebenher andere Abenteuer laufen habe.«

»Da sind wir echt unterschiedlich gestrickt«, sagt Ellie. »Kannst mir ja mal seine Telefonnummer schicken, wenn du mit ihm Schluss gemacht hast … Ich fände das schön, jemand Treues zu haben, und hätte absolut kein Problem damit, sich auch mal gegenseitig auf dem Sofa die Füße zu massieren.«

Diesmal klingt es so, als hätte Leonore einen Mann getroffen, der vor allem in der Rolle des erwachsenen Ich agiert – also die Kombination »Blender trifft erwachsenes Ich«. Anders als der Diener oder der Flüchtende kann das erwachsene Ich den Blender aushalten und ihr auch mal etwas entgegensetzen, wenn sie es mit ihren Sprüchen übertreibt. Er ist selbstständig, nicht auf sie angewiesen und begegnet ihr auf Augenhöhe.

Allerdings bietet diese Konstellation dem Blender nicht unbedingt den Thrill wie in Kombination mit einem anderen Blender, wenn beide sich gegenseitig anstacheln und überbieten. Im Vergleich dazu ist es mit einem erwachsenen Ich eher lauwarm und nicht unbedingt ständig aufregend. Dafür kann es länger und stabiler halten, während die Kombination von zwei Blendern rasch zur Eskalation führen kann.

Für das erwachsene Ich kann der Blender, vor allem zu Beginn der Beziehung, sehr anregend und spannend sein. Wenn diese Rolle nicht übermäßig stark ausgeprägt ist und auch ausreichend erwachsenes Ich beim Blender dabei ist, dann kann das auch lange so bleiben. Ein Gegenüber mit einer sehr ausgeprägten Blender-Rolle hingegen wird dem erwachsenen Ich irgendwann auf den Wecker gehen, weil es so laut, schrill und aggressiv ist. Die folgende Tabelle fasst die beiden Perspektiven noch einmal zusammen.

	Blick auf die Beziehung aus der Perspektive des Blenders	Blick auf die Beziehung aus der Perspektive des erwachsenen Ich
Frühe Phase	▪ Erwachsenes Ich ist beständig, verlässlich, nicht schüchtern. ▪ Kann aber auch etwas langweilig sein.	▪ Blender ist anregend, spannend, bei ihm ist immer was los. ▪ Kann aber auch schon etwas »too much« sein.
Spätere Phase	▪ Beständigkeit und mangelnder Kick können zunehmend als langweilig empfunden werden.	▪ Aggressive, laute Art des Blenders kann irgendwann auf den Wecker gehen.

Neue Wege gehen 

»Und, Sarah, wie steht's bei dir?«, fragen Leonore und Ellie wie aus einem Mund.

Sarah berichtet: »Die Sache mit dem Chor ist für mich die Idee des Jahres! Ich habe noch keine Probe ausfallen lassen. Das macht mir so viel Spaß, das könnt ihr euch nicht vorstellen! Am Anfang bin ich immer etwas befangen, weil Singen ja schon irgendwie ein wenig peinlich ist, vor allem wenn man es nicht gut kann, so wie ich. Aber wir beginnen mit lustigen Übungen, die uns auflockern und ein bisschen die Stimme bilden. Es ist ja ein reiner Laienchor, da kann niemand professionell singen – alle haben einfach einen Heidenspaß! Nach dem Einsingen wird ernsthaft geprobt, aber ohne Noten: witzige Schlager und tolle Pop-Songs.

Ich gehe da echt jedes Mal mit Herzklopfen hin, bin ein bisschen befangen. Aber das gemeinsame Singen ist so ein schönes Erlebnis: Man macht etwas zusammen, man drückt Gefühle aus, aber es ist auch leicht und lustig! Danach fühle ich mich immer wie ausgewechselt. Locker und – komisch, das zu sagen – irgendwie richtig glücklich.«

Leonore und Ellie sind richtig gerührt. Das freut sie sehr für ihre Freundin! »Und wie sind die anderen so drauf?«, fragt Ellie. »Geht das allen so?«

Sarah erzählt noch ein bisschen weiter: »Die meisten sind ja schon länger dabei und können es natürlich schon etwas besser. Aber, ich glaube, im Grunde geht es allen so, dass ihnen das gemeinsame Singen einfach guttut. Danach gehen einige immer noch zusammen etwas trinken. Da war ich bisher nicht dabei, aber vielleicht das nächste Mal. Ein ganz netter Kerl hat mich gefragt, ob ich nicht mitkommen möchte. Ich denke, ich versuch es einfach mal.«

Die Mädels sind da absolut dafür. »Das musst du machen!«, sagt Leonore energisch. »So nette Leute, das kannst du dir doch nicht entgehen lassen!«

Sarah trifft hier nicht auf eine Einzelperson, sondern auf eine Gruppe. Dennoch lässt sich recht gut die Kombination »Flüchtender trifft auf erwachsenes Ich« beobachten. Nur dass das »erwachsene Ich« nicht ein Einzelner ist, sondern eine gut funktionierende Gruppe mit einer schönen gemeinsamen Aufgabe.

Inwiefern steht diese Gruppe für das erwachsene Ich? Nun, sie ist entspannt, gut gelaunt und kann ihrer Aufgabe (gemeinsam singen) unverkrampft und erfolgreich nachgehen. Sarah fühlt sich willkommen, ohne sich bedrängt zu fühlen. Offensichtlich kann sie sich dort emotional öffnen, weil die anderen das auch tun, ohne zu übertreiben. Der gemeinsame Spaß kommt neben dem ernsthaften gemeinsamen Üben auch nicht zu kurz. All das sind ja Merkmale des erwachsenen Ich.

Für Sarah ist hier ganz wichtig, dass sie sich in ihrem Tempo öffnen kann. Sie möchte gerne mehr Kontakt und ist dazu auch eingeladen – aber sie kann sich die Zeit nehmen, die sie braucht, bevor sie zum Beispiel nach der Probe mit den anderen noch weggeht. Sie wird nicht bedrängt oder dumm angesprochen, wenn das nicht gleich klappt. Öffnet sie sich aber, wird sie wohl auch auf Resonanz stoßen – die anderen freuen sich schon, dass sie mitsingt, und werden sich auch freuen, wenn sie noch mehr mit ihnen unternimmt. Das ist ganz anders als bei Tim, der auf ihre emotionalen Kontaktversuche mit Zurückweisung und eigener Vermeidung reagiert hat.

DIE BEZIEHUNG ZU GRUPPEN UND ZU EINZELPERSONEN KANN SEHR ÄHNLICH SEIN

Auch Gruppen besetzen die Rollen, die wir hier immer wieder besprechen. Natürlich gibt es viele Gruppen mit hoher Rollenvielfalt. Viele Gruppen sind aber auch erstaunlich klar in ihrer Rollenausrichtung. Wenn jemand neu in so eine Gruppe kommt, ist die Begegnung ganz ähnlich wie mit einer Einzelperson mit dieser Rolle.

- **Gruppe mit Rollenschwerpunkt »erwachsenes Ich«.** Das sind Gruppen, die gut funktionieren. Jeder darf so sein, wie er ist. Das gemeinsame Ziel wird konstruktiv und mit Spaß und Energie verfolgt. Fehler oder Probleme werden angesprochen und gelöst.
- **Gruppen mit Rollenschwerpunkt »Blender«.** Das sind Gruppen, in denen ein aggressives, stark wettbewerbsorientiertes Klima herrscht. Jeder passt auf, was er sagt, und wie er sich präsentiert. Das Ziel ist, einen guten Eindruck zu machen und sich keine Blöße zu geben!
- **Gruppen mit Rollenschwerpunkt »Flüchtender«.** Das sind Gruppen, die irgendwie nie so richtig zusammenkommen. Treffen fallen aus, werden verkürzt, nie-

mand ist mit Herz bei der Sache. Probleme werden dabei unter den Tisch gekehrt – selbst die Tatsache, dass die Gruppe »nicht in die Puschen kommt«, wird nicht angesprochen.

- **Gruppen mit Rollenschwerpunkt »Diener«.**
  Die gibt es selten, denn sie funktionieren so extrem gut, weil sich die Diener sehr für die Gruppe engagieren, dass schnell Mitläufer anderer Rollen angezogen werden. Diese wollen entweder eher passiv von der Gruppe profitieren (Flüchtende) oder den Erfolg der Gruppe für sich nutzen (Blender).
- **Gruppen mit Rollenschwerpunkt »trauriges Kind«.**
  Das sind Gruppen, in denen alle darüber klagen, wie schlecht es ihnen geht und wie überlastet sie sind. Da das für niemanden befriedigend ist, lösen sich solche Gruppen häufig rasch auf, oder es bleibt nur ein »harter Kern« zurück. Der kann dann zusätzlich noch darüber seufzen, dass die anderen alle so unzuverlässig sind …

TEIL 3

NEUE CHANCEN FÜR DIE LIEBE

Wie kannst du deine Beziehungsmuster ändern?

In den letzten Kapiteln ging es um all die Probleme, die entstehen, wenn Helfer-Rollen oder die Rollen der traurigen oder wütenden Kinder zu stark in der Beziehung aktiviert sind. Der Diener lebt an seinen eigenen Bedürfnissen vorbei und wird enttäuscht, der Flüchtende kann kaum tiefe Gefühle in Beziehungen erleben, und zwischen dem Blender und seinen Partnern knallt es immer wieder … Genau das sind auch all die Konstellationen, die uns immer wieder aufs Neue quälen und verzweifeln lassen – egal welchen Geschlechts, welcher Orientierung, ob mit oder ohne Kinder.

Der wesentliche Kern der Lösung besteht darin, die eigene Rolle des erwachsenen Ich in Beziehungen zu stärken. Gleichzeitig sollte man sich einen Partner suchen, der in der Lage ist, diese Rolle in Beziehungen ebenfalls einzunehmen – und gemeinsam Wege finden, wie beide gut im erwachsenen Ich sein können.

Wenn du in deiner Beziehung öfter in die Rolle des erwachsenen Ich kommen möchtest, solltest du deine Helfer-Rollen mehr und mehr hinter dir lassen. Diese Rollen waren ziemlich sicher bisher zu stark aktiviert. Dabei gibt es verschiedene Situationen innerhalb der Beziehung, in denen du aus deinen Helfer-Rollen in das erwachsene Ich wechseln kannst. Aber es schadet nie, auch außerhalb der Beziehung beziehungsweise in anderen Beziehungen nach Situationen zu fahnden, in denen du die Helfer-Rollen gegen das erwachsene Ich tauschen könntest. Denn vermutlich kennst du deine Helfer-Rollen nicht nur in deiner Beziehung, sondern auch in Alltagsbegegnungen. Und wenn du sie in möglichst vielen

Situationen versuchst zu reduzieren, dann wird ein Erfolg immer wahrscheinlicher.

Richte dich darauf ein, dass die Reduktion deiner Helfer-Rollen dich einige Zeit kosten kann. Vermutlich wirst du immer wieder erfolgreich kleine Schritte gehen, auf die du richtig stolz sein kannst. Und dann gibt es wieder Rückschläge, und du hast das Gefühl, du steckst ganz und gar in deinem Muster fest. Aber keine Sorge, das ist normal! Solange du entschieden bist, an deinen Helfer-Rollen zu arbeiten, wirst du auch vorankommen. Und irgendwann kommst du an einen Punkt, an dem auf einmal alles viel leichter wird. Dann wirst du immer mehr merken, wie viel besser es sich anfühlt, deine Beziehung in der Rolle des erwachsenen Ich zu leben. Und so kannst du auch einen Engelskreis – also das Gegenteil eines Teufelskreises – in Gang setzen.

Weniger dienen – mehr lieben

Es ist mittlerweile Hochsommer, und Sarah, Leonore und Ellie machen einen Ausflug ans Meer. Sie baden ein bisschen, chillen am Strand und lassen die Seele baumeln. Und natürlich machen sie sich auch weiter Gedanken über ihr Projekt »Glücklich werden in der Liebe« …

Bei Ellie hat sich wieder was getan – davon muss sie natürlich gleich berichten! Ihre Erlebnisse der letzten Wochen: »Ich glaube, ich habe dieses Mal einen guten Mann getroffen. Martin ist sein Name. Zwar tindert er auch, doch wir haben uns auf einer Housewarming-Party bei einem gemeinsamen Bekannten kennengelernt. Ich finde ihn echt toll und bin schon ziemlich verliebt. Aber keine Sorge, ihr Lieben: Ich bin nicht total blind verliebt und blende die Realität aus.

Martin hat einen interessanten Job und auch sonst haben wir einige Gemeinsamkeiten. Manchmal kochen wir zusammen und machen uns danach noch einen romantischen Abend. Bisher haben sich die Männer ja oft von mir bedienen lassen, und ich habe es mitgemacht. Mit ihm ist es anders. Ausgeglichen, mal er, mal ich.«

»Das klingt wirklich gut«, freut sich Sarah. »Und schaffst du es denn auch, schön selbstständig zu bleiben und dich nicht übermäßig an ihn zu hängen?«

Das ist in der Tat nicht so ganz einfach für Ellie: »Das hast du gut erkannt, Sarah. Das fällt mir nicht leicht. Sobald ich verliebt bin, will ich einfach dauernd mit dem Mann zusammen sein. Mein Bedürfnis, ihm jeden Wunsch von den Lippen abzulesen, ist schon immens groß. Ich muss mich doll zusammenreißen, es nicht zu tun. Er fragt natürlich auch öfters, was ich will, und ich finde es schon schwer, nicht einfach nur mit der Gegenfrage ›Was willst du denn?‹ zu antworten.

In den letzten Monaten ist mir ja durchaus bewusst geworden, wie nervig dieses Verhalten sein kann. Also versuche ich, es bleiben zu lassen. Damit kommt aber gleich die nächste Herausforderung: Ich muss mir überlegen, was ich eigentlich wirklich möchte. Das ist gar nicht so einfach!«

Sarah nickt. Das kann sie sehr gut nachvollziehen, es fällt ihr ja auch ganz schön schwer, zu ihren Wünschen und Bedürfnissen zu stehen. Oft kann sie sie ja nach wie vor nicht mal richtig spüren. Leonore puscht Ellie aber etwas: »Super, dass du da dran bist! Wenn du wissen willst, ob der wirklich etwas für dich ist, und wenn das dann auch noch länger gut gehen soll, dann darfst du nicht immer zu Diensten sein!«

Ellie hat sich das schon wirklich vorgenommen: »Du hast total recht. Ich weiß um mein altes Muster. Dennoch rutsche ich trotzdem immer mal wieder da rein. Ich denke, dass das auch normal ist. Ich kann mein Verhalten nicht auf Knopfdruck von heute auf morgen umstellen. Es stellt sich ja auch die Frage: Was mache ich stattdessen? Wie verhalte ich mich ›richtig‹ bzw. passend? … Naja, aber auch das wird sich sicher noch finden!«

»Ja, davon bin ich überzeugt!«, bekräftigt Leonore. »Und außerdem hast du ja uns, wir unterstützen dich auf deinem neuen Weg«, bekräftigt Sarah.

Das klingt so, als hätte Ellie endlich mal einen richtig guten Griff getan – und jetzt steckt sie in der Kombination »Diener trifft erwachsenes Ich«. Da hat sie einen Partner, der sich für sie interessiert, aber nicht so übermäßig, wie es ein Mann in der Diener-Rolle täte. Er ist ehrlicher mit ihr als ein Mann in der Blender-Rolle, der viel angibt und ihr Gefühle und Tatsachen vorgaukelt, die es in dieser Form gar nicht gibt. Und wenn es Konflikte oder Probleme gibt, geht er ihnen auch nicht unbedingt aus dem Weg, so wie es jemand in der Rolle des Flüchtenden tut. Gute Voraussetzungen also für die Entwicklung einer ausgeglichenen, stabilen Beziehung!

Allerdings ist das für den Diener eine große Herausforderung. Wie wir wissen, neigt Ellie ja dazu, sich übermäßig dem anderen anzupassen und sich übertrieben um ihn zu kümmern. Das ist für den Partner vielleicht häufig angenehm – irgendwann kann es ihm aber auch ganz schön auf den Wecker gehen. Gleichzeitig wäre sie am liebsten dauernd mit ihm zusammen. Das nimmt ihm aber womöglich regelrecht die Luft zum Atmen und ist auch nicht gerade das Merkmal einer ausgeglichenen, gut funktionierenden Beziehung. Wenn Ellie mit diesem Partner anders umgehen möchte als mit denen ihrer früheren Beziehungen, dann muss sie sich einigen Herausforderungen stellen.

HERAUSFORDERUNGEN FÜR MENSCHEN, DIE IHRE DIENER-ROLLE IN BEZIEHUNGEN REDUZIEREN MÖCHTEN

- Der Diener darf lernen, seine eigenen Bedürfnisse in Beziehungen wahrzunehmen. Das kann schwieriger sein als es klingt – Diener-Typen sind manchmal regelrecht abgekoppelt von sich selbst, wenn sie mit jemandem zusammen sind, der ihnen wichtig ist.
- Der Diener darf lernen, seine eigenen Bedürfnisse, nachdem er sie wahrgenommen hat, auch angemessen auszudrücken. Das ist oft vor allem eine Frage der Überwindung.
- Es ist wichtig, auch mal Konflikte zuzulassen. Diese sind normal, gehören zu Beziehungen dazu und bringen niemanden um. Für den Diener kann das erst mal schwer zu ertragen sein.
- Der Diener muss lernen, seinen Partner autonom und selbstständig sein zu lassen. Er muss es ertragen, dass der Partner auch mal etwas ohne ihn unternehmen möchte oder Lebensbereiche hat, an denen der Diener nicht beteiligt ist.
- Dazu muss er sich auch mit seinem traurigen inneren Kind auseinandersetzen. Er muss lernen, es zu beruhigen und ihm das Gefühl von Sicherheit zu geben.
- Letztlich muss der Diener selbst selbstständig und autonom werden. Das ist die Basis, auf der ihm die anderen Schritte am einfachsten und stabilsten gelingen können. Oder in unseren Worten: Er sollte lernen, viel häufiger in der Rolle des erwachsenen Ich zu sein!

Vernunft und Langeweile

»Und was ist aus Lukas geworden, dem vernünftigen Traumtyp?«, fragt Ellie bei Leonore nach. »Gibt's den noch?«

Leonore berichtet: »Ja, trotz meiner Vorliebe für aufregende Männer gibt es Lukas immer noch. Ich stelle ihn euch mal vor! Was haltet ihr davon? Er ist wirklich ein netter Kerl. Was sich jedoch nicht geändert hat, ist, dass ich es manchmal mit ihm langweilig finde. Hatte ich bereits beim letzten Mal erwähnt, oder? Er ist ein klasse Typ, keine Frage. Aber am Ende stehe ich wohl doch mehr auf die ›besonderen Momente‹ und nicht so sehr auf den Alltag mit einem Mann an meiner Seite.«

Ellie frustriert das etwas. »Das kann doch nicht sein, dass du Mr Right triffst und dann wieder abstößt, weil es mit ihm nicht so spannend ist wie mit einem Surflehrer. Kannst du daran nichts ändern? Ich meine, am Langweiligen? Wie wäre es, wenn du mal mit Lukas surfen gehst oder was weiß ich?« Sarah kann dem nur zustimmen: »In den Chor zu gehen, wäre für dich vermutlich nichts. Aber vielleicht mal ein Action-Sport oder eine aufregende Reise?«

Leonore runzelt die Stirn. »Also statt immer den Typen zu wechseln und dadurch Spannung zu erzeugen, soll ich lieber mit dem Mann etwas Interessantes planen? Und das soll funktionieren? Leute, das klingt wie aus einer Frauenzeitschrift: ›In drei Wochen wieder mehr Knistern in der Beziehung – so geht's!‹ Auf so was Künstliches stehe ich überhaupt nicht. So ein Abenteuer muss sich doch spontan ergeben! Geplant und mit Reisekatalog, oh nee, das kann doch jede.«

Ellie zuckt die Achseln. »Stimmt schon, aber was ist daran so falsch? Ich meine, das ist deine Entscheidung, und du kannst es natürlich bleiben lassen. Aber vielleicht wäre es mal einen Versuch wert? Du hast doch nichts zu verlieren, oder?« Dem kann Leonore allerdings nur zustimmen.

Wenn ein Mensch mit ausgeprägter Blender-Rolle eine stabile Beziehung führen möchte, dann warten auf ihn ganz andere Herausforderungen als beispielsweise auf den Diener. Er muss sich einen Weg suchen, wie er genug Aufregung und Spannung in sein Leben bringt, ohne seine Beziehung zu ruinieren – das heißt zum Beispiel ohne dauernde Affären und sexuelle Abenteuer. Dazu kann es gehören, auch etwas mehr Normalität oder auch Langeweile zu tolerieren, als dem Blender normalerweise lieb ist. Ob es ihm das wert ist oder nicht, das muss jeder Blender für sich selbst entscheiden.

HERAUSFORDERUNGEN FÜR MENSCHEN, DIE IHRE BLENDER-ROLLE IN BEZIEHUNGEN REDUZIEREN MÖCHTEN

- Menschen mit starker Blender-Rolle müssen lernen, diese Seite ein wenig zurückzunehmen beziehungsweise auf für die Beziehung verträgliche Art auszuleben.
- Das beinhaltet oft den Verzicht auf manche Abenteuer oder Affären, sofern man nicht in einer offenen Beziehung lebt, in der das toleriert wird. Dazu muss das impulsive Kind auch ein wenig erzogen werden und lernen, mehr Grenzen zu akzeptieren.
- Oft gehört es dazu, etwas mehr Normalität zu akzeptieren. Dafür ist es allerdings wichtig, dass der Blender darin selbst einen Sinn sieht. Niemand kann ihm das vorschreiben, das ist allein seine Entscheidung.
- Wenn es günstig läuft, findet der Blender-Typ mit seinem Partner zusammen Aktivitäten oder Interessen, die aufregend sind, beide ausfüllen und damit andere Abenteuer ersetzen. Dann wird das Abenteuer in der Rolle des erwachsenen Ich gelebt!

Fluchtverhalten überwinden

»Da tut sich ja einiges«, fasst Ellie zusammen. »Und was ist der Stand bei dir, liebe Sarah?« Bei Sarah ist auch einiges passiert …

Sarah berichtet: »Ich habe euch doch erzählt von dem netten Mann aus dem Chor, der mich eingeladen hatte, nach der Probe auch mal mitzukommen. Da gehen einige immer noch was trinken. Sein Name ist Niklas und er ist gerade solo. Jaja, schaut ruhig gleich bedeutungsvoll, das ist irgendwie wohl der nächste Kandidat. Aber mit Luciano habe ich auch keinen Kontakt mehr, insofern keine Sorge, ich übernehme mich schon nicht. Also, er und ich – wir haben beide so viel Spaß daran, im Chor zu singen. Nach der Probe sind alle irgendwie beschwingt und glücklich, das ist natürlich eine gute Grundlage für mehr, ist ja klar. Ich bin dann ein paarmal noch mit der Gruppe weggegangen und habe mich einfach total wohlgefühlt. Natürlich wird da auch geflirtet, aber es ist sehr familiär, freundlich, irgendwie lieb. Und Niklas ist toll, wir haben uns seitdem auch ein paarmal alleine getroffen. Wir verstehen uns einfach klasse, können über so viel reden, das habe ich noch nie mit einem Mann erlebt. Manchmal ist es mir ehrlich gesagt fast etwas unheimlich.«

Leonore und Ellie freuen sich riesig für Sarah. »Aber sag mal, das klingt für deine Verhältnisse ja super gefühlvoll. Wie bekommst du das denn hin?«

Sarah berichtet weiter: »Wenn ich ehrlich bin, mach ich gar nicht so viel. Es sind eher die Leute vom Chor oder eben Niklas, die alles in die Hand nehmen und organisieren. Von mir aus würde ich es nie schaffen, so direkt zu sein und was von mir preiszugeben. Ich fühle mich von dem Umfeld sehr getragen und kann so sein, wie ich bin, ohne etwas spielen zu müssen. Es ist so schön, und ich traue mich, emotionaler zu werden. Das ist unbekanntes Terrain für mich.«

Ellie lacht. »Das klingt nach einem guten Einstieg ins Thema ›Gefühlvollere Beziehungen‹. Hoffen wir mal, dass es so weitergeht! Irgendwann nimmst du dann ja vielleicht auch mal das Ruder in die Hand …«

Der Gedanke behagt Sarah dann doch nicht so richtig: »Mmmh, ich weiß nicht so recht. Das mit dem Ruder ist mir dann doch zu viel. Glaubt mir, es fühlt sich alles neu für mich an und braucht Zeit. So wie es gerade ist, ist es gut.«

Das klingt alles so, als hätte auch Sarah jetzt mit Niklas einen Mann mit einem starken erwachsenen Ich gefunden. Einer, der sich für sie und ihre Gefühle interessiert und Spaß daran hat, gemeinsam mit ihr schöne Dinge zu erleben. Wenn Sarah sich darauf mehr einlassen möchte, muss sie lernen, ihre Vermeidung und ihre Fluchttendenzen noch weiter hinter sich zu lassen. Dazu kann gehören, auch mal eigene Initiative zu zeigen. Außerdem wird es Situationen geben, in denen sie doch nicht mit allem einverstanden ist, was Niklas denkt oder vorschlägt – dann muss sie vielleicht auch mal dagegenhalten. Und natürlich kann es zu Konflikten mit Tim kommen, da muss Sarah dann auch lernen, sich zu behaupten. Keine leichten Aufgaben – aber es kann sich für sie sehr lohnen, das anzugehen!

HERAUSFORDERUNGEN FÜR MENSCHEN, DIE IHRE FLÜCHTENDEN-ROLLE IN BEZIEHUNGEN REDUZIEREN MÖCHTEN

- Der Flüchtende darf lernen, aus seinem Schneckenhaus herauszukriechen und in engeren Kontakt mit anderen zu kommen.
- Er kann lernen, in Beziehungen seine Bedürfnisse auszudrücken und auf die Bedürfnisse von anderen einzu-

gehen. Stimmen diese nicht überein, muss man Kompromisse suchen – auch das kann eine Aufgabe für den Flüchtenden sein.

- Dafür muss sich der Flüchtende auch ein wenig mit seinem traurigen Kind auseinandersetzen. Er muss lernen, sich als liebenswert zu empfinden und dass er sich auch trauen darf, selbst mal etwas zu fordern. Darum geht es noch genauer in den nächsten Kapiteln.
- Wenn man anderen näherkommt, treten zwangsläufig irgendwann auch mal Konflikte auf. Der Flüchtende sollte lernen, dass das gar nicht so schlimm sein muss, dass man Konflikte austragen und die Beziehung danach weiterführen kann.
- Letztlich kann auch bei ihm die Rolle des Flüchtenden immer mehr ersetzt werden durch die Rolle des erwachsenen Ich.

Raus aus der Diener-Rolle!

Der Sommer neigt sich dem Ende zu, nun gibt es überall Weinfeste mit guter Laune und leckerem Essen. Die drei gehen zusammen aus, Flammkuchen essen und neuen Wein trinken – eine schöne Tradition aus ihrer Studienzeit! Und natürlich eine gute Gelegenheit, einander auf den neuesten Stand zu bringen …

»Na, wie ist es mit Martin weitergegangen?«, will Leonore von Ellie wissen.

Ellie berichtet: »Mein Gefühl sagt mir, dass ich auf einem ganz guten Weg bin. Mein Problem war ja bisher, den Mann alles entscheiden zu lassen, ihm jeden Wunsch von den

Augen abzulesen und gar nicht zu wissen, was ich eigentlich möchte. Das wird wirklich besser.

Ein Beispiel: Letzten Mittwoch hatten wir eigentlich geplant, abends zusammen schwimmen zu gehen. Ich hatte aber schon den ganzen Tag Kopfschmerzen und wollte nach dem anstrengenden Tag nur noch auf meinem Sofa kuscheln. Früher hätte ich nichts gesagt und mir womöglich noch eine Migräne eingefangen, weil mir alles viel zu viel geworden wäre. Aber nun habe ich es das erste Mal geschafft zu sagen, dass ich keine Kraft mehr habe, an diesem Tag schwimmen zu gehen. Und oh Wunder, er fand das gar nicht schlimm! Er selbst wirkte sogar eher etwas erleichtert und machte es sich neben mir auf dem Sofa bequem.

Und ich versuche, mich nicht komplett an ihn zu hängen. Fußball oder die Sneak preview im Kino guckt er traditionell mit seinen Jungs. Theoretisch ist mir schon klar, dass man dazu nicht seine neue Flamme mitschleppt. Emotional konnte ich das jedoch nie einsehen und hatte ein ungutes Gefühl. Dieses Gefühl halte ich jetzt besser aus, schenke ihm nicht zu viel Bedeutung und mache dann bewusst etwas Schönes für mich. Letztens war ich allein in der Dampf-Sauna. Herrlich …«

»Das sind ja gute Neuigkeiten«, bekräftigt Sarah. »Fast zu schön, um wahr zu sein! Das ziehst du echt so durch?«

»Naja, immer klappt es nicht. Und vielleicht habe ich das jetzt alles ein bisschen zu positiv dargestellt. Es gibt schon Situationen, in denen ich unsicher bin und mich dann auch nicht mehr traue, meine Meinung zu sagen. Wie ihr wisst, mag ich zum Beispiel Schlager echt gerne. Und dazu stehe ich normalerweise – auch wenn ziemlich viele Leute die albern finden … Aber er hat kürzlich einen spöttischen Spruch über Helene Fischer gemacht, und jetzt traue ich mich echt nicht, ihm zu verraten, dass ich die super finde und schon mal auf einem Konzert von ihr war. Da kommt bei mir wieder das Gefühl auf, total lächerlich und blöd zu sein und seine Liebe nicht zu verdienen, weil ich so einen schlechten Geschmack habe. Ach Mann, das ist doch blöd …«

»Na, daran können wir arbeiten«, sagt Sarah. »Wir haben demnächst unser Spätsommerkonzert mit dem Chor und singen auch ein paar tolle kitschige Schlager. Ich würde mich natürlich riesig freuen, wenn ihr beide kommt. Dann können wir ja mal sehen, ob du dich traust, ihm zu verraten, dass dir die Schlager gefallen …«

Ellie lacht: »Klar, mein schräger Geschmack gehört zu mir. Im Gegenzug toleriere ich ja auch viele andere Musikstile, mit denen ich eigentlich nichts am Hut habe. Und Martin geht mit vielen Themen sehr tolerant um. Also, warum so einen Aufstand um Helene Fischer machen … Hihi.«

»Wie wäre es mit einem kleinen Trainingsprogramm?«, schlägt Leonore vor. »Wir sammeln jetzt mal ein paar deiner peinlichen Punkte, zu denen du bei uns gut stehen kannst, die du aber vor ihm verstecken würdest. Dann sortieren wir die aus, für die wir uns auch schämen würden, und den Rest ›gestehst‹ du ihm peu à peu in den nächsten Wochen – nur so zum Training natürlich …«

Die Idee macht allen Spaß. Angeregt diskutieren die drei bei einem weiteren Glas Wein, welche Punkte noch auf Ellies Liste gesetzt werden müssen: Die Chanel-Sonnenbrille aufsetzen, die ihr eigentlich super gefällt, aber wegen der Marke peinlich ist. Beim Sex das Licht mal anlassen und es aushalten, wenn er sie von oben bis unten betrachtet. Preisgeben, dass sie, wenn sie traurig ist, drei Tafeln Schokolade mit Netflix inhaliert und dass sie schnarcht, wenn sie Alkohol getrunken hat. Erzählen, dass sie mehrmals die Woche mit ihrer Mutter telefoniert. Zugeben, dass sie einmal sitzen geblieben ist und ihr Abi erst in der Abendschule gemacht hat …

Gerade hat Ellie sich vor allem die Aufgabe vorgenommen, die Diener-Rolle etwas in die Schranken zu weisen. Das ist der wichtigste und größte Schritt, den sie gehen muss, um mehr in die Rolle des erwachsenen Ich zu kommen! Diese große Aufgabe besteht genau genommen eher aus vielen kleinen Schritten, die sie gehen muss, denn »auf Knopfdruck« ist sie garantiert nicht zu bewältigen.

ES GIBT VERSCHIEDENE WEGE, AUS DER DIENER-ROLLE IN DIE ROLLE DES ERWACHSENEN ICH ZU KOMMEN

Wenn du selbst keine starke Diener-Rolle hast, dann findest du diese Vorschläge vielleicht fast ein bisschen absurd. Aber für Menschen mit starker Diener-Rolle können dies richtige Herausforderungen sein!

- **Eigene Vorschläge machen.** Was magst du heute Abend kochen, wo magst du mal zum Essen hingehen? Welchen Wein möchtest du zum Abendessen trinken, bring davon ruhig zwei Flaschen mit! Bestimmt gibt es auch Unternehmungen, Ausflüge, Kinofilme, Ausstellungen oder Theaterstücke, auf die du Lust hast. Oder eine Sportart, die du mal ausprobieren möchtest. Und wenn das, was du dir ausgedacht hast, mal nicht schmeckt oder dir selbst und/oder dem Partner nicht gefällt, dann habt ihr was zum Reden und lernt euch besser kennen – auch gut!
- **Situationen gestalten und eigene Wünsche ausdrücken.** Frühstückst du gerne im Bett, hörst zum Abendessen gerne Jazz, trinkst zum Frühstück am liebsten Milchkaffee und Tee? Magst ein Kissen mehr im Bett oder eine Wärmflasche an die Füße, vor dem Abendessen noch ein bisschen Klavier spielen? Wenn du solchen Wünschen nachgehst, zeigst du auch etwas von dir und

deinen Bedürfnissen. Viele kleine und hübsche Gelegenheiten, aus der Diener-Rolle auszubrechen, in der man nur fragt, wo er am liebsten frühstückt und welche Musik er dazu gern hören möchte …

- **Grenzen setzen, auch mal eine kleine Ansage machen.** Magst du es echt nicht, wenn er dir beim Wäscheaufhängen hilft, wenn er die Plastikdosen noch nass aus der Spülmaschine in den Küchenschrank räumt, wenn er den Marmeladenlöffel ableckt? Das ist ganz normal, jeder darf seine kleinen Eigenheiten haben, bei denen er nicht mag, dass andere reinpfuschen. Sag ihm das ruhig, und sei nicht beleidigt, wenn es ihm in manchen Punkten genauso geht!
- **Vorlieben beim Sex zeigen.** Magst du mal ein bisschen härter angefasst werden oder deinen Partner ein bisschen härter anfassen? Die Klamotten anlassen, eine andere Stellung, Sex vor dem Spiegel oder auf dem Küchentisch? Oder magst du irgendetwas davon gerade nicht, aber er macht es dauernd? Wenn du ihn deine Vorlieben beim Sex wissen lässt, tust du etwas für euch beide und für die Beziehung!

Wenn du dich so langsam aus der Deckung der Diener-Rolle wagst, starte ruhig klein-klein und Schritt für Schritt. Keine Sorge, wenn du merkst, dass das alles nicht so tragisch ist oder sogar gut ankommt, wird es dir ganz rasch immer leichter fallen! Es ist auch nicht schlimm, wenn du damit zu Beginn nicht besonders spontan bist, sondern dir regelrecht überlegen musst, worauf du jetzt fürs Abendessen denn überhaupt Lust haben könntest … Wenn es für dich neu und ungewohnt ist, deine eigenen Vorstellungen einzubringen, dann läuft es anfangs in der Regel auch etwas holprig – macht nichts!

Ziel ist nicht, deine Diener-Rolle zu verdammen und sie von heute auf morgen komplett hinter dir lassen zu wollen. Ziel ist es, dieser Helfer-Rolle durch kleine Experimente zu zeigen, dass es einen erwachsenen, gesunden Weg gibt. Sobald du diese kleinen Veränderungen im Alltag übst, wird dein erwachsenes Ich automatisch stärker – und das willst du ja auch erreichen! Aber Achtung: Es können natürlich auch diejenigen Rollen aktiviert werden, vor denen dich die Diener-Rolle normalerweise schützt – das traurige Kind und der strenge Richter. Vielleicht fühlst du dich auf einmal ganz nackig und ungeschützt, wenn du deutlich sagst, was du willst (trauriges Kind). Oder du findest dich selbst total eingebildet oder überheblich oder unangemessen (strenger Richter). Wie du mit diesen Rollen umgehen und wie du sie verändern kannst, damit werden wir uns in den nächsten Kapiteln noch genauer befassen. Dann wird es darum gehen, das traurige Kind zu trösten und zu beruhigen und die Sprüche des strengen Richters zu bekämpfen.

Alternativen zum Kämpfen

»Und dein seriöser Lukas – gibt's den immer noch?«, hakt Ellie jetzt bei Leonore nach.

Leonore berichtet: »Ja, Lukas gibt es noch, aber es bleibt ein bisschen mau. Objektiv gibt es nichts an ihm auszusetzen. Ein Gentleman, wie er im Buche steht und der vieles mitmacht. Ich habe das sogar ausprobiert, was ihr das letzte Mal vorgeschlagen habt, den Kick woanders zu suchen als im erotischen Abenteuer. Konkret waren wir in der Kletterhalle und haben eine Tour mit dem Heißluftballon gemacht. Grade überlegen wir, mal mit dem Fallschirm einen Tandemsprung zu machen oder vielleicht Bungee-Jumping. Das ist alles schön und gut, aber, ihr Lieben, ich komme mir immer ein bisschen vor, als würde ich im Jochen-Schweizer-Katalog blättern und dann den Freizeitwert mit Kick auf Amazon bestellen. Das ist doch widersinnig! Echtes Abenteuer ist doch, was das Leben bietet, spontan und ungeplant. Also, all die Psychologen in Ehren, und die Optimierung des ganzen Beziehungslebens – und natürlich produzieren wir so auch wunderbare Selfies für die Welt der sozialen Medien –, aber meins ist es trotzdem nicht.«

»Das klingt fast so, als gäbe es schon wieder ein neues ›echtes‹ Abenteuer am Horizont …«, stellt Sarah fest.

Leonore grinst. »Das will ich nicht ausschließen. Auf jeden Fall besuche ich nächste Woche meine Cousine, die in Barcelona lebt. Dort lernt man immer viele spannende Menschen kennen, eine ganz internationale Mischung, und da geht immer was … Mal schauen, was mich dort erwartet. Lukas kann nicht dabei sein, da er so kurzfristig nicht freibekommen hat. Wenn ich ehrlich bin, stört es mich aber auch gar nicht.«

Ellie muss wieder mal an Leonores Kinderwunsch denken: »Wenn man deine Beziehungen der letzten Jahre mal Revue passieren lässt, dann sieht es ja wirklich nicht danach aus, dass du mal jemanden so lange behältst, bis eine Familie gegründet ist.«

Da wird Leonore wieder etwas ernster: »Damit hast du wohl recht, Ellie, ich befinde mich in einer Zwickmühle. Ich sehe ein, dass ich meinem Wunsch nach einer Familie so nicht näherkomme. Doch sollte ich deswegen meinen Spaß am Abenteuer verleugnen? Der Wunsch nach trauter Zweisamkeit mit einem Mann ist bei mir einfach nicht vorhanden. Dafür habe ich ja auch euch zwei. Ihr seid für mich so was wie eine Familie. Mit euch zoffe ich mich auch mal und hänge dann gern wieder mit euch auf dem Sofa ab, wenn am Ski-Wochenende Nebel herrscht. Doch mit einem Mann, mit dem ich guten Sex haben kann, geht das nicht. Vielleicht sollte ich mir einen schwulen Mann suchen, um eine Regenbogenfamilie zu gründen.«

Sarah und Ellie sind nicht ganz sicher, ob sie das ernst meint – zuzutrauen wäre es Leonore. Ellie hat tatsächlich einen schwulen Freund, der sich mit seinem Mann immer ein wenig nach einer Regenbogen-Mutter umschaut. »Also, wenn du das wirklich ernst meinst, könnte ich John und Erik fragen, falls du magst.«

Leonore meint das durchaus ernst. »Wenn ich das Problem lösen könnte, dann wäre ich völlig happy mit meinem Leben. Bitte horch doch bei den beiden mal nach – das kostet ja nix. Und wer weiß, vielleicht stimmt die Chemie ja sogar.« Ellie schüttelt den Kopf. »Wie kann man nur so unterschiedlich ticken?! Ich würde mich ja für euch freuen, wenn euer Herzenswunsch auf diese unkonventionelle Art in Erfüllung ginge. Aber für mich ist die Vorstellung, eine Vater-Mutter-Kind-Familie zu gründen, richtig schön … naja, jedem das Seine!«

Wenn du eine starke Blender-Rolle hast, dann musst du schon richtig motiviert sein, um sie zu reduzieren. Die guten Gefühle, die dir diese Rolle verschaffen, sind einfach zu schön, um leicht von ihnen zu lassen. Und umgekehrt sind die Möglichkeiten, die sich auftun, wenn die Blender-Rolle schwächer wird, oft ganz schön abstrakt und auch nicht wirklich sicher. Denn woher sollte Leonore zum Beispiel sicher wissen, ob ihr neuer Lukas, den sie gerade mal ein paar Monate kennt, wirklich langfristig ein guter Partner und toller Vater wäre? Es ist ja Tatsache, dass viele Beziehungen in die Brüche gehen – warum dafür auf so vieles verzichten?

So eine Blender-Rolle aufzugeben, kann so ähnlich sein, wie eine Sucht zu beenden. Du musst runter von etwas, was dich inspiriert, antörnt und high macht. Kurzfristig ist das eher scheußlich – den Gewinn hast du aber auf lange Sicht. Bei einer Sucht ist meist offensichtlich, dass du damit auf Dauer deine Gesundheit ruinierst. Bei der Blender-Rolle wird dir die negative Seite nicht leicht klar.

ES GIBT VERSCHIEDENE WEGE, AUS DER BLENDER-ROLLE IN DIE ROLLE DES ERWACHSENEN ICH ZU KOMMEN

Wichtig ist, dass du dafür richtig motiviert bist, denn es wird vielleicht ein bisschen anstrengend und langweilig. Deshalb ist es auch gut, dir noch mal in Ruhe zu überlegen und zu vergegenwärtigen, warum du das überhaupt ändern willst.

- **Sich Gründe für die Verringerung der Blender-Rolle noch einmal bewusst machen.** Warum willst du die Blender-Rolle reduzieren? Was hat sie langfristig für Nachteile? Wo landest du, wenn du damit nie aufhörst? Und was bringt es dir langfristig, wenn du mehr im erwachsenen Ich Verantwortung übernimmst? Mit welchem »Lohn« kannst du dann langfristig rechnen?
- **Typische Aktionen der Blender-Rolle schrittweise unterlassen.** Was machst du besonders viel in der Blender-Rolle? E-Mail-Flirts, Tinder-Chats, mehrere Partner nebeneinander jonglieren, immer wieder neu auf die Jagd gehen? Nimm dir einen Aspekt davon vor, und probiere mal aus, es bleiben zu lassen. Wie geht es dir damit? Vielleicht nehmen der Druck und das Verlangen, es doch zu tun, erst mal noch zu. Aber nach einer Weile merkst du, wenn du es durchhältst, dann auch, wie das Verlangen danach etwas weniger wird und sich allmählich beruhigt? Tun sich andere Bereiche im Leben auf, die vielleicht auch interessant sind, obwohl sie etwas ruhiger sind?
- **Ersatz für die Abenteuer des Blender-Modus suchen.** Wenn du ein großer Blender-Typ bist, dann wirst du nie zum Lamm. Welche Herausforderungen kannst du dir suchen, die dich auch fordern und packen, aber dir gleichzeitig stabile Beziehungen erlauben? Wie kannst

du interessanten und anregenden Kontakt mit anderen Menschen haben und gleichzeitig auf die ungünstigsten Blender-Gewohnheiten in Beziehungen verzichten? Dafür eignen sich oft sportliche oder genussreiche Aktivitäten, z. B. Klettern, Bergwandern, Kite-Surfen oder zum Wein- oder Whiskey-Kenner werden.

Vermeidung vermeiden

»Und bei dir, wie läuft es da? Ist dein Niklas aus dem Chor noch am Start?«, wird Sarah gefragt.

Sarah erstattet Bericht: »Ja, Niklas ist noch da. Und ich hoffe, er bleibt es auch. Ich fühle mich fast so, als seien wir ein Paar. Aber mit Tim ist auch noch alles beim Alten. Es fällt mir nicht leicht, über meinen Schatten zu springen, doch ich habe Niklas zu einem Konzert eingeladen, wo ich echt nicht wusste, wie er es finden würde. War ich aufgeregt! Zum Glück hat es ihm gut gefallen und der Abend bleibt unvergessen. Ich wusste gar nicht, dass es mit einem anderen Menschen so schön sein kann. Und das macht mir wiederum auch total Angst. Was wäre, wenn Niklas plötzlich nicht mehr wollte und gehen würde? Das wäre schlimm. Ich meine, nichts deutet darauf hin, doch die Ängste kommen aus dem Nichts einfach in mir hochgekrochen und schnüren mir meine Kehle zu.«

»Ach liebe Sarah, das freut mich so zu hören.« Ellie jubelt fast. Sie freut sich so für ihre alte Freundin – schon so lange wünscht sie ihr mehr Glück in der Liebe, und endlich scheint das wahr zu werden. »Was hast du denn noch so für Pläne, was du mit ihm machen möchtest?«

> Sarah träumt ein bisschen: »Da gibt es eine Menge Ideen. Ich surfe bei Reiseveranstaltern auf den Webseiten herum und plane den perfekten Urlaub am Palmenstrand und türkisen Meer. Mal ist es Griechenland im Sommer, mal Lissabon mit dem Zug. Na ja, träumen konnte ich schon immer gut, doch mit Niklas soll es Realität werden. Beginnen möchte ich mit einem Wochenende am Meer. Und dann gibt es noch ein Chor-Event, wie ein Kongress, mit lauter Workshops, das geht über vier Tage – dahinzufahren mit Niklas, das wäre ein Traum, wir haben sogar schon mal darüber gesprochen …«

Jetzt scheint Sarah richtig in Schwung zu kommen. Ihre Flüchtenden-Rolle, die sie jahrelang wie eine feste Rüstung trug, schmilzt schon fast dahin. Mit jedem Schritt, den sie geht, wird sie mutiger. Das ist das Gute, wenn du die Befreiung aus so einer Rolle in Angriff nimmst: Jeder Schritt ins Leben, jeder Schritt aus dem Schutz heraus kann Belohnungen bereithalten. Wenn du dich einmal getraut hast loszugehen, dann kann dich, wenn es gut läuft, irgendwann nichts und niemand mehr aufhalten. Denn die positiven Rückmeldungen, die du bekommst, und die schönen Erfahrungen, die du machst, sind einfach wunderbare Belohnungen. Und sie sind ein riesiger Ansporn weiterzumachen. Gleichzeitig bekommst du immer mehr Ideen, wo du weitermachen könntest, denn je mehr du ausprobierst, desto mehr Wege tun sich auf.

ES GIBT VERSCHIEDENE WEGE, AUS DER ROLLE DES FLÜCHTENDEN IN DAS ERWACHSENE ICH ZU KOMMEN

Dabei ist es eigentlich immer ratsam, klein anzufangen. Aber wenn du erst mal in Fahrt bist, dann back ruhig größere Brötchen, die schmecken erst recht lecker!

- **Experimente machen.** Wenn du nicht sicher bist, was dir gefällt und wo du deine Vermeidung als Erstes angehen willst, dann plane ruhig einfach mal Experimente. Probiere einfach aus, ob du lieber ins Kino, ins Theater, in die Oper, zu einer Demo oder in den Klub gehst. Geh mit verschiedenen Leuten weg, und schau dir an, was dir taugt und was nicht. Bestimmt machst du dabei auch mal seltsame Erfahrungen, aber ganz sicher lernst du, was dir gefällt und wie du da hinkommst.
- **Balance zwischen Herausforderung und Überforderung finden.** Gerade wenn man lange in der Rolle des Flüchtenden war, kann man schwer einschätzen, wie viel man gut aushält und wann es zu viel wird. Wenn du nie auf einem Schiff warst und Menschen immer gemieden hast, ist ein spontaner Segeltrip mit zehn Leuten auf einem engen Zweimaster zum Beispiel vermutlich zu viel des Guten … Sei lieb mit dir, und nimm es dir nicht übel, wenn du dich mal verschätzt – im Zweifel kannst du immer das Tempo etwas rausnehmen und eine Sache auch ein zweites Mal angehen.
- **Sich klarmachen, dass nichts passieren kann.** Wenn du lange in der Rolle des Flüchtenden warst, machst du dir vielleicht alle möglichen Sorgen, was passieren kann, wenn du die Rolle verlässt. Nun, in aller Regel passiert definitiv nichts Schlimmes – du erlebst ungewohnte

Dinge und bist vielleicht mal ein wenig überfordert, aber das war's auch schon.

- **Sicherheitssymbole einsetzen.** Je mehr du dich raustraust, desto größer ist die Wahrscheinlichkeit, dass sich die Rolle des traurigen Kindes in dir meldet und besorgt ist, ob das alles gut geht. Es kann hilfreich sein, dir ein Symbol zu suchen, das dem traurigen Kind in dir vermittelt, dass alles in Ordnung ist. Fällt dir ein Symbol ein, das das für dich darstellt? Zum Beispiel eine Muschel von deinem Lieblingsstrand oder ein Bild von einer schönen Wiese? Wenn du solche Symbole für Sicherheit in deinen Alltag einbaust, hast du immer wieder einen kleinen Schutz vor den Sorgen des traurigen Kindes, ohne gleich wieder in die Rolle des Flüchtenden verschwinden zu müssen.

Natürlich kann es dir auch passieren, dass sich dein trauriges Kind meldet, wenn du aus der Helfer-Rolle des Flüchtenden herausschlüpfst und die Rolle des erwachsenen Ich erkunden möchtest. Oder dein strenger Richter meckert, dass du es übertreibst, dich zu wichtig nimmst und dass du das alles nicht verdient hättest. Was du dagegen tun kannst, darum geht es in den folgenden Kapiteln immer wieder.

Niemand ist eine Insel

Deine Veränderungen können deine Umgebung ganz schön irritieren

In diesem Buch geht es zwar hauptsächlich um deine Liebesbeziehungen, aber natürlich bist du auch auf vielfältige Weise mit weiteren Personen verknüpft. Bei denen nimmst du vielleicht auch ganz andere Rollen ein als bei deinem Partner. Wenn du anfängst, deine Helfer-Rollen zu reduzieren, dann änderst du auf einmal einige Dinge in deiner Interaktion. Und je mehr gute Erfahrungen du damit machst, umso mehr wirst du voranschreiten. Je nachdem wie stark deine Helfer-Rolle in all deinen Beziehungen war, kann das nur wenige oder auch ziemlich viele Menschen in deinem Umfeld betreffen.

Das ist für dich zunächst ungewohnt, aber auch für die anderen. Die haben schließlich bisher viel Zeit gehabt, sich an deine alten Muster zu gewöhnen … Deshalb solltest du damit rechnen, dass du manchmal irritierte oder erstaunte und nicht immer nur positive Reaktionen erntest. Dabei gibt es natürlich Unterschiede, je nachdem, mit wem du es zu tun hast – und je nachdem, welche Helfer-Rolle bei dir bisher im Vordergrund stand.

Wenn du stark zur Rolle des Dieners neigst, dann haben davon vielleicht einige Leute in deinem Umfeld sehr profitiert. Du hast sie immer gut versorgt, dich um sie gekümmert, viel gegeben und vermutlich sehr viel weniger gefordert. Das war für die anderen größtenteils sehr komfortabel – entsprechend irritiert reagieren sie sicher auf deine Veränderung: Was ist denn plötzlich los, wieso bekomme ich weniger Aufmerksamkeit? Sicherlich wirst du auch engere Freundinnen oder Freunde haben, die sich freuen, dass du dich nun besser um dich selbst kümmerst. Aber gerade die Menschen, die dich weniger eng auf deinem Weg begleiten, finden deine Veränderungen vielleicht erst mal nicht so schön.

Wenn du bisher zur Rolle des Flüchtenden neigst, dann werden sich manche Menschen sicher auch freuen, wenn du etwas offener wirst. Während andere in deinem Umfeld, die sich gut mit dir arrangiert haben, weil sie selbst auch flüchtende Vermeider sind, unter Umständen richtig Angst bekommen können.

Um diese Irritationen für alle möglichst gering zu halten, ist es generell günstig, wenn du in kleinen Schritten vorangehst. Radikale Veränderungen sind viel schwerer zu verstehen und zu akzeptieren als allmähliche Entwicklungen – sowohl für dich als auch für die anderen. Dabei wird es vermutlich nicht klappen, dass du immer optimal voranschreitest – das macht aber nichts!

Es ist auch sinnvoll, anderen mitzuteilen, was los ist. Du musst ja nicht ins Detail gehen: Es braucht nicht jeder deine innersten Beweggründe, warum du etwas verändern möchtest, zu kennen. Manchmal reicht auch ein kleiner Scherz, mit dem du erklärst, dass du jetzt mal dran bist.

Wenn du eher zur Blender-Rolle neigst, ist es wahrscheinlich, dass deine Umwelt sogar in erster Linie erfreut reagiert. Denn vermutlich hörst du damit auf, andere von oben herab zu behandeln oder aggressiv anzugehen. Das kann allerdings auch mal Misstrauen schüren – nach dem Motto: »Was will sie jetzt von mir, warum ist sie auf einmal so nett?«

Wir empfehlen dir einerseits, ein bisschen vorsichtig zu sein. Andererseits können solche Situationen auch Gelegenheiten sein, die Spreu vom Weizen zu trennen. Wenn du zum Beispiel feststellst, dass bestimmte Freundinnen, von denen du dich eh immer schon ein wenig ausgenutzt gefühlt hast, gar nichts Gutes daran finden können, dass du dich selbst etwas mehr in den Mittelpunkt stellst, dann sind das vielleicht auch keine guten Freundinnen. Lass sie genauso ziehen wie die Partner, die dir nicht guttun und mit denen du dir dein Leben nicht mehr verderben möchtest! Konzentriere dich auf die, die sich in der Rolle des erwachsenen Ich mit dir freuen und mit dir dein neues Leben genießen wollen.

Konflikt mit der Mutter

Es ist mal wieder ein Spieleabend dran, Leonore hat gekocht. Beim Kartenverteilen und zwischen den Runden werden die letzten Neuigkeiten ausgetauscht.

Ellie ist guter Dinge. Ihr geht es richtig gut mit ihrer neuen Beziehung.

Sie berichtet: »Mit Martin habe ich eine schöne Zeit und es wird eher immer besser und vertrauter. Mittlerweile finde ich es auch gut, dass er auch mal was mit seinen Jungs unternimmt und ich etwas Ruhe für mich habe. Wer hätte das gedacht. Früher wäre so was undenkbar gewesen.

So weit, so gut. Doch nun habe ich Stress an einer ganz anderen Front. Meine Mutter wird ungemütlich. Wir haben uns immer gut verstanden und hatten einen engen Kontakt. Jetzt habe ich etwas weniger Zeit, da ich viel unterwegs bin. Eigentlich sollte sie das doch freuen, stattdessen ist sie mir gegenüber vorwurfsvoll, so nach dem Motto: ›Ich bin dir wohl gar nicht mehr wichtig.‹«

Leonore ist etwas überrascht: »Ich dachte, das ist oft ziemlich nervig mit deiner Frau Mama? Weil sie so viel jammert und du dich ganz schön für sie zuständig fühlst – auch bei Sachen, die sie eigentlich noch selbst regeln könnte! Telefoniert ihr nicht dauernd?«

Ellie nickt traurig: »Ja, das stimmt. Drei- bis viermal die Woche haben wir miteinander gesprochen. Wenn etwas

Wichtiges anlag, sogar jeden Tag. Und ich habe ihr immer offen von meinen Problemen mit Männern berichtet. Sie hat mit mir mitgefiebert und stand mir bei, wenn ich mal wieder am Boden zerstört war. Dann haben wir den bösen Mann zusammen fertiggemacht.

Bei Martin ist es nun etwas anders. Wenn ich ihr erzählen würde, dass er auch mal ohne mich mit Freunden loszieht und zum Beispiel ins Kino geht, würde sie voller Bedenken auf mich einreden: ›Kind, wer weiß, was der noch so macht …‹ Diese Äußerungen würden mir gar nicht guttun. Ich kämpfe schon genug mit mir, um in diesen Situationen ruhig zu bleiben.«

»Nachtigall, ich hör dir trapsen …«, murmelt Sarah. »Meine Mutter ist da ganz ähnlich: pessimistisch, immer nur das Negative sehen. Das haben wir von ihnen, glaube ich, auch vorgelebt bekommen. Kann das sein, dass es deiner Mutter eigentlich lieber wäre, ihr wärt noch im alten Modus unterwegs – sich immer schön zusammen aufregen über die Typen, und dann kann sie dich trösten, wenn du im Liebeskummer ertrinkst?«

Ellie wird nachdenklich: »Puh, das hört sich echt fies an. Ich bin halt nicht mehr ihre kleine Ellie, die immer sofort zu Mama rennt …«

Leonore lacht. »Da würde ich an ihrer Stelle aber auch schwer zickig werden! Wie willst du damit weiter umgehen?«

»Ich weiß es echt noch nicht. Meine Mutter ist mir sehr wichtig und das soll sie auch bleiben. Sie sollte nur aufhören, beleidigt zu sein und alles infrage zu stellen, nur weil ich nicht mehr jeden zweiten Tag, sondern nur noch jeden dritten oder vierten Tag bei ihr anrufe. Und was ich ihr erzähle, muss doch meine Sache sein. Sie ist doch eigentlich alt genug, um das einzusehen, oder?«

»Naja, im Prinzip sicher … Aber dass sie es jetzt ganz toll finden soll, dass sie neuerdings nicht mehr die Nummer 1 in deinem Leben ist? Ich kann nachvollziehen, dass es für sie schwierig ist, wenn ich ehrlich bin …«

Ellie regt das auf. »Bitte? Willst du mich veräppeln? Sag bloß, du findest es in Ordnung, was sie jetzt macht? Seit Jahrzehnten bin ich immer ihre liebe kleine Ellie, und jetzt rufe ich ein paarmal weniger an, und sie zickt rum. Das ist doch überhaupt nicht in Ordnung! Und du verteidigst sie noch!«

»Schatzilein, Leo verteidigt sie doch nicht«, mischt sich Sarah jetzt ein. »Du bist grade ein bisschen ungerecht zu ihr. Sie sagt lediglich, dass man verstehen kann, dass deine Mutter jetzt frustriert ist – jahrzehntelang hat sie eine brave liebe Ellie, die immer Bericht erstattet über jeden Pups, den sie tut. Und jetzt hat Ellie auf einmal nicht mehr dauernd Zeit. Ist doch klar, dass ihr das nicht schmeckt. Dass dich das ärgert, das können wir natürlich schon verstehen.«

Ellie ist ein bisschen getroffen. »Aber das ist doch total ungerecht – das muss sie doch einsehen! Sie soll sich vernünftig benehmen und alles ist gut. Dann telefoniere ich auch meinetwegen zweimal die Woche weiterhin mit ihr – aber jeden zweiten Tag, das geht halt nicht mehr.«

»Das klingt nach einem Kompromiss, und Kompromisse sind doch meistens eine feine Sache. Ich denke nicht, dass du entweder die 100 Prozent brave Ellie bleiben musst oder als Alternative die Ober-Rebellin wirst, die sich komplett gegen sie wendet. Ein Kompromiss wäre doch genau so was, wie du vorgeschlagen hast. Du erzählst ihr nicht mehr alles und nicht mehr alle zwei Tage – aber zweimal die Woche kurz sprechen, das bekommt ihr hin.«

Als Sarah das so sagt, kippt Ellies Stimmung auf einmal, plötzlich wird sie ganz leise und traurig. Sie fängt fast an zu weinen. »Wenn ich das höre, dann macht mich das total fertig. In einem Moment bin ich auf meine Mutter total sauer und genervt, da ich das Recht habe, mein Leben zu leben.

Wann, wo und mit wem ich will. Da hat sie sich einfach nicht einzumischen! Und im nächsten Moment bin ich extrem traurig, da ich denke, ich werde es nie schaffen, mich von Muttis Rockzipfel zu befreien, wirklich selbstständig zu werden und eine tolle Beziehung zu haben. Und wenn sie dann auch noch sauer auf mich ist, denkt eine Seite in mir: ›Oh mein Gott, was ist, wenn sie mich auch noch verlässt?‹ Das würde ich nicht überleben …

Außerdem mache ich mir manchmal Sorgen – sie ist ja schon alt und echt etwas unselbstständig. Was ist, wenn ihr was passiert, und ich bekomme es nicht mit, weil wir nicht telefoniert haben? Ich würde mir mein Leben lang Vorwürfe machen! Damit käme ich überhaupt nicht zurecht!«

Sarah und Leonore schauen sich an und Leonore lässt Sarah den Vortritt: »Ellie, das ist totaler Quatsch. Dein Weg ist super. Wie du dich mit Martin grade mauserst, das ist genau richtig! Jetzt darfst du nicht einknicken, weil deine Mutter dich emotional erpresst. Ich kann dich gut verstehen, in mancher Hinsicht tickt meine Mutter ähnlich, und das macht einen völlig fertig und man fühlt sich total schuldig. Aber – sie hat dazu kein Recht, und es hilft dir nicht weiter – ihr übrigens auch nicht!«

Leonore ergänzt: »Und wenn du dir wirklich Sorgen machst, dass ihr was passiert, dann solltest du mal drüber nachdenken, ob sie eine speziellere Unterstützung braucht. So was wie einen Haus-Notruf. Hatten meine Großeltern lange Zeit, das war total praktisch. Wenn du wirklich verhindern willst, dass sie mit gebrochenen Beinen unten an der Treppe liegt und niemand es merkt, dann braucht sie so was – und nicht ihre kleine Ellie, die vielleicht zufällig an dem Tag Telefondienst hat und deshalb nach 8 Stunden das Telefon bimmeln lässt!«

Ellie seufzt. »Puh, das klingt heftig, aber im Grunde habt ihr recht. Danke, dass ihr da seid und mir zuhört und so viel Geduld mit mir habt. Sorry, dass ich eben so emotional geworden bin. Martin, Mama und der ganz normale Alltagswahnsinn fordern mich aktuell doch ziemlich stark. Ich brauche einen Plan: Zweimal die Woche rufe ich sie an und erzähle ihr das, was ich erzählen möchte. Falls sie wieder mit ihren bohrenden Nachfragen beginnt, lenke ich das Thema um und stelle eine Gegenfrage: ›Was macht eigentlich Frau Meyer? Hast du mit ihr mal wieder ein Käffchen getrunken?‹ Natürlich wird sie meine Strategie durchschauen, sie ist ja nicht blöd. Doch falls sie beleidigt reagiert, dann werde ich versuchen, es im ersten Moment zu ignorieren. Und falls das nicht klappt, muss ich vielleicht auch mal klar ›Stopp‹ sagen.«

»Ein ausgezeichneter Plan!« Leonore strahlt. »Ich bin gespannt, wie es weitergeht.«

Was Ellie gerade mit ihrer Mutter erlebt, passiert ziemlich häufig, wenn wir unser Verhalten in Beziehungen ändern. Die anderen kennen uns nur in unseren gewohnten Verhaltensweisen und sind irritiert, weil wir diese nun ändern. Vermutlich würde es dir genauso gehen: Stell dir eine Kollegin oder Freundin vor, die sich immer ganz lieb und reizend darum gekümmert hat, dass die Küche aufgeräumt ist, die Spülmaschine läuft und die Blumen gegossen sind. Und plötzlich grenzt sich diese Kollegin ab, hängt einen Küchenplan auf, und dir fällt auf, dass die Blumen vertrocknen. Vermutlich wärst du auch erst mal genervt und würdest dich über sie ärgern – obwohl sie ja eigentlich recht hat. Es ist ja wirklich unfair, dass sie so einseitig alle Aufgaben übernimmt und für alle mitdenkt. Aber wenn der ganze Laden sich so an sie gewöhnt hat, dann wird ihr nicht ohne Weiteres zugestanden, aus diesem Muster auszusteigen. Stellt sie genau wie alle anderen ihre Tasse nur noch auf den Tisch, anstatt alles, was da schon steht, in die Spülmaschine zu räumen, wird sie viel mehr negative Reaktionen oder zumindest stillen Ärger von dir und den Kollegen abbekommen als alle, die das noch nie anders gemacht haben.

Dieser Effekt ist übrigens umso stärker, je mehr die anderen bisher von unseren Rollen profitiert haben. Der Kollege, der noch nie die Spülmaschine eingeräumt hat und es plötzlich tut – über den würdest du dich vermutlich nicht ärgern … Aber doch ein wenig wundern und vielleicht auch misstrauisch reagieren: »Was bezweckt er damit, dass er auf einmal so lammfromm und sozial ist?«

Insofern ist es kein Wunder, dass Ellies Mutter, die ihre Tochter jahrzehntelang in der Diener-Rolle genießen konnte, ziemlich frustriert und verärgert ist über das, was sie gerade mit ihr erlebt. Und sie ist es ja ohnehin gewohnt, Ellie so zu behandeln, wie sie will – deshalb lässt sie sie ihre negativen Gefühle auch ziemlich deutlich spüren.

Wir denken, dass Ellie das ein bisschen verstehen und akzeptieren sollte. Ihr Weg ist der richtige, aber für andere kann er einen kleinen Schock bedeuten – es ist gut, wenn man es schafft, das ein bisschen zu bedenken und den anderen ein wenig zu schonen. Dazu muss man allerdings seinen eigenen Ärger und seine eigene Enttäuschung überwinden und versuchen, ein wenig über der Sache zu stehen!

Das ist für Ellie nicht einfach, denn die Vorwürfe ihrer Mutter aktivieren ihr trauriges Kind und auch ihr wütendes Kind. Diese Rollen fühlen sich getroffen von den Vorwürfen der Mutter. Das traurige Kind fühlt sich bedroht und hat Angst, alleinegelassen zu werden. Das wütende Kind ist empört über die Ungerechtigkeit und würde am liebsten um sich schlagen. Beides sind nachvollziehbare heftige Gefühlsreaktionen bei Ellie. Sie muss es schaffen, diese beiden Rollen ein wenig zu besänftigen, damit das erwachsene Ich wieder das Steuer übernehmen und mehr Ruhe in die Situation bringen kann.

Verhaltenstipps

WIE KANNST DU DAMIT UMGEHEN, WENN ANDERE IRRITIERT DARAUF REAGIEREN, DASS DU DICH IN BEZIEHUNGEN VERÄNDERST?

- **Irritationen verstehen.** Zunächst ist es wichtig, dass du diese Reaktionen verstehen kannst – sonst kannst du nicht verständnisvoll und diplomatisch damit umgehen. Versuch, dich in die Perspektive des anderen hineinzuversetzen und deinen Ärger und die Selbstgerechtigkeit, die dich dann vielleicht auch ein wenig packen, einfach mal kurz zu pausieren.
- **Behutsam mit anderen sein.** Meist hat man die Wahl, ob man anderen jetzt mal so richtig die Meinung geigt oder einfach nur ein wenig mehr auf seine eigenen Rechte und Grenzen pocht. Je weniger aggressiv und je freundlicher du dein verändertes Verhalten an den Tag legst, umso weniger werden Konflikte eskalieren.
- **Kompromisse suchen.** Kompromisse sind vor allem mit solchen Menschen wichtig, an die du sehr gebunden bist. Eltern, Familienmitglieder, Kollegen, mit denen man eng zusammenarbeitet – diese Menschen trifft man immer wieder, und es ist gut, ein wenig Kooperation und positiven Zusammenhalt zu fördern. Auch wenn dir die Beziehungen so, wie sie bisher gelaufen sind, auf einmal voll gegen den Strich gehen – versuche erst mal, Kompromisse zu finden.
- **Auf andere Art Zuneigung zeigen.** Wenn wir unsere Diener-Rolle reduzieren, dann haben andere Menschen oft das Gefühl, dass sie weniger Zuwendung bekommen als vorher. Das ist ja auch der Fall – wir kümmern uns

mehr um unsere eigenen Bedürfnisse und tanzen nicht mehr so sehr nach der Pfeife des anderen. Du kannst diesen Effekt abmildern, indem du auf andere Arten Zuneigung zeigst. Wie wäre es mit einer netten Postkarte, einem Blümchen oder einer anderen kleinen Aufmerksamkeit im Alltag?

- **Aufgaben delegieren, Probleme lösen.** Argumente wie Ellies »was ist, wenn meiner Mutter etwas passiert« sind ziemlich häufig. Es werden Katastrophenszenarien aufgebaut, um einen Beziehungspartner davon abzuhalten, seinen Weg zu gehen. Manchmal sind diese Szenarien unwahrscheinlich oder einfach Quatsch. Manchmal könnte aber durchaus etwas dran sein – z. B. wenn ein Elternteil alleine lebt und altersschwach oder sogar schon öfters gestürzt ist. Dann ist es wichtig, sich klarzumachen, dass es für solche Probleme auch andere Lösungen gibt, als selbst dauernd verfügbar zu sein – und diese Lösungen dann auch durchzusetzen!
- **Beziehungen beenden, wenn keinerlei Kompromisse möglich sind.** Manchmal stellen wir bei solchen Entwicklungen fest, dass wir mit bestimmten Menschen einfach nichts mehr zu tun haben wollen. Dann kann tatsächlich das Beenden dieser Beziehungen manchmal eine Lösung sein. Das sollte man aber nicht überstürzt entscheiden.
- **Damit leben, dass es keine idealen Lösungen gibt.** Natürlich ist es uns immer am liebsten, wenn sich alle gut vertragen und wir Lösungen finden, mit denen alle glücklich sind. Das ist aber leider oft nicht realistisch. Damit musst du leben, wenn du dich auf den Weg begibst, deine Beziehungsmuster zu ändern.

Ermutigung zur Veränderung

Vielleicht fragst du dich, warum Ellie überhaupt die Beziehung zu ihrer Mutter infrage stellt – schließlich geht es doch um ihre Beziehung zu Männern, im Moment zu Martin! Kann sie die Beziehung zu ihrer Mutter nicht einfach so weiterführen, wie sie das die letzten Jahre getan hat?

Tja, das klingt logisch, funktioniert aber nicht. Denn Ellies veränderter Umgang mit Martin ist ja nicht einfach eine kleine Änderung in ihren Gewohnheiten, sondern spiegelt eine gewaltige Entwicklung wider. Diese Entwicklung betrifft die ganze Ellie. Sie lernt gerade, autonomer zu sein, sich anderen weniger zu unterwerfen und ihre Selbstständigkeit auch ein wenig zu genießen. Wenn sie das in einer Beziehung lernt, kann sie es in anderen Beziehungen nicht einfach ausblenden … Wenn du eine neue Sprache lernst, verstehst du auf einmal alle Gespräche in dieser Sprache und nicht nur die, die du gerne verstehen willst. Genauso ist es in deinen Beziehungen: Wenn du lernst, dich in wichtigen Beziehungen mehr in der Rolle des erwachsenen Ich zu bewegen, und deine Helfer-Rolle reduzierst, dann fällt dir das auch in anderen Beziehungen auf. Und was lange Zeit ganz normal war, macht dich auf einmal unzufrieden, womöglich kannst du es gar nicht mehr!

Vielleicht hast du auch das Gefühl, dass es im Grunde eine Frage der Würde ist. Schaffe ich es, in meiner wichtigsten Beziehung zu mir zu stehen – dann ist es für mich auch nicht mehr in Ordnung, mich in anderen Beziehungen zu unterwerfen und schlecht behandeln zu lassen. Wenn ich wichtige Erkenntnisse in der Partnerschaft umsetze, wie sollte ich diese Erkenntnisse aus anderen Beziehungen raushalten können? Insofern ist die Entwicklung »raus aus den Helfer-Rollen, rein in die Rolle des erwachsenen Ich« immer auch ein Weg, der mit gewissen Risiken für die Stabilität in allen möglichen Beziehungen verbunden ist … und das kann kurzfristig ganz schön anstrengend sein. Langfristig ist es allerdings meist wohltuend, denn es bleiben uns diejenigen Beziehungen erhalten, die uns guttun und uns stärken – und die Beziehungen, in denen wir uns unterwerfen und schlecht behandeln lassen, die werden immer weiter abgebaut.

ILLUSIONEN AUFGEBEN

Vielleicht ist es dir bei Ellie und ihrer Mutter aufgefallen: Ellie wünscht sich so sehr, dass ihre Mutter sie so akzeptiert und liebt, wie sie ist. Jahrelang hat sie sich in der Diener-Rolle angestrengt, um der Mutter zu gefallen und ihre Liebe zu bekommen. Damit konnte sie sich immer auch ein wenig die Illusion bewahren, dass sie von ihrer Mutter wirklich akzeptiert wird. Wenn sie aber die Diener-Rolle verlässt, dann wird ganz offensichtlich, dass das nicht ganz stimmt. Vermutlich liebt ihre Mutter sie durchaus, aber diese kann ihre Entwicklung zur erwachsenen Ellie (zunächst noch) nicht akzeptieren. Diese Erkenntnis ist sehr schmerzlich für Ellie. Sie kämpft dagegen, wenn sie sich zum Beispiel beschwert, dass ihre Mutter sie doch verstehen müsste und nicht so unfair behandeln dürfte. Aber letztlich muss sie einfach einsehen, dass die Zuwendung ihrer Mutter engere Grenzen hat, als sie das gerne hätte. Ihre Illusion, voll und ganz geliebt zu werden, muss sie aufgeben, um sich von ihrem Ärger zu distanzieren und einen guten Umgang mit der Situation zu finden. Das ist schmerzlich und trau-

rig, aber ein wichtiger Schritt für das Wachstum der Rolle des erwachsenen Ich.
Wenn du merkst, dass du so wie Ellie dich kaum lösen kannst von der Enttäuschung über eine Beziehung, solltest du darüber einmal in Ruhe nachdenken. Kann es sein, dass du hier Illusionen anhängst, die du nicht aufgeben willst?

Konfrontation! Nach Jahren der Vermeidung …

Sarah hat sich für ihre Verhältnisse ganz ungewöhnlich intensiv an der Diskussion beteiligt. Offensichtlich hat sie sich über das Thema selbst schon einige Gedanken gemacht. Jetzt kommt auch heraus, was dahinter steckt: Sie macht mit ihrem Partner Tim gerade ganz ähnliche Erfahrungen wie Ellie mit ihrer Mutter!

Sarah berichtet: »Irgendwie erinnert mich das komischerweise alles an Tim. Eigentlich ist er still, zurückhaltend und emotional gesehen eher ein Eisberg. Doch nun verhält er sich komplett anders. Tim scheint mir fast eifersüchtig. In der Vergangenheit haben wir nie meine kleinen emotionalen Affären thematisiert. Sprich, ich weiß nicht, ob er es einfach nicht wusste oder ob er es eher still toleriert hat. Jetzt aber häufen sich seine abfälligen Sprüche über meinen Chor. Meinen Spaß und meine Freude scheint er mir nicht zu gönnen. Vor Kurzem fragte er mich doch wirklich, ob er nicht einmal mitkommen könnte. Ich war fast entsetzt und konnte mir kaum vorstellen, dass er das wirklich wollen würde. Mein zurückhaltendes Verhalten hat seine Eifersucht wahrscheinlich eher noch befeuert …

Zusammengefasst kann man sagen, er ist bockig und macht sarkastische Sprüche. Wenn ich ihn frage, was los ist, zieht er sich zurück oder brummt was in Richtung »Das wirst du doch wohl ahnen können«. Ahnen schon, doch ich mag gar nicht mit ihm darüber sprechen. Es hat in der Vergangenheit nichts gebracht und warum soll es gerade jetzt etwas bringen? Na ja, unser Haussegen hängt ziemlich schief …«

»Puh, das klingt mindestens so heftig wie mit meiner Mutter«, bedauert Ellie sie. »Irgendwie ist es vermutlich schlimmer, weil Tim ja noch mehr betroffen ist – Niklas ist ja seine direkte Konkurrenz …«

Leonore ergreift stark die Partei für Sarah: »Ich finde, da hat Tim jetzt eben mal Pech. Du hast ihm wirklich dein Herz auf dem Silbertablett serviert, und er hat sich nicht besonders dafür interessiert. Vielleicht kann er es nicht oder ist im Grunde seines Herzens ganz anders oder was weiß ich – aber Fakt ist doch, dass er dich emotional am ausgestreckten Arm verhungern lässt. Das ist jetzt halt der Preis, den er zahlen muss. Mich freut es total für dich, dass du jetzt am Aufblühen bist!«

Sarah ist ihr dankbar: »Danke, Leo, schön, das zu hören. Im Moment bin ich in Niklas verliebt und traue mich kaum, nach so kurzer Zeit so etwas wirklich zu sagen. V-E-R-L-I-E-B-T, ich! Tim interessiert mich gar nicht mehr sonderlich. Doch in den letzten Jahren hätte ich mir genau das so sehr von ihm gewünscht: mehr Gefühl, mehr Aufmerksamkeit, mehr Miteinander. Genau das, was ich ihm versucht habe in den letzten Monaten zu zeigen. Stattdessen hat er mich eher zurückgewiesen. Auch jetzt noch würde ich mich freuen, wenn er auf mich zukäme, selbst wenn ich dann im Konflikt wäre, weil es ja auch noch Niklas gibt. Aber statt sich ein bisschen um mich zu kümmern oder mir zu zeigen, dass er mich liebt, grummelt er nur herum, ist bockig und zickig. Wie soll das für mich attraktiv sein? Und es macht mir auch wirklich keine große Hoffnung, dass er sich noch ändern wird, so schade ich das finde …«

»Ich bin ja wirklich froh, dass du das so siehst – genauso ist es nämlich«, bestätigt Leonore sie. »Es ist jetzt an Tim, über sich hinauszuwachsen und sich um dich zu bemühen. Tut er es nicht, besteht die Gefahr, dass er dich verliert. Das muss ihm doch klar sein, er ist doch ein kluger Mann! Er muss entscheiden, ob er über seinen Schatten springt oder nicht.«

Das hat Leonore sehr gut zusammengefasst! Wir haben ja schon besprochen, dass unsere eigenen Entwicklungen in Beziehungen automatisch Auswirkungen auf die Menschen in unserem Umfeld haben. Ellies Mutter und Tim sind von Ellies bzw. Sarahs Entwicklungen natürlich stark betroffen und reagieren darauf. Gerade in Situationen wie bei Sarah, wo die Entwicklung in einer direkten Konkurrenzbeziehung stattfindet, ist das für den Partner äußerst bedrohlich.

Diese anderen betroffenen Personen können mit unserer Entwicklung auf unterschiedliche Art mitgehen: Entweder sie bleiben da stehen, wo sie sind – so sieht es gerade bei Ellies Mutter und Tim aus. Dann kommt es zu Konflikten, vielleicht eskaliert die Situation. Bei Partnerschaften kann es natürlich auch zur Trennung kommen, wenn der ursprüngliche Partner sich nicht mitentwickelt. Die zweite Möglichkeit ist, dass es dem Beziehungspartner gelingt, das Potenzial in dieser Entwicklung zu sehen und sich selbst ebenfalls auf den Weg zu machen!

Wenn man realistisch ist, muss man zugeben, dass es meist auf die erste Lösung hinausläuft: Die Personen im Umfeld bleiben, wie sie sind, und deine Entwicklung führt bei einigen von ihnen zu immer mehr Distanz. Nur selten ergreift ein Partner die Chance, es gleichzutun und seine Komfortzone ebenfalls zu verlassen.

WENN DEIN PARTNER SICH SELBST NICHT WEITERENTWICKELT, MUSST DU DAS RADIKAL AKZEPTIEREN

Radikale Akzeptanz ist ein Begriff aus der Psychotherapie, der bedeutet, dass man manche Dinge einfach so nehmen muss, wie sie sind – auch wenn sie einem überhaupt nicht gefallen. Radikal akzeptieren muss man zum Beispiel manchmal Verluste oder Krankheiten. Auch die Entscheidung deines Partners, sich nicht zu verändern und auf seinem alten Stand stehen zu bleiben, musst du radikal akzeptieren. Du kannst, wenn du möchtest, versuchen, ihn für eine Veränderung zu gewinnen, zum Beispiel indem du mit ihm darüber sprichst. Du kannst aber nicht für ihn entscheiden, welchen Weg er geht.

Wenn du in einer langjährigen Partnerschaft steckst, mit der du schon lange nicht mehr zufrieden bist, dann führt dein Weg womöglich über kurz oder lang zu einer Trennung. Nach langer Zeit zusammen ist das oft recht kompliziert und unter Umständen mit vielen sehr konkreten Schwierigkeiten und Problemen verbunden. Hat ein Paar zum Beispiel noch recht kleine Kinder, kann eine Trennung sehr viel stressiger und aufwendiger sein als bei einem kinderlosen Paar oder einem mit schon erwachsenen Kindern. Ähnliches gilt für Kredite, gemeinsam angeschaffte Immobilien oder eine enge berufliche Zusammenarbeit, zum Beispiel eine gemeinsame Firma.

Viele dieser Faktoren ändern sich über die Zeit – die Kinder werden immer selbstständiger, der Kredit ist irgendwann abbezahlt. Manche bleiben auch bestehen – eine gemeinsame Firma ist vielleicht als Lebensprojekt geplant und expandiert. Wir beobachten in der Therapie sehr oft, dass Paare, bei denen viele solcher Faktoren eine Rolle spielen, ihre Beziehungen kaum infrage stellen. Der Aufwand und die »Kosten«, die mit einer Trennung einhergehen, wären einfach zu groß. Das kann sich aber ändern, wenn sich die Lage ändert – am wichtigsten sind hier sicher Kinder, die so groß geworden sind, dass sie ihre Eltern nicht mehr als Elternpaar benötigen. Wenn diese Zeit kommt, werden Beziehungen, die so lange gehalten haben, häufig (endlich) infrage gestellt.

ÄUSSERE ENTWICKLUNGEN KÖNNEN DAZU FÜHREN, DASS LANGJÄHRIGE SCHWIERIGE BEZIEHUNGEN AUF EINMAL INFRAGE GESTELLT WERDEN

- Die innere Uhr in einer Frau beginnt zu ticken, und sie hinterfragt ihre aktuelle Beziehung, ob sie tragfähig für ein Kind ist.
- Mit der Geburt eines oder mehrerer Kinder können bisher unauffällige Persönlichkeitszüge deutlicher werden und eine Distanz zur Folge haben.
- Kinder werden groß und benötigen die Eltern nicht mehr als Paar, sondern können sich selbstständig mit den beiden Elternteilen treffen und Kontakt halten.
- Ein Kredit, der finanziell stark belastend war, ist abbezahlt oder deutlich geschrumpft.
- Ein Partner geht nach längerer Elternzeit wieder arbeiten und wird dadurch finanziell unabhängiger.
- Die Großmutter, deren Herz am schönen Schein der angeblichen Harmonie hing, ist verstorben, und es muss keine Rücksicht mehr genommen werden.

Bei Leo sind die Leute höchstens misstrauisch ...

»Na, Leo, und du? Hast du auch Zoff mit irgendjemandem, weil du auf einmal anders drauf bist?«, fragt Ellie nach.

Leonore berichtet: »Nein, Zoff habe ich aktuell nicht. Im Vergleich zu euch zwei Pazifistinnen kenne ich Konfrontationen aus meinem Leben aber sehr gut. Deswegen finde ich es ziemlich cool, dass ihr aus meiner Sicht nun mal ›normaler‹ werdet und endlich Kante zeigt.

Aber tatsächlich bin ich in letzter Zeit schon manchmal etwas komisch angeschaut worden. Um es kurz klarzustellen: Ich habe mich noch lange nicht für eine feste Partnerschaft mit allem Drum und Dran entschieden. Aber ich sehe schon ein, dass ich manchmal etwas zu zickig und verwöhnt rüberkomme. Das würde mir selbst auf die Nerven gehen, wenn alle so wären. Deswegen versuche ich, friedlicher zu reagieren. Wenn sich zum Beispiel jemand an der Supermarktkasse dumm anstellt, werde ich nicht mehr gleich so zickig – bringt ja eh nichts. Oder kürzlich hatte der Schuhladen diese geilen Schuhe nicht mehr in meiner Größe – das ändert sich ja auch nicht, wenn ich die Verkäuferin zur Sau mache.

Mich anders als üblich zu verhalten, fällt mir nicht so leicht. Und die Leute aus meinem Umfeld sind teilweise auch ziemlich verwirrt: ›Geht's dir gut, Leo? Hast du einen Weichspüler geschluckt? Bist du krank?‹ Dann kann ich mir eine kleine sarkastische Bemerkung allerdings doch oft nicht verkneifen ... Mit der Schuhverkäuferin, bei der ich so friedlich geblieben bin, war das übrigens interessant. Sie hat mir verraten, dass ein Laden in der Nähe dieselbe Marke führt und meinte, ich solle doch dort mal schauen, vielleicht hätten sie mein Modell zufällig noch da. Und stellt euch vor, es hat geklappt!«

»Tja, das ist der Vorteil, wenn man freundlich ist, liebe Leo«, sagt Ellie. »Solche Tipps bekomme ich dauernd. Und gerne auch noch mal ein bisschen was dazu geschenkt im Obstladen oder beim Blumenhändler …«

Sarah muss über etwas anderes nachdenken. »Ist es nicht irgendwie unfair? Wir beide, Ellie und ich, sind jahrelang die superbraven Mäuse, die bei jedem Hauch von Kritik zusammenzucken. Und wenn wir dann mal ein bisschen mehr auf uns achten – Ellie ihre Mutter zum Beispiel ›nur noch‹ zweimal pro Woche anruft –, dann handeln wir uns massenhaft Ärger ein. Leo dagegen, die sich seit Jahren nur um sich kreist, wird besorgt gefragt, ob es ihr denn nicht gut ginge, wenn sie sich endlich einfach normal benimmt. Stellt euch mal vor, Ellie oder ich würden uns so viel erlauben wie Leo – die Leute um uns herum würden einen Aufstand machen! Ich finde das echt ungerecht!«

Da muss auch Leonore zustimmen: »Wenn ich meine Mutter einmal im Monat anrufen würde, dann wäre sie vermutlich schon völlig erstaunt. Und würde sich bestimmt riesig freuen – sie ist ja auch nicht mehr die Jüngste und geht nicht mehr viel raus, da tut ein bisschen Abwechslung gut. Vielleicht sollte ich das wirklich mal wieder tun!«

»Siehst du, Leo«, sagt Sarah. »Du sagst ja immer, deine Blender-Anteile wären so toll und spannend und was nicht alles. Aber nett sein, das hat halt doch auch Vorteile, nicht wahr …?«

Unsere Helfer-Rollen sind alle stark sozial eingebettet. Sie formen unseren Umgang mit unserer Umwelt. Deshalb bestimmen sie auch, welche Erwartungen die Menschen in unserer Umwelt an uns haben, weil sie es von uns so gewohnt sind. Wenn wir unsere Helfer-Rollen ändern, ist es logisch, dass unsere Umwelt auch kritisch reagiert. Das heißt noch lange nicht, dass das neue Verhalten unangemessen ist – sondern es ist einfach ungewohnt.

Dabei wird die Reaktion der Umwelt etwas unterschiedlich ausfallen, je nachdem, welche Helfer-Rolle überwunden wird:

UMWELTREAKTIONEN AUF VERÄNDERTES ROLLENVERHALTEN

Die **Reduktion der Diener-Rolle** stößt meist auf den größten Widerstand. Denn diese Rolle macht es dem anderen sehr bequem, bedient ihn und liest ihm jeden Wunsch von den Augen ab. Das verliert man nicht gerne! Außerdem hat der andere wahrscheinlich das Gefühl, vom Diener nicht mehr geliebt zu werden – obwohl die Liebe, die er vom erwachsenen Ich bekommt, viel echter ist als die Liebe des Dieners.

Die **Reduktion der Flucht-Rolle** kann unterschiedliche Reaktionen provozieren. Wenn eine Partnerschaft bisher viel durch gemeinsame Vermeidung geglänzt hat, wie bei Sarah und Tim, wird die Veränderung beim Partner Stress und Ablehnung hervorrufen. Viele sind aber eher positiv überrascht, wenn ein Flüchtender seine Vermeidung reduziert. Denn auf einmal spürt man die Person besser, sieht mehr von ihr und hat auch das Gefühl, dass die eigene Wertschätzung und Liebe viel mehr ankommen. Und das fühlt sich ausgesprochen gut an!

Die **Reduktion der Blender-Rolle** wird von den meisten Menschen im Umfeld als positiv empfunden. Vielleicht findet es mancher verdächtig, dass der Blender auf einmal so »weichgespült« daherkommt – aber in der Regel ist es doch angenehm, von ihr nicht mehr angegriffen oder dominiert zu werden. Das ermöglicht es anderen auch, mehr auf den Blender zuzugehen und ihm Sympathie entgegenzubringen. Schließlich begibt man sich nicht mehr so sehr in Gefahr, dafür hochgenommen oder verspottet zu werden. Das ist dann auch ein ausgesprochen positives Erlebnis für den Blender!

Die inneren Kinder beruhigen

Wenn die inneren Kinder lauter werden

In den ersten Kapiteln haben wir ausführlich besprochen, welche Funktionen die Helfer-Rollen haben. In erster Linie schützen sie die Kind-Rollen, vor allem das traurige Kind. Durch die Flucht, das Dienen oder das Blenden spürst du die Gefühle des traurigen Kindes nicht und hältst deine Beziehung stabil – wenn auch nicht immer im Sinne deiner Bedürfnisse.

Wenn du jetzt die Helfer-Rollen in deiner Beziehung reduzierst, dann ist eine logische Konsequenz, dass die Kind-Rolle sich stärker meldet. Schließlich ist sie nicht mehr so geschützt, die Decke ist sozusagen ein bisschen weggezogen. Das kann sich erst mal ungewohnt, unangenehm und irgendwie »nackt« anfühlen. Aber das ist kein Grund, einen Rückzieher zu machen! Allerdings ist es wichtig, das zu verstehen, einzuordnen und sich gut um die Kind-Rollen zu kümmern. Dann lernen sie, sich auf das erwachsene Ich zu verlassen und werden immer weniger drängend. Die inneren Kinder sollen sozusagen groß werden …

Für das traurige Kind ist wichtig: Du musst es sehen und akzeptieren. Es war lange der Grund, warum du deine Helfer-Rolle brauchtest. Reduzierst du diese nun, braucht es deinen Schutz in der Rolle des erwachsenen Ich. Wenn sich dein erwachsenes Ich gut um dein trauriges Kind kümmert, dann kann es groß und zufrieden werden. Das ist ganz wichtig für dich, um auch in Beziehungen reifer zu werden, deine Bedürfnisse angemessen auszudrücken, gute Kompromisse zu finden und auch mal einen Konflikt zulassen und austragen zu können.

Für den Umgang mit dem wütenden, ärgerlichen oder bockigen Kind ist wichtig: Du musst ihm beibringen, sich ein wenig im Zaum zu halten. Die Bedürfnisse, die es ausdrückt, sind wichtig und berechtigt. Aber die Art und Weise schadet deinen Beziehungen und damit letztlich dir selbst. Das wütende oder bockige Kind kann sich aber nur zurückziehen, wenn du es davon überzeugen kannst, dass das erwachsene Ich auch wirklich bereit ist, für seine Bedürfnisse einzustehen. Also, sei hier konsequent, und stehe zu dir und dem, was du brauchst!

Bin ich noch wichtig?

Es wird allmählich Herbst, die Tage werden kühler. Zeit, mal wieder in die Sauna zu gehen! Dabei bringen sich die drei natürlich auf den neuesten Stand.

»Na, wie fühlt es sich an, zu deinen eigenen Wünschen zu stehen?«, fragt Leonore an Ellie gerichtet. »Ich hoffe, du bist da weiter auf Spur?«

Ellie berichtet: »Ich bin nach wie vor dran. Meine aktuelle Challenge besteht ja aus verschiedenen Teilen. Erstens halte ich Martin nicht mehr davon ab, mir beim Aufräumen in der Küche zu helfen. Stellt euch das mal vor! Außerdem sende ich ihm auch nicht mehr täglich zwanghaft zehn Herzchen-Emojis und versichere ihm meine Liebe. Was sagt ihr dazu? Wenn mir danach ist, dann mache ich das natürlich schon noch, und mir ist auch oft danach, zum Glück … Aber früher hätte ich mir manchmal fast einen Wecker gestellt, um nur ja jede Stunde was Liebevolles von mir hören zu lassen.

Noch schlimmer war es früher im Bett mit den Männern. Ich habe Dinge mitgemacht, die ich gar nicht gut fand. Gesagt habe ich nie etwas, da ich dachte, so muss das sein. Ich wollte dem Mann ja auch nicht den Spaß verderben. Nun habe ich ganz ehrlich mit Martin darüber gesprochen, und er war entsetzt. Er hat mir ausdrücklich gesagt, dass es ihn doch gerade anmacht, wenn ich Lust habe und er mich verwöhnen kann. Doch was mag ich eigentlich? Immer habe ich mich auf die Befriedigung der Lust des Mannes fixiert.

Meine Lust habe ich selbst nie so wichtig genommen … doch nun übe ich auch das. Vor Kurzem habe ich ihn gebeten, dass er ausschließlich meine Brust streichelt. Nicht nur fünf Minuten, sondern viel länger. Das hat mich sehr erregt … weitere Details erspare ich euch nun aber …«

Sarah und Leonore freuen sich über Ellies Fortschritte. »Und weiter?«, will Sarah wissen. Schließlich ist sie gerade ähnlich unterwegs und manchmal findet sie das alles auch ganz schön unheimlich …

Das geht Ellie auch so. »Alles in allem ist es doch eine riesige Herausforderung. Ich möchte nicht mehr so weitermachen wie früher und deshalb ziehe ich das durch. Doch manchmal bin ich schon verzweifelt und in Sorge, Martin mit meinen ganzen Forderungen und Wünschen zu vergraulen. Dass er mich langweilig findet und uninteressant. Eine Seite in mir denkt immer noch, dass ich nur geliebt werde, wenn ich die nette und brave Ellie bin … blöd, oder?«

»Ja, aber das Kletten lässt du jetzt bleiben, oder?«, fragt Leonore.

»Ach, Leo, erinnere mich nicht daran. Selbst etwas zu fordern, das ist schon eine Kunst, aber ihn loszulassen, ist die Kunst der Künste … Er hat viele Interessen und das ist im Grunde auch super so. Doch wenn ich mich bemühe, ihm nicht mehr stündlich ein Herzchen zu senden, muss ich es auch aushalten, nicht zu wissen, was er macht. Mir die Frage ›Was machst du gerade?‹ zu verkneifen, ist für mich Folter. Es beginnt mit einem unguten Gefühl im Bauch und breitet sich dann in meinem ganzen Körper aus. Dann kommen automatisch solche Gedanken wie: ›Wo ist er gerade? Sind da eventuell noch andere Frauen? Vielleicht findet er eine andere viel hübscher als mich und merkt dann doch, was für eine Schnarchnase ich bin.‹ Die Eifersucht – oder nenn es von mir aus auch Liebeskummer – in diesem Moment führt bei mir zu spürbaren körperlichen Schmerzen. Verrückt, oder?

Natürlich weiß mein Verstand auf der anderen Seite, dass ich gar nichts dagegen machen könnte, wenn er eine andere Frau treffen würde. Jede weitere Liebesbeteuerung, jeder Kontrolletti-Anfall würde ihn nur noch mehr von mir entfernen.

Zusammengefasst kann ich es so beschreiben: Ich versuche, diese Unsicherheit – oder nennen wir es doch einfach beim Namen: die Angst, von Martin verlassen zu werden – auszuhalten. Ich atme dann tief ein und aus und rede mit mir selbst: ›Angst, du darfst da sein.‹ Klingt etwas irre, hilft mir aber etwas in solchen Momenten, wie wenn ich beispielsweise nach einer Party länger nichts von ihm gehört habe.«

»Ich kann das gut verstehen«, pflichtet Sarah bei. »Aber letztlich ist es halt so: Wenn du dich aus der Deckung wagst und das schöne Leben ausprobierst, dann ist es nicht sicher, ob es klappt! Mit dieser Unsicherheit muss man leben. Eigentlich ist das natürlich viel besser, als sich aus Angst vor Unsicherheit zu verstecken. Trotzdem – wenn man sich dem stellt, dann wird es auf einmal so real.« Ellie nickt – genau so ist es!

»Ich finde ja, Ablenkung ist da die beste Strategie!«, verkündet Leonore. »Wenn du merkst, du drehst grade wieder ab – mach was Schönes, geh in eine Ausstellung oder so wie heute in die Sauna! Ruf mich an, ich komme ja immer gerne mit! Und dann können wir ein bisschen über deinen Eifersuchts-Flash lachen und alles ist nur noch halb so wild …«

Wenn die Helfer-Rollen abgebaut werden, dann kommen die diversen Rollen des Kindes und des strengen Richters zum Vorschein. Das ist logisch, denn die Helfer-Rollen beschützen uns ja vor genau diesen Anteilen – und wenn sie weniger werden, wird der Schutz natürlich auch schwächer.

Dann müssen wir uns um das traurige Kind gut kümmern, damit es zu seinem Recht kommt und seine Bedürfnisse erfüllt bekommt. Wir müssen alle lernen, uns selbst um unser inneres Kind zu kümmern, um unkomplizierte Beziehungen führen zu können! Dazu gibt es viele Wege. Sie beinhalten alle, dass wir Dinge tun, die uns guttun und die uns spüren lassen, dass wir nicht alleine sind. Dazu gehört auch, dass wir uns selbst in einem positiven Licht betrachten und uns selbst liebevoll und mit Sympathie begleiten.

Für die meisten Menschen ist das der entscheidende Teil des Weges. Wenn du es schaffst, diese liebevolle Haltung zu dir selbst zu finden, kann es dir langfristig gut gehen. Denn du bist nicht mehr darauf angewiesen, dass das traurige Kind von deinem Partner versorgt wird. Natürlich wird es dich treffen, wenn in der Beziehung etwas schiefläuft – aber du bist innerlich einfach nicht mehr so stark abhängig davon.

ÜBUNG: EIN PAAR TIPPS, WENN INNERE KINDER SPÜRBAR WERDEN

Sich einen liebevollen Begleiter suchen

Wir können das traurige Kind beruhigen, indem wir mit uns selbst liebevoll und nachsichtig umgehen. Wenn dir das manchmal schwerfällt, kann dir ein liebevoller Begleiter dabei vielleicht helfen. Such dir deshalb deinen liebevollen Begleiter! Ideal geeignet ist dafür ein kuscheliges Stofftier. Der liebevolle Begleiter kann aber auch nur in deiner Fantasie existieren – Hauptsache, er steht ganz auf deiner Seite und meint es wirklich gut mit dir.

Und dann brauchst du einen Plan und ein paar Rituale, wie du mit deinem liebevollen Begleiter in Kontakt treten möchtest. Gut ist es, sich dafür jeden Tag einen bestimmten Zeitpunkt zu reservieren, z.B. abends vor dem Schlafengehen. Erzähl deinem liebevollen Begleiter, was dir heute schwergefallen ist und wann das traurige Kind sich gemeldet hat. Was sagt dein liebevoller Begleiter? Wie tröstet er das traurige Kind?

Ein Positiv-Tagebuch führen

Das traurige Kind fühlt sich leicht bedroht oder alleingelassen. Drängt sich diese Rolle in den Vordergrund, dann fokussieren wir vor allem auf negative Beziehungserfahrungen. Uns fallen alle Probleme, Schwierigkeiten und schlechten Neuigkeiten auf – aber nicht die vielen positiven Dinge, die uns zum Glück auch begegnen. Mit dem Positiv-Tagebuch übst du, deine Aufmerksamkeit genau darauf zu richten. Das tröstet das traurige Kind und kann sogar richtig gute Laune machen!

Besorg dir dafür ein hübsches Buch oder Heft. Nimm dir jeden Abend etwas Zeit, um dein Positiv-Tagebuch zu führen. Schreib dir jeden Tag mindestens drei positive Dinge auf, die du erlebt hast. Das können auch Kleinigkeiten sein – das nette Lächeln eines Kindes, ein lustiger Zeitungsartikel, ein schöner Sonnenuntergang etc. Am Anfang fällt es dir vielleicht gar nicht so leicht, wirklich auf drei Dinge zu kommen. Aber du wirst merken, dass du mit ein bisschen Übung einen Blick dafür entwickelst. Dem traurigen Kind wird es guttun und im Alltag wirst du den veränderten Fokus sicher auch bemerken.

Liebevolle Botschaften an dich selbst schicken

In der Rolle des traurigen Kindes schauen wir nur auf unsere Probleme und Unzulänglichkeiten. Ein stärkerer Blick auf Positives kann helfen, da herauszukommen und die Gefühle zu aktivieren, die wir dann eigentlich brauchen. In dieser Übung geht es darum, dass du in deinem Alltag dort liebevolle Botschaften an dich selbst unterbringst, wo du normalerweise dazu neigst, mit dir zu hart, streng und lieblos umzugehen.

Überlege dir, welche liebevollen Botschaften dein trauriges Kind braucht. Oft tut ein »Du bist okay so, wie du bist!« gut, ein »Du bist mir wichtig, ich mag dich!« oder auch die Erinnerung »Denk doch mal an dich!«.

Und dann platzierst du diese Botschaften in deinem Alltag! Und zwar so, dass du immer wieder drüberstolperst – denn ein bisschen Hartnäckigkeit kann bei der Versorgung des traurigen Kindes nicht schaden.

Hier sind ein paar Ideen, aber vielleicht fällt dir auch etwas ganz anderes ein:

- Verteile Post-its mit positiven Botschaften in der Wohnung.
- Hänge eine Karte mit positiver Botschaft an den Kühlschrank.
- Lade Bilder oder Texte mit positiver Botschaft als Hintergrundbild aufs Handy oder auf den Computer.
- Verfasse einen liebevollen Brief an dich selbst.

Alte Gefühle verstehen

»Wie läuft es eigentlich bei dir?«, will Ellie von Sarah wissen. Sie macht gerade durchaus ähnliche Erfahrungen wie Ellie …

Sarah berichtet: »Ich weiß gar nicht, wo ich anfangen soll. So was Schönes habe ich noch nie mit jemandem zusammen erlebt. Vielleicht denkt ihr jetzt an riesige Aktionen, doch das Gegenteil ist der Fall. Es sind eher die kleinen unauffälligen Dinge, die mich irgendwie erreichen. So waren Niklas und ich vor Kurzem zum Beispiel in einer Barockausstellung in einem Schloss. In der Führung ging es darum wahrzunehmen, was wir beim Betrachten der Kunstwerke fühlen. Crazy, oder? Früher wäre mir das sehr unangenehm gewesen, und ich hätte mich gefragt, wie ich denn nun fühlen soll. Und nun hat es stattdessen total viel Spaß gemacht. Wir standen nebeneinander, sahen die Werke an, und ich sah, wie er die Augen schloss, um zu fühlen. Ich machte es ihm nach. Im Anschluss haben wir uns noch lange darüber unterhalten. Zusammengefasst muss ich sagen, wir machen ziemlich viele romantische Sachen, wie am Abend im Wald spazieren gehen, dabei die Ruhe genießen und seine Hände spüren. Das ist wirklich sehr schön … Mein Gott, kling ich kitschig.«

»Hui, das freut uns aber«, sagt Leonore lachend. »Du gehst ja richtig aus dir heraus, ich bin ganz stolz auf dich!«

Das geht Sarah selbst auch ein bisschen so: »Für euch wäre das alles wahrscheinlich total easy, aber für mich ist es eine große Herausforderung. Ich bin mir manchmal selbst fremd und staune, was ich da tue. Entwickle ich mich tatsächlich zu einer gefühlvollen Romantikerin? Das bin doch überhaupt nicht ich! Wenn Niklas sich zum Beispiel mal einen Tag lang nicht meldet, dann fühle ich mich total verunsichert und alleine. Dann tauchen Gedanken auf wie ›Habe ich mir das alles nur eingebildet? Vielleicht findet er ja doch nichts an mir, und ich bin total bescheuert?‹. Dann fühle ich mich so klein mit Hut.

Und Tim? Daran mag ich gar nicht denken. Ich träume natürlich schon viel mehr von einer Beziehung mit Niklas als mit Tim. Meistens ist das sehr schön … aber dann bricht mir manchmal der Angstschweiß aus, was ich mir da einbilde! Tim ist eine sichere Bank, so laufen Beziehungen halt bei mir. Mehr zu wollen, ist totaler Blödsinn. Eine ganz schöne Achterbahn!«

Leonore steht auf und drückt Sarah spontan. »Oh, meine Liebe, so ein Quatsch! Du hast es absolut verdient, endlich richtig geliebt zu werden und dich darauf einzulassen. Selbst wenn das mit Niklas irgendwann den Bach runtergehen sollte, lohnt es sich und ist so gut, wie du dich gerade weiterentwickelst. Und was deine Beziehung zu Tim betrifft – er ist ja ein Netter, aber gefühlsmäßig schon ein Holzklotz. Das hast du nicht verdient, dein ganzes Leben so zu verbringen, wenn ich jetzt mal pathetisch sein darf!«

So viel Pathos und Gefühl sind Ellie und Sarah von Leo wirklich nicht gewohnt.

Sarah kommen die Tränen, sie ist total gerührt.

»Puh, das geht mir gerade sehr, sehr nah, was ihr da gesagt habt. Ich bin zur Zeit manchmal gebeutelt und fühle mich verloren und allein. Und das kann und will ich auf keinen Fall alles bei Niklas abladen – ich kann ihn ja nicht als Therapeuten missbrauchen. Wisst ihr eigentlich, wie besonders das ist, dass wir uns solche Dinge sagen können?«

Ellie und Leonore freuen sich darüber wirklich. Seit Jahren finden sie, dass so viel in Sarah steckt, was nicht rausdarf – endlich ist es so weit, und sie sehen, wie gut diese Beziehung ihrer Freundin tut.

»Wir wissen genau, wie liebenswert und wertvoll du bist«, bekräftigt Ellie noch einmal. »Und es ist so wunderschön, dass du dich endlich mal auf einen Mann einlässt, der das auch merkt und der dir das vor allem auch zeigt.«

Das traurige Kind in uns braucht unbedingt liebevolle Beziehungen, in denen es sich gehalten und geborgen fühlt. Das ist natürlich ein wichtiges Bedürfnis von Kindern, und wir gehen ja davon aus, dass diese Rolle auch in der Kindheit entsteht.

Wenn du wissen möchtest, warum das traurige Kind gerade jetzt auftaucht und welches kindliche Bedürfnis in dir gerade geweckt ist, kannst du versuchen, Kontakt zu dieser Rolle aufzunehmen. Dazu eignen sich Vorstellungsreisen in unsere Erinnerungen sehr gut, die ihren Ausgang am aktuellen Gefühl nehmen.

ÜBUNG: WELCHE ALTEN GEFÜHLE DES TRAURIGEN KINDES SIND GERADE AKTIVIERT?

Diese Vorstellungsübung kannst du machen, wenn du merkst, dass dein trauriges Kind gerade aktiviert ist. Mit der Übung kannst du dich damit auseinandersetzen, warum das gerade jetzt passiert ist. Woran erinnert dich eine aktuelle Situation? Was hat das mit deiner Lebensgeschichte zu tun und warum geht es dir so nah? Mach es dir dafür bequem, schließ die Augen, entspanne dich ein wenig, und konzentriere dich ganz auf deine inneren Bilder und Erinnerungen.

- Versetze dich in deiner Vorstellung noch einmal in die aktuelle Situation, in der du das traurige Kind gespürt hast.
- Konzentriere dich auf deine Gefühle und Körperempfindungen – welche Gefühle spürst du? Wo spürst du sie in deinem Körper? Oft treten Angst, aber auch Unsicherheit, Einsamkeit, Scham oder Traurigkeit auf.
- Lösche die aktuelle Situation vor deinem »inneren Auge« und lass deinen Geist in deine Kindheit schweifen. Welche Erinnerungen tauchen auf?
- Erforsche nun diese Erinnerungen. Wie fühlt sich dein »kleines Ich«? Welche Gefühle kannst du jetzt spüren? Welche wichtigen Bedürfnisse werden nicht befriedigt? Was bräuchte dein »kleines Ich« eigentlich?
- Beende die Übung, und reflektiere die Zusammenhänge, die du zwischen dieser früheren Situation und deiner heutigen Angst erkennen kannst.

Wenn du so herausfindest, warum das traurige Kind gerade aktiviert wurde, ist das oft schon sehr hilfreich. Vielleicht bekommst du auf diese Weise schon Distanz zu deinen Gefühlen und sie fühlen sich nicht mehr so drängend und unmittelbar wichtig an.

Gleichzeitig ist es wichtig zu verstehen, welche Bedürfnisse mit den Gefühlen des traurigen Kindes in Zusammenhang stehen. Was kannst du jetzt tun, um dich selbst um diese Bedürfnisse zu kümmern? Oft geht es darum, lieb zu sich zu sein, sich selbst zu verwöhnen oder warmherzigen Kontakt zu anderen Menschen zu erleben.

Beachte dabei bitte: Es ist wichtig, dass du lernst, dich selbst um dein trauriges Kind zu kümmern. Vielleicht tut es ihm ganz besonders gut, wenn dein Partner dich in den Arm nimmt. Und ab und zu ist das auch völlig in Ordnung. Aber wenn das traurige Kind das Gefühl hat, dass ohne deinen Partner gar nichts geht – dann rutschst du wieder in die Rolle des Dieners, um ihn zu halten, oder in die Rolle des Flüchtenden, weil du Angst davor hast, es ihm zu zeigen. Besser ist es, wenn du das traurige Kind selbst versorgen kannst und deinem Partner mehr in der Rolle des erwachsenen Ich begegnest!

WAS KANN DEINEM TRAURIGEN KIND GUTTUN, WENN ES GERADE AKTIVIERT IST?

- **Liebevoller Kontakt**, zum Beispiel ein Gespräch mit einer guten Freundin oder Kontakt mit warmherzigen Wesen wie Kindern oder Tieren.
- **Wärme und Wohlsein**, zum Beispiel ein gemütliches Schaumbad oder ein kuscheliger Abend auf dem Sofa.
- **Lachen und Freude**, zum Beispiel ein lustiger Film (am besten mit Freunden), ein Spieleabend oder eine schöne Unternehmung.
- **Verwöhnt werden**, zum Beispiel mit einer leckeren Nascherei oder einer schönen Körperpflege.

Allerdings benötigen natürlich auch Erwachsene stabile Beziehungen, um sich psychisch wohlzufühlen und das Gefühl zu haben, dass sie im Leben ihren Platz haben. Das traurige Kind kann also nicht dauerhaft getröstet werden, ohne dass im aktuellen Leben positive, wertschätzende Beziehungen erfahren werden. Wichtig ist, dass man auch hier nicht allein auf die Partnerbeziehung fokussieren sollte, auch wenn diese ganz besonders bedeutsam im Leben von erwachsenen Menschen ist. Aber um sich insgesamt stabil und unabhängig zu fühlen und sich gut um sein trauriges Kind kümmern zu können, braucht es unbedingt auch andere Menschen.

Sarah hat mit Leonore und Ellie solche Beziehungen, die ihr guttun. Dort wird sie gemocht und ernst genommen, dort kann sie über ihre Gefühle reden und auch mal über sich selbst lachen. Sie weiß, dass die beiden da sind, wenn sie sie braucht. Und umgekehrt gilt das natürlich genauso. Das macht den Wert von gesunden erwachsenen Beziehungen aus: Man kann sich aufeinander verlassen.

WORAN KANNST DU ERKENNEN, DASS EINE BEZIEHUNG FÜR DICH GUT IST?

- **Verständnis:** Du hast das Gefühl, vom anderen verstanden zu werden und ihn oder sie umgekehrt auch zu verstehen.
- **Negative Gefühle haben ihren Platz:** Auch wenn es dir mal nicht gut geht, kannst du darüber sprechen, und für den anderen ist das okay. Das heißt nicht, dass man sich dauernd nur »ausweinen« sollte – aber wenn du ein Problem hast, kannst du es ansprechen.
- **Sicherheit und Akzeptanz:** Du fühlst dich vom anderen nicht bedroht – selbst wenn du mal etwas Dummes sagen solltest oder irgendetwas falsch verstehst, musst du

nicht befürchten, ausgelacht oder verspottet zu werden. Die Grundstimmung ist positive Akzeptanz.

- **Gemeinsame Unternehmungen:** Es ist immer gut für Freundschaften, wenn man gemeinsame Interessen verfolgt, z. B. gemeinsam Sport macht, zusammen verreist oder andere Aktivitäten unternimmt. Dadurch lernt man sich besser kennen, wächst zusammen und baut positive gemeinsame Erinnerungen auf.
- **Reziprozität/gesunde Gegenseitigkeit:** Das bedeutet, dass das »Verhältnis von Geben und Nehmen« ausgewogen sein sollte. Es ist also nicht immer nur eine Person, die z. B. von Problemen berichtet und getröstet wird oder Hilfe erhält, sondern auch mal die andere. Umgekehrt übernimmt jeder mal die Rolle des Unterstützers und Helfers.

Das wütende innere Kind bändigen

»Leo, wie sieht es bei dir aus?«, fragt Ellie. »Wir haben schon lange nichts mehr von Lukas gehört …«

Leonore berichtet: »Lukas ist Geschichte. Als ich in Barcelona war, da habe ich gemerkt, dass ich ihn gar nicht wirklich vermisse. Die Sonne, die Wärme, die coolen Leute, die Freiheit – das habe ich wieder in vollen Zügen genossen. Niemand, nach dem ich mich richten muss; flirten, mit wem und wann und wo ich will … das ist einfach mein Ding! Im Anschluss habe ich mich noch zweimal bei ihm gemeldet. Einmal ging er nicht ans Telefon und das andere Mal war es eher so ein oberflächliches Blabla-Gespräch. Ich denke, er hatte es schon geschnallt und war dann auch nicht mehr erreichbar. Hat sicher meine Nummer geblockt oder gelöscht. Irgendwie schade, aber Mädels, so geht es mir einfach viel besser.«

»Dann bleibt es also bei der alten Leo, die nichts anbrennen lässt?«, fragt Sarah. »Und dein Kinderwunsch, wie willst du damit weitermachen?«

Darüber hat Leonore in der Tat auch schon nachgedacht: »Also, zu Frage Nummer 1: Ja, so eine feste Sache auf Dauer, das ist nichts für mich. Vielleicht ergibt es sich ja irgendwann mal und dann soll es so sein. Aber das so planmäßig durchzuziehen – nee …

Und zu Frage 2: Ihr habt schon recht, der Kinderwunsch bleibt ja. Also, da muss ich mir was überlegen. Ich werde mich in nächster Zeit darüber informieren, was ich für Möglichkeiten habe. Samenspende für alleinstehende Frauen, das ist ja nicht so einfach zu bekommen … geht in Dänemark besser als in Deutschland und so weiter, damit muss ich mich jetzt mal befassen.

Insgesamt habe ich aber in letzter Zeit gemerkt, dass es mir nicht schaden könnte, meine bockige Seite mal ein bisschen zu reduzieren. Ich habe ja schon erzählt, wie erfreut manche Leute reagieren, wenn ich einfach mal ein bisschen nett und normal bin. Das fand ich irgendwie lustig. Aber es hat mir auch zu denken gegeben. Bin ich wirklich so eine Zicke, dass es schon fast an ein Wunder grenzt, wenn ich ein wenig Freundlichkeit an den Tag lege? Irgendwie will ich so gar nicht sein … Also, meine Lieben, wenn ihr Vorschläge habt, wie ich mich da ein bisschen bessern könnte, hier und jetzt wären sie willkommen!«

Sarah und Ellie lachen. Das freut sie sehr, auch wenn sie selbst sich an Leonore gewöhnt haben und natürlich wissen, was für eine gute Seele in ihr steckt. Aber manchmal übertreibt sie es wirklich mit ihrer Arroganz – die ein wenig zu reduzieren, kann ihr nur guttun.

»Da habe ich doch spontan ein paar Vorschläge«, hebt Ellie an. »Du könntest bei dem Italiener um die Ecke ein bisschen weniger fordernd nach Brot und Wasser fragen. Der ist einfach eine Schnarchnase – der braucht halt ein bisschen, aber deine Nerverei macht ihn vermutlich nur noch langsamer.«

»Dito für unsere Shopping-Touren«, ergänzt Sarah. »Verkäufer sind auch Menschen – und du hast ja selbst schon gemerkt, wenn du sie nicht anpampst, können sie richtig nett und hilfsbereit sein und geben einem womöglich noch gute Tipps.

Außerdem ist dein Plan, ein wenig geduldiger zu werden, für deine Kinderwunsch-Planung bestimmt auch keine schlechte Voraussetzung. Eine Bekannte von mir hat das in Dänemark gemacht – und bis die alles geregelt und durchgezogen hat, das war wirklich eine ganz schöne Plagerei. Da brauchst du Geduld, mit dir selbst, mit den ganzen Prozessen, die du durchmachen musst, und natürlich auch mit allen anderen Beteiligten.«

»Aber«, wendet Ellie ein, »wenn es mal wieder irgendwo darum geht, sich das letzte Teil oder den letzten Tisch zu schnappen, dann würden wir schon gern weiterhin dich vorschicken – dann haben wir einfach die besten Chancen!«

Wenn Leonore ihr bockiges Kind wirklich in seine Grenzen verweisen möchte, wird sie einige Erziehungsarbeit leisten müssen. Denn das heißt ja, auf spontane Impulse zu verzichten, sich mal zurückzuhalten oder sich auf die Zunge zu beißen, wenn man eigentlich gerne einen Spruch rauslassen würde … Das macht wenig Spaß und erfordert einiges an Disziplin!

VORTEILE, WENN DU ES SCHAFFST, DEIN TROTZIGES ODER IMPULSIVES KIND IN DIR IN DEN GRIFF ZU BEKOMMEN

- Im Kontakt mit anderen wirkst du erwachsener und souveräner. Man wird vernünftig und sachlich mit dir kommunizieren. Wenn du hingegen in der Rolle des bockigen oder impulsiven Kindes agierst, erschrecken andere vielleicht vor der Wucht deines Auftritts, aber sie nehmen dich nicht ganz ernst.
- Du weckst viel mehr Sympathie, wenn du deine Bedürfnisse statt in der Rolle des impulsiven Kindes in der Rolle des erwachsenen Ich artikulierst – auch wenn du dafür manchmal etwas mehr Geduld und Diplomatie brauchst. Diese Sympathien können aber wichtig sein, denn vielleicht brauchst du dein Gegenüber irgendwann noch einmal und bist dann froh, dass du es nicht mit der impulsiven Kind-Rolle vergrault hast.
- Für Pläne oder Aktionen, bei denen Durchhaltevermögen benötigt wird, ist die Rolle des erwachsenen Ich viel günstiger als die Rolle des bockigen Kindes. Wenn du mit Bockigkeit auf die Schnelle nichts erreichst, machst du dich auch ein wenig lächerlich. Das ist kurzfristig vielleicht nicht schlimm, kann aber langfristig Gift sein.

Wichtig für die Begrenzung des trotzigen Kindes ist, dass du bereit bist, wirklich etwas disziplinierter zu werden. Dafür ist es sinnvoll, dir zu verdeutlichen, warum du das tust und wie wichtig es für dich ist. Dann ist es leichter, die Anstrengung aufzubringen, die du dafür benötigst. Für die Begrenzung deines wütenden Kindes musst du auch manchmal etwas streng mit dir sein – hier ist es aber wichtig, nicht komplett in die Rolle des strengen Richters abzurutschen, denn das wäre auch kontraproduktiv.

Mentale Übungen können dir hierbei helfen. Damit probst du die Rolle des erwachsenen Ich gewissermaßen in der Vorstellung – so wie Sportler mit mentalem Training ihre Performance optimieren können!

ÜBUNG: MENTALES TRAINING ZUR BEGRENZUNG DES WÜTENDEN ODER BOCKIGEN KINDES

Schließ die Augen für diese Übung, und versenke dich in die Welt deiner Gedanken und inneren Bilder. Stell dir eine Situation vor, die normalerweise die Rolle deines bockigen Kindes aktiviert. Spiele in deiner Vorstellung durch, wie es dann abläuft. Was machst du, wie reagieren die anderen, wie fühlt sich das alles an?

Als Nächstes stellst du dir vor, dass du in eine andere Rolle schlüpfst – die Rolle des erwachsenen Ich! Was macht das erwachsene Ich in dieser Situation? Wie reagiert es, was sagt es? Wie reagieren die anderen Menschen, die an der Szene beteiligt sind? Und wie geht das erwachsene Ich damit um? Wenn du dir das vorstellst, wie fühlt sich das alles für dich an?

Wie gefällst du dir selbst in der Rolle deines erwachsenen Ich? Kannst du etwas Gutes darin finden? Das ist sehr wichtig! Wie schwer fällt es dir, in diese Rolle zu gehen oder in ihr zu bleiben, und warum ist das so schwierig? Was motiviert dich, diese Anstrengungen auf dich zu nehmen? Reflektiere mit der Vorstellung ein wenig, welche Hürden und welche Belohnungen dich erwarten, wenn du stärker in die Rolle des erwachsenen Ich schlüpfst. Denn wenn du darauf vorbereitet bist, dann kannst du die Hürden besser überwinden und bist besser motiviert, weil du dich auf und über die Belohnungen freuen kannst!

Die strenge Richter-Stimme zum Schweigen bringen

Wenn die strenge Richter-Stimme lauter wird

Wenn du all diese Schritte gehst, mit denen du dein erwachsenes Ich stärkst, dann kümmerst du dich immer besser um dich und deine Bedürfnisse. Das ist sehr gut und wichtig! Nur wenn du es schaffst, dich selbst ausreichend wichtig zu nehmen, kannst du deine Ansichten, Wünsche und Bedürfnisse auch gut in deine Beziehung(en) einbringen. Und nur dann kannst du ein klares Urteil fällen, ob eine Beziehung gut für dich ist oder nicht.

Dieses zunehmende Dich-wichtig-Nehmen kann aber noch mal eine ganz andere Stimme auf den Plan rufen, nämlich die des strengen Richters. Die ist es ja, die dir bisher verboten hat, dich selbst ernst zu nehmen und zu deinen Bedürfnissen zu stehen. Dementsprechend wird sich die strenge Richter-Stimme vermehrt kritisch melden, wenn du das änderst.

Die nächste Aufgabe für dich ist deshalb zu lernen, dich gegen diese Stimme zu wehren. Der strenge Richter hat kein Recht, dich fertigzumachen. Es stimmt nicht, dass du dich selbst nicht wichtig nehmen darfst. Aber es kann dich ein wenig Zeit, Mühe und Geduld kosten, dich gegen diese Stimme durchzusetzen! Wie immer helfen hier Humor und gute Freunde, die dich unterstützen.

Die strenge Richter-Stimme solltest du nicht nur innerhalb deiner Beziehung zum Schweigen bringen. Auch in anderen Momenten kann sie sich melden und es echt nicht gut mit dir meinen. Für dich ist es am besten, wenn du sie in allen möglichen Situationen bekämpfst. Dann kannst du für dich einstehen, egal ob du gerade in einer Beziehungssituation oder alleine bist. Das ist die beste Basis, um dich so weiterzuentwickeln, wie du es dir wünschst und wie es für deine Beziehungen gut ist.

Selbstfürsorge üben

Ein paar Wochen später – die drei waren im Kino und sitzen danach noch bei einem Glas Wein zusammen.

»Na, kannst du es mittlerweile besser ab, wenn Martin sein Ding macht und du auf dich allein gestellt bist? Ich fand es jedenfalls super, als wir letzte Woche zusammen in der Sauna waren …«, wendet sich Sarah an Ellie.

Ellie berichtet: »Oh ja! Meine Lieben, ihr könnt stolz auf mich sein! Mittlerweile läuft es mit Martin richtig entspannt, finde ich. Ich halte es viel besser aus, wenn er mit seinen Freunden unterwegs ist. Ich bin kein Zombie mehr, der vor Angst, Liebeskummer und Eifersucht erstarrt, sondern kann immer mehr die freie Zeit für mich genießen. Je länger ich mit ihm zusammen bin, desto sicherer bin ich mir auch, dass er mich wirklich mag. Das Gefühl ist sehr schön!

Manchmal jedoch kommt da jetzt noch eine andere Seite in mir durch. Da fühle ich mich weder traurig noch ängstlich. Es ist eher so eine innere Stimme, die mir sagt: ›Ellie, das darfst du alles gar nicht. Was bildest du dir ein?‹ Zum Beispiel habe ich vor Kurzem ein Yoga-Wochenende für mich gebucht – in einem kleinen Hotel an der Ostsee, wunderschön gelegen, ein tolles Angebot – ich habe da total Lust drauf. An dem Wochenende hat Martin sogar Zeit und wir könnten etwas zusammen machen. Früher wäre mir so was nie eingefallen. Doch nun diese blöde Stimme, die mich in meinem Kopf anmeckert und sagt, was denn Martin von mir denken soll usw. Damit verderbe ich mir selbst gerade wieder alles und überlege ernsthaft, den Yoga-Kurs zu canceln.«

»Auf keinen Fall sagst du das wieder ab«, sagen Sarah und Leonore wie im Chor. Sarah führt das weiter: »So ein Unsinn – überleg dir doch mal, wie du mir ins Gewissen reden würdest!? Etwa auch, dass ich das nicht verdient habe und keinesfalls durchziehen darf?«

Ellie wird ganz verlegen: »Natürlich fände ich es wunderschön, wenn du so was in Angriff nehmen würdest. Ich würde dich unterstützen und mich darüber freuen!«

»Na bitte«, sagt Sarah, »dann gilt für dich ja wohl das Gleiche! Das sind doch sonst doppelte Standards: Allen anderen ist es zu gönnen und dir nicht!«

Ellie seufzt: »Ich danke euch! Wenn ich euch das sagen höre, dann tut mir das gut. Das Wochenende abzusagen, erscheint mir total abwegig. Es gibt keinen logischen Grund dafür. Doch wenn es mir nicht gut geht und mich etwas runterzieht, komme ich wieder in diesen Film rein … das ist ätzend! Ich bräuchte eure Stimmen immer im Ohr, die mich dran erinnern, dass ich mir das Gleiche erlauben darf, was ich anderen auch zugestehen würde.«

Sarah lacht und zückt ihr Handy. »Schatzilein, das können wir arrangieren. Du bekommst jetzt eine Mutmach-Botschaft per WhatsApp. Aber du musst versprechen, sie auch anzuhören, wenn diese Stimme wieder kommt, okay?« Ellie ist verblüfft und gerührt – was kommt denn jetzt?

Sarah startet eine Sprachnachricht-Aufnahme: »Meine liebe Ellie, manchmal hast du das Gefühl, du dürftest dir nichts gönnen. Ich, Sarah, sage hiermit: So ein Quatsch mit Soße! Du bist wundervoll und wertvoll, und natürlich darfst du dir Dinge gönnen, auf die du Lust hast und die dir Spaß machen. Frag dich einfach, was du mir gönnen würdest – genau das Gleiche gilt auch für dich! Tschakka!« Leonore echot: »Tschakka!« Sarah schickt die Nachricht an Ellie.

Hast du es erkannt? Jetzt meldet sich bei Ellie die Stimme ihrer strengen Richterin, die ihr weismachen möchte, dass sie einfach nicht wichtig ist, sich nichts gönnen darf und all die schönen Erfahrungen, die sie jetzt machen kann, gar nicht verdient hätte. Das ist ganz typisch und passiert oft, wenn wir anfangen, uns besser um uns zu kümmern und uns liebevoller zu behandeln.

Wenn du dich weiterentwickeln und nicht mehr so stark in deiner Helfer-Rolle hängen möchtest, ist es wichtig, diese Stimme abzuschwächen! Du musst Botschaften dagegen finden und dich innerlich stärken. Dabei kann dir die Übung mit dem »liebevollen Begleiter« (S. 208) helfen, denn der liebevolle Begleiter ist der Profi bei der Entwicklung von Botschaften, die den strengen Richter zum Schweigen bringen. Eine ähnliche Technik ist, sich einen starken inneren Freund zu suchen, der deinem erwachsenen Ich zur Seite steht im Kampf gegen den strengen Richter.

ÜBUNG: SUCH DIR DEINEN STARKEN INNEREN FREUND!

Psychisch stabile, mutige Menschen sprechen in schwierigen Situationen oft innerlich mit Freunden, von denen sie Rat und Unterstützung bekommen. Wenn du das gar nicht kennst, kann es sich für dich lohnen, dir so einen »inneren Freund« zuzulegen. Mit dem kannst du ins Zwiegespräch gehen, wenn du dich ängstlich oder überfordert fühlst.

- Wer könnte dein innerer Freund sein? Gut geeignet ist jemand, den du magst und der vielleicht ein Vorbild für dich ist, den du etwas bewunderst. Häufig sind das auch Freunde oder Freundinnen, Aktivisten, soziale Influencer, Lehrer oder Therapeutinnen.

- Freunde dich langsam mit deinem inneren Freund an. Du kannst ihm zum Beispiel gelegentlich berichten, wie es dir gerade geht und was dich beschäftigt.
- Wenn du dich an deinen inneren Freund gewöhnt hast, kannst du ihn oder sie auch ganz gezielt ansprechen und um Rat fragen, wenn du dich mit etwas unsicher oder überfordert fühlst. Beobachte, wie beruhigend und hilfreich das sein kann!
- Du kannst dir auch vorstellen, deinen inneren Freund in belastende Situationen mitzunehmen. Stell dir einfach vor, er oder sie stünde hinter dir und legte dir bspw. beruhigend die Hand auf die Schulter.

Vielleicht kommt dir diese Übung erst einmal komisch vor – aber wenn du dich ein wenig daran gewöhnt hast, wirst du merken, wie gut das tut!

EINE VARIANTE DIESER ÜBUNG: STELL DIR VOR, DU BERÄTST EINE GUTE FREUNDIN.

Manchen Menschen fällt es andersherum leichter, Zugang zu ihrem erwachsenen Ich zu finden und ihre strenge Richter-Stimme zu bekämpfen. Dazu kannst du dir vorstellen, dass eine Freundin, die du sehr gern magst, genau die Schwierigkeiten hat, mit denen du gerade kämpfst. Sie gönnt sich zum Beispiel etwas mehr Freiheit und Erfüllung eigener Wünsche und straft sich dann selbst dafür ab. Was würdest du ihr raten? Wie würdest du sie ermutigen? Was würdest du sagen, um ihre strenge Richter-Stimme zu entkräften? Das alles trifft genauso auch auf dich zu!

Sich selbst etwas gönnen

»Wie läuft's mit dir und Niklas aus dem Chor?«, wird Sarah gefragt.

Sarah berichtet: »Die Zeit mit Niklas ist weiterhin sehr schön. Jetzt traue ich mich auch mal zu sagen, dass ich verliebt bin. Und immer öfter kann ich es auch genießen. Mir ist eure Unterstützung genauso wichtig wie Ellie. Ihr macht mir immer wieder Mut.

Dennoch würde ich aktuell wieder am liebsten davonlaufen und mich im Schneckenhaus vergraben. Ausgerechnet im Chor gibt es Stress. Da ist eine andere Frau, ihr Name ist Meike. Sie ist etwas älter als wir und vermutlich von Niklas sehr angetan. In den Probepausen hat sie entweder Niklas oder mich mit irgendeinem Blödsinn am Wickel. Ich glaube, sie möchte verhindern, dass er und ich Zeit miteinander verbringen. Mir gegenüber macht sie auch manchmal ganz kleine Zicken-Sprüche, so à la ›Deine Stimme solltest du schon mal besser üben, aber du hast ja anderes im Kopf …‹ Das macht mich irgendwie fertig. Ich denke ganz schön viel über Meike nach. Mehr als über Tim, obwohl ich ihn betrüge. Aber er geht nicht aus sich heraus, dann kann ich mein schlechtes Gewissen ihm gegenüber gut unterdrücken. Aber Meike … Ich habe schon fast keine Lust mehr, im Chor überhaupt viel mit Niklas zusammen zu sein, weil sie dabei so schlechte Laune kriegt. Ich finde es total unfair, dass die so einen Einfluss hat und sich das einfach rausnimmt.«

»Unsere Sarah gerät in einen Zickenkrieg, ist das zu fassen?!«, freut sich Leonore. »Ein Jahrhundert-Ereignis, herzlichen Glückwunsch, meine Liebe!«

Sarah schaut sie irritiert an. »Was soll das denn heißen? Ich finde das überhaupt nicht gut. Ich fühle mich richtig schlecht, wenn ich diese Tante sehe. Habe das Gefühl, ich müsste sie irgendwie entschädigen, hab ihr sogar schon angeboten, die Noten für sie mitzukopieren, all so einen Scheiß. Ich finde Zickenkrieg furchtbar, ich will das nicht …«

Ellie mischt sich ein: »Ich kann euch beide verstehen. Sarah, ich glaube, dir geht es so wie mir. Deine strenge Richter-Stimme wird aktiviert von Meike. Lass mich mal eine gewagte Hypothese aufstellen: Die erinnert dich an deine Mutter. Es passt ihr nicht, wenn du Spaß hast, ausgerechnet mit dem Typen, den sie auch gut findet. Das lässt sie dich spüren. Und du, anstatt dich zu freuen, dass du die Siegerin im Duell bist, fühlst dich schuldig – als wärst du dafür zuständig, dass sie glücklich ist. Stimmt's?«

Sarah denkt nach. »Puh, so bewusst habe ich das noch gar nicht in Betracht gezogen. Aber du hast recht. Ein schlechtes Gewissen bzw. mich schuldig fühlen, das kenne ich nur zu gut. Sobald es mir mit Niklas gut geht, fühle ich mich gegenüber Meike schuldig. Als ob ich für ihr Unglück verantwortlich wäre. Mmh, bin ich ja irgendwie auch …«

»Bist du nicht, das ist absoluter Blödsinn!«, fällt Leo ihr ins Wort. »Aber ganz ehrlich: Du musst lernen, damit zurechtzukommen. Du kannst nicht alles haben – einerseits das Glück auf Erden und andererseits eine Umgebung, die dir ohne jeden Neid alles gönnt und dir womöglich noch den roten Teppich ausbreitet. Wenn du dir einen tollen Typen angelst, musst du damit rechnen, dass andere Frauen dich beneiden. Und vielleicht auch mal anzicken. Das gehört dazu. Da musst du drüberstehen! Kannst doch dein Glück nicht für die doofe Meike aufgeben, oder?!«

Leonore lacht. »Da habe ich es wirklich einfacher. Die würde mich ja eher noch pushen. Wenn Konkurrenz im Raum ist, laufe ich erst zu Hochform auf. Das würde Niklas für mich gleich noch mal doppelt so interessant machen …«

Sarah denkt nach. »Also, so wie Leo werde ich nie sein und das möchte ich auch gar nicht. Sorry, Leo, aber du verstehst mich sicher richtig. Ich weiß, dass dein Vorgehen auch Vorteile hat. Wenn ich euch zwei richtig verstehe, muss ich es aushalten, dass Meike unzufrieden ist? Und ich kann nichts dagegen tun? Nee, die würde erst Ruhe geben, wenn Niklas und ich getrennte Wege gehen würden. Doch das kommt für mich nicht infrage! Nur damit es ihr besser geht, auf meine Zeit mit Niklas verzichten! Davon ganz abgesehen weiß ich, dass sie nicht Niklas' Typ ist. Dennoch ist das alles nicht sehr angenehm. Mir wäre am liebsten, dass alle sich ›lieb haben‹ oder sich zumindest wohlfühlen – auch Meike. Gibt es nicht einen Schalter, mit dem man solche Konflikte abstellen kann?«

Leonore grinst. »Nee, das kannst du vergessen. Wo Licht ist, ist auch Schatten. Immer. Das ist ein Naturgesetz. Aber im Licht ist es wunderschön, warm und hell. Deshalb lohnt es sich, das bisschen Schatten auszuhalten. Es ist toll, dass du endlich ins Licht trittst. Jetzt reg dich nicht über den Schatten auf, sondern lern verdammt noch mal möglichst schnell, damit zurechtzukommen!«

Ellie nickt anerkennend. Besser hätte sie das auch nicht erklären können. Sarah ist etwas platt. Sie sieht ein, dass sie sich dieser Herausforderung wird stellen müssen. Irgendwie war es ganz bequem gewesen, über Meike zu lamentieren und etwas herumzujammern. Aber damit schafft sie das Problem nicht aus der Welt. Sarah muss trotz der Schuldgefühle, die Meike ihr macht, ihren Weg gehen. Immerhin ist es einleuchtend, dass das missmutige Auftreten von Meike Ähnlichkeiten mit dem Verhalten ihrer Mutter hat. Das hilft ihr, sich etwas davon zu distanzieren.

Sarah muss gegen die Stimme ihrer strengen Richterin kämpfen, die ihr Schuldgefühle macht, wenn sie sich glücklich fühlt und es anderen nicht so gut geht. Wenn dein strenger Richter auch solche Botschaften an dich hat, dann stell dich auf einen längeren und manchmal etwas zähen Kampf ein! Denn Schuldgefühle können ganz schön an einem »kleben«.

Sarah gerät darüber etwas ins Jammern. Das passiert vielen Menschen. Es ist immer einfacher und bequemer, sich über andere aufzuregen, die einem das eigene Glück nicht gönnen und einen nicht unterstützen. Aber damit bleibt man letztlich passiv und emotional abhängig von diesen Menschen, die für einen meist gar nicht relevant sind. So auch hier: Meike ist für Sarah ja überhaupt nicht wichtig!

Der wichtige Schritt ist, an dieser Stelle eine klare eigene Position zu finden: Ich habe mein Glück genauso verdient wie jeder andere auch. Wenn jemand anders es mir nicht gönnt oder mir madig machen will, dann ist das so – mein Einfluss auf meine Umwelt ist begrenzt. Ich bleibe freundlich und anständig im Kontakt mit anderen, mehr kann ich nicht tun.

Das kann schwerer sein, als es klingt. Denn diese Richterstimme mit ihren Schuldgefühlen hat dir vielleicht jahrelang vorgegeben, wie du dich anderen gegenüber verhältst. Zum Beispiel, dass du immer gleich einen Rückzieher machst, wenn du merkst, dass irgendwo ein Konflikt droht. Gewohnte Verhaltensweisen geben auch viel Halt, und du fühlst dich erst mal sehr unsicher, wenn du dich hier veränderst. Du übernimmst auf einmal viel mehr Verantwortung für dich selbst und steigerst womöglich deine »tragische Fallhöhe«.

DIE TRAGISCHE FALLHÖHE

Die »tragische Fallhöhe« ist eigentlich ein Konzept aus der griechischen Tragödie. Dort machen die Helden erst eine große Karriere und an deren Höhepunkt stürzen sie ab.

Viele Menschen haben Angst vor so einem Absturz. Sie fürchten, dass sie ganz besonders große Enttäuschung erleben werden, wenn sie es wagen, sich auf besonders positive Erlebnisse einzulassen. So nach dem Motto »Wenn ich nichts riskiere, kann ich auch nicht enttäuscht werden«.

Kennst du solche Ängste? Dann ist es wichtig, dass du dir bewusst machst, dass die meistens völlig irrational sind. Wenn du positive Erfahrungen machst und dich traust, deinen Wünschen zu folgen, dann wirst du mal schlechte und mal gute Erlebnisse haben – aber auf jeden Fall wird es vorangehen in deinem Leben. Und selbst wenn du etwas erst erringst und dann verlierst, ist es doch in aller Regel schöner, etwas auch einmal genossen, statt von vornherein darauf verzichtet zu haben!

Um hier weiterzukommen, ist es oft hilfreich, das Ganze ein bisschen spielerisch anzugehen. Wenn du dir zum Beispiel vornimmst, mal ein paar Experimente zu machen – dann nimmst du alles nicht ganz so ernst und kannst besser Distanz zu der strengen Richter-Stimme gewinnen.

ÜBUNG: EXPERIMENTE MACHEN

Die strenge Richter-Stimme hindert uns oft daran, die Dinge zu tun, die uns im Leben eigentlich wichtig sind. Sie sagt, dass wir dazu zu dumm wären, dass wir das eigentlich gar nicht verdient haben oder dass wir böse sind, wenn wir mehr Spaß haben als andere. Wenn wir einfach mal spielerisch neue Dinge ausprobieren, können wir das überwinden und einfach die Erfahrung machen, wie schön es ist, wenn es uns gut geht. Und es ist erst mal leichter, als große und wichtige Pläne anzugehen, obwohl es vielleicht der erste Schritt auf dem Weg ins Unbekannte ist …

Hier sind ein paar Vorschläge für Experimente – aber wahrscheinlich ist für dich etwas ganz anderes interessanter – jede Idee ist gut!

- Ein neues Hobby ausprobieren (Gitarre spielen, neuer Fitnesskurs, Lauftreff etc.)
- Das Aussehen verändern oder einen neuen Stil ausprobieren
- Eine Beziehung neu beleben oder vertiefen
- Etwas Neues lernen (Handwerk, Sprache, Instrument etc.)
- Etwas ausprobieren, was man sonst nie macht (wandern gehen, aufwendig kochen, die Wohnung dekorieren, ein neues Restaurant, sich ehrenamtlich engagieren)
- Alleine etwas unternehmen

Viele Menschen trauen es sich auch einfach nicht zu, glücklicher zu werden und ohne ihre strenge Richter-Stimme zu leben. Der strenge Richter ist ein wichtiger Teil ihrer Identität geworden, und sie fragen sich, was übrig bleibt, wenn sie die auf einmal versuchen etwas leiser zu drehen. Aussagen wie: »Ohne diesen inneren Antrieb wäre ich nicht da, wo ich jetzt bin. Wenn die weg ist, dann vegetiere ich nur noch vor mich hin und kriege gar nichts mehr gebacken. Wer bin ich denn dann?« Deshalb kann es auch sehr sinnvoll sein, sich mal gründlich über die eigenen Stärken Gedanken zu machen.

ÜBUNG: BESINNE DICH AUF DEINE STÄRKEN

Geht es dir auch so, dass du auf Anhieb all deine Macken, Schwächen und Fehler aufzählen kannst, aber kaum etwas über deine Stärken sagen? Das ist typisch für Menschen mit einer starken inneren Richter-Stimme.

Mach dir deshalb deine eigenen Stärken einmal ganz bewusst. All die Ressourcen, Kompetenzen und sympathischen Eigenschaften, die zu dir gehören! Schreib die Liste deiner eigenen Stärken am besten in ein hübsches Heft und ergänze sie fortlaufend.

Die folgenden Fragen können dir helfen, deinen eigenen Stärken auf die Spur zu kommen:

- Welche Rollen füllst du in deinem Leben aus (z. B. Mutter, Vater, Arbeitnehmerin, Partner, Tochter, Hobbymusiker, Netzwerker)? Für jede dieser Rollen benötigst du Kompetenzen – was fällt dir ein?
- Was sagen andere Positives über dich? Mit welchen drei Wörtern würde dich deine beste Freundin/dein bester Freund beschreiben? Filtere aus diesen Aussagen deine Stärken heraus.
- Was findest du selbst: Was sind deine besten Eigenschaften? Schreib sie auf die Liste!

Mit dieser Liste solltest du sich öfters beschäftigen, vor allem wenn du dich unsicher oder ängstlich fühlst. So kannst du immer selbstsicherer werden und deiner strengen Richter-Stimme immer besser Kontra bieten.

Faul sein üben

»Na, Leo, solche Probleme hast du nicht, oder?«, wendet sich Ellie an die Dritte im Bunde. Schließlich hat Leo in der Diskussion gerade bewiesen, wie lässig sie ihre Bedürfnisse und Wünsche ernst nehmen und sich durchsetzen kann.

Leonore antwortet direkt: »Die Probleme, die ihr in euren Beziehungen habt, die kenne ich nicht wirklich. Mir fällt es leicht zu sagen, was ich will oder brauche. Und wenn ein Kerl damit nicht zurechtkommt, ist es mir erst mal egal. In vielen Fällen finde ich diese Einstellung auch sinnvoll. Denn wenn der Typ ganz andere Vorstellungen vom Leben hat als ich, was soll ich mich da auf Teufel komm raus verbiegen, nur damit es klappt. Nee, gar nicht meins.

Allerdings habe ich gemerkt, dass ich mich selbst schon auch manchmal ziemlich peitsche, aber eher wenn es um Arbeit und Erfolg geht. Mein Versuch, mal ein bisschen freundlicher zu sein, zahlt sich schon aus. Das Leben ist schon entspannter, wenn man nicht dauerhaft auf Krawall gebürstet ist. Doch dann passiert etwas Merkwürdiges: Wenn ich dann erst mal durchatme, anstatt meine Energie in die Kritik anderer Menschen zu stecken, dann werde ich ruhiger. Und in dieser Ruhe merke ich erst mal, wie erschöpft ich eigentlich bin. Mein Ackern und Arbeiten powert mich ganz schön aus. Meine Aggro-Seite kommt auch daher, glaube ich – ich peitsche mich damit auf, dass ich dann gereizt und fordernd reagiere. Dann bin ich mal wieder in der Blender-Rolle.

Mit einem Kind müsste ich mich wohl massiv runterschrauben. Es ist bestimmt nicht gut, wenn man als Mutter dauernd auf Höchstleistung läuft. Häufig geht es wahrscheinlich gar nicht – wenn ich mir die Frauen in meinem Bekanntenkreis so anschaue, die Kinder sind ja dauernd krank, kriegen Zähne oder bremsen einen sonst wie aus. Da darf einem das Thema Leistung und Erfolg nicht mehr ganz so wichtig sein, sonst dreht man ja durch.«

Ellie und Sarah kennen das beide gut, dass Stress und Anspannung sie aggressiv oder gereizt machen – auch wenn das normalerweise nie solche Ausmaße annimmt wie bei Leonore. »Ging mir in den letzten Wochen immer mal wieder so, weil ich unheimlich Druck mit einem Projekt auf der Arbeit hatte«, sagt Ellie. »Jetzt ist das zum Glück abgeschlossen beziehungsweise liegt bei meiner Kollegin …

aber warum fällt es dir denn so schwer, da mal ein bisschen Dampf rauszunehmen, Leo?«

»Warum es mir so schwerfällt? Wenn ich zurückrudern und jammern würde, dass ich etwas nicht schaffe, dann wäre ich ja so ein Normalo wie alle anderen, die den Schwanz einziehen, wenn es mal stressig wird. Reine Katastrophe, all diese Memmen. Es war schon immer so: Leo schafft alles und noch mehr als das. Nicht umsonst bin ich in unserem High-Performance-Team in der Firma die Nummer eins.«

»Puh, da bin ich ja beruhigt, dass auch bei der Powerfrau Leo irgendwann mal Schluss ist …« Sarah lächelt. »Das macht dich ein wenig menschlicher. Das ist irgendwie auch ganz sympathisch. Wahrscheinlich würden dich dann noch mehr Leute mögen, wenn du hier auch noch etwas locker lassen würdest … Wie könntest du das denn angehen?«

Leonore denkt nach. »Gute Frage. Mein Selbstmanagement könnte ich dahingehend verbessern, indem ich mehr priorisiere. Wichtig und dringend und so weiter … kennt ihr auch. Viele Dinge erledigen sich auch von selbst, wenn man sie mal liegen lässt. Und natürlich könnte ich die eine oder andere Sache auch delegieren – das hätte den Vorteil, dass ich nicht daran schuld bin, wenn nichts mehr daraus wird … und wenn ein Kollege eine delegierte Aufgabe doch erfolgreich erledigt, dann kann ich mich dafür feiern lassen, dass ich so clever war, sein Potenzial zu erkennen. Hey, das wird gut!«

Leonores Augen glänzen, so hat sie das noch nie betrachtet. Clever priorisieren und delegieren und dadurch die eigene Belastung reduzieren – das ist doch eigentlich sogar eine richtig gute Idee!

Leonores strenge Richterin fordert Bestleistung nicht so sehr in Beziehungen, sondern eher im Beruf. Aber natürlich wirkt sich das auf ihre Beziehungen aus. Zum einen ist sie dauernd gestresst und geht auch deshalb mit ihrer Umwelt oft unfreundlich und gereizt um. Zum anderen hat sie für die Pflege von Beziehungen ja kaum Zeit und Energie übrig, weil sie all ihre Kraft in Leistung steckt. Beim Thema »Kinderwunsch« ist ihr das deutlich aufgegangen.

ÜBUNGEN: SO REDUZIERST DU DIE STRENGE RICHTER-STIMME, DIE IMMER BESTLEISTUNG FORDERT

- **Mal etwas nicht perfekt machen:** Sei es auf der Arbeit oder privat, man kann vieles gründlich und perfekt oder »quick and dirty« – also vielleicht etwas schlampiger oder oberflächlicher, aber dafür auch schnell und effektiv – machen. Wenn du zum Perfektionismus neigst, dann probiere es doch mal mit »quick and dirty«. Statt zu 120 Prozent, mach es zu 80 Prozent richtig! Und die gewonnene Zeit steckst du in deine Freundschaften!
- **Mal fünfe grade sein lassen:** Oft laufen die Dinge nicht genau so, wie sie sollten, aber irgendwie geht es trotzdem. Kennst du es, dass dich das stört und du dich reinhängst, damit auch alles richtig wird? Dann kannst du mal üben, »fünfe grade sein zu lassen« – vermutlich ist das Ergebnis genauso gut, und niemand merkt es …
- **Mal sagen »Das wird mir zu viel!«:** Musst du andauernd beweisen, dass du mehr hinbekommst als fast alle anderen? Dann kann es eine gute Übung sein, mal etwas früher »stopp« zu sagen. Du wirst vermutlich feststellen, dass dich deshalb noch lange nicht jeder für eine Versagerin hält!

Viele Menschen befürchten bei solchen Übungen, dass andere sie dann auf einmal für komplette Versager halten werden und sie sich womöglich alle möglichen Chancen verbauen. Sehr häufig ist das völlig unbegründet. Wenn du in der Regel gute Leistungen bringst, wird das nicht wesentlich geschmälert, wenn du auch mal etwas »quick and dirty« erledigst …

Allerdings werden gute Leistungen meist belohnt und das fühlt sich natürlich gut an. Und wenn du dich entscheidest, einmal nicht mehr alles zu geben, dann kann es auch sein, dass dich jemand überholt, den du sonst hinter dir gelassen hättest, oder dass deine Chefin verwundert reagiert, weil sie ein Nein von dir gar nicht kennt. Es kann deshalb wichtig sein, dass du dir klarmachst, warum es sich für dich trotzdem lohnt, dich dieser strengen Richter-Stimme nicht mehr dauernd zu unterwerfen.

ÜBUNG: GRÜNDE, DICH DER STRENGEN RICHTER-STIMME ZU WIDERSETZEN

- Gibt es andere Domänen im Leben, denen du dich mit mehr Energie widmen möchtest, z. B. Beziehungen, Freundschaften, Hobbys?
- Schlägt sich dein Stress und dein Hang zur Leistung in deiner Gesundheit nieder, könntest du dich wohler fühlen, wenn du öfters mal Nein sagst?
- Was ist für deine langfristige Gesundheit und dein Wohlbefinden am besten? Wie lange kannst du noch durchhalten, ohne etwas zu verändern?
- Gibt es Grenzen, die du einfach akzeptieren musst, auch wenn du das vielleicht nicht möchtest? Zum Beispiel brauchst du vielleicht einfach sieben Stunden Schlaf, um gut arbeiten zu können oder für deine Töchter/Söhne da zu sein.

Jetzt darf sich das erwachsene Ich entfalten

Die wichtigsten Schritte, die du gehen musst, haben wir schon besprochen: Die Helfer-Rollen reduzieren, dich um die Kind-Rollen kümmern und die Stimme des strengen Richters bekämpfen. Wenn du das geschafft hast, dann ist der Weg frei für die wundervolle Entwicklung des erwachsenen Ich, bei der dich jetzt nicht mehr viel stören kann.

In der Beziehung bedeutet die Präsenz des erwachsenen Ich, dass beide Partner ihre Bedürfnisse einbringen können und bei Differenzen Kompromisse finden; dass sie aufeinander Lust haben, das zeigen können und es für beide selbstverständlich ist, die Wünsche und Grenzen des anderen zu beachten; dass sie gemeinsame Interessen aufbauen und ausleben und dabei das Leben genießen können und dass gemeinsame Pflichten und Aufgaben gerecht geteilt erledigt werden.

Aber auch für dich alleine, beziehungsweise außerhalb der Beziehung, solltest du dich darum kümmern, dass dein erwachsenes Ich immer stärker wird. Denn das gibt dir die Basis zu entscheiden, ob ein Partner gut für dich ist oder nicht. Sie hat die Weisheit zu spüren, ob du ihn wirklich liebst und ob er dich liebt. Sie gibt dir die Kraft, Schwierigkeiten anzusprechen und – falls es doch dazu kommen sollte – eine Trennung zu ertragen und dich danach wieder neu aufzustellen. Deshalb sollte das erwachsene Ich in möglichst allen Bereichen deines Lebens so stark wie möglich sein.

Raus in die Welt

Ein paar Wochen später treffen sich die drei zum gemeinsamen Plätzchenbacken. Es wird bald wieder Weihnachten – wie die Zeit vergeht …

»Hey Ellie, wie war dein Yoga-Wochenende?«, will Sarah wissen.

»Es war toll! Oh, es war ganz klasse! Ich bin euch so dankbar, dass ihr mich dabei so unterstützt habt! Es hat mir gutgetan, ich habe eine Menge gelernt und viele nette Leute getroffen. Ein richtig schöner Kurzurlaub. Martin hat sich an dem Wochenende endlich seine Steuer vorgenommen, da konnte ich froh sein, dass ich seine schlechte Laune, die dieser nervige Kram bei ihm verursacht, nicht abbekomme.

Haha, und stellt euch vor, was letzte Woche passiert ist: Ich wollte eigentlich mit Martin zum Filmstart in den neuen Star-Wars-Film. Ich liebe diesen Kult ja. Aber er hatte keine Zeit, da er mit einem Freund zum Squash verabredet war. Dann bin ich mit ein paar Leuten von der Arbeit hingegangen, die auch unbedingt beim Filmstart dabei sein wollten. Die meisten meiner Kollegen sind ja männlich, und stellt euch vor, Martin war sogar ein wenig eifersüchtig. Das hätte ich mir vor ein paar Monaten gar nicht träumen lassen, dass mal nicht ich die Rolle innehabe, sondern Martin. Wenn ich ehrlich bin, finde ich das auch schön …«

»Wow, das ist ja super!«, freut sich Sarah. »Und was sind deine nächsten Pläne? Klingt ja nicht so, als wolltest du es bei dem einen Yoga-Wochenende belassen mit deinen Aktionen alleine …«

»Das stimmt! Oh, ich überlege mir grade ganz viele Sachen. Die Yoga-Geschichte war so schön und in der Art gibt es ja ganz viele Angebote. Doch wahrscheinlich mache ich erst mal klein weiter, aber da gibt es vieles, worauf ich

Lust habe. Eigentlich verreise ich ja auch sehr gern, aber das habe ich in den letzten Jahren immer ganz schön von dem jeweiligen Mann abhängig gemacht. Und weil es oft so schlecht lief, bin ich viel zu selten verreist. Das möchte ich ändern! Egal wie es mit Martin weitergeht, nächstes Jahr mache ich auf jeden Fall mal eine mehrtägige Wanderung in den Pyrenäen, das wollte ich schon so lange! Und besuche meine alte Schulfreundin Marina, die gerade für ein paar Jahre in Paris ist. Der Termin steht schon. Nicht dass ich diese Gelegenheit verstreichen lasse!«

Leonore staunt. »So kennen wir dich ja kaum, Ellie – aber mir gefällt das gut! Endlich holst du aus deinem Leben das heraus, was es zu bieten hat, ohne immer auf irgendwelche Typen zu hoffen, die sich dann doch nicht drum kümmern … oder vielleicht doch, vielleicht mag Martin ja sogar beim ein oder anderen mitmachen?«

Das hofft Ellie natürlich auch. »Unbedingt. Das wäre wirklich schön. Für die Wanderung haben wir schon einen gemeinsamen Termin ausgeschaut, wo wir beide Urlaub bekommen können. Und ich hoffe natürlich, dass wir im nächsten Jahr viel zusammen erleben werden. Aber die Yoga-Geschichten und der Besuch bei Marina, das möchte ich allein machen. In der Zeit kann er gern seinen eigenen Hobbys nachgehen.«

Sarah und Leonore sind sich einig: Ellie ist auf einem sehr guten Weg! So viel Energie und Lebenslust, wie da rauskommt, das ist wirklich toll!

Ellies erwachsenes Ich entwickelt sich grade rasant! Vielleicht ist dir auch aufgefallen, dass es für Ellie gerade gar nicht mehr so sehr darum geht, was sie alles mit Martin macht und wie sie es hinbekommt, dass sie beide damit zufrieden sind. Stattdessen schaut sie jetzt erst mal auf sich und ihre Interessen – davon lässt sich dann ja vieles auch mit Martin verbinden. Die Diener-Rolle ist also sehr geschrumpft, sie spielt gar keine große Rolle mehr.

Genau so muss es unserer Ansicht nach sein! Auch wenn das vielleicht etwas paradox klingt, aber für eine ausgeglichene und glückliche Beziehung ist es zunächst sehr wichtig, dass beide Partner autonom für sich ihr Leben gut gestalten können. Erst wenn du das schaffst, kannst du deinem Partner überhaupt auf Augenhöhe begegnen, weil du nicht mehr so stark von ihm abhängig bist. Erst wenn du deinen Partner nicht mehr unbedingt brauchst, um dich selbst stabil zu fühlen, bist du im Umgang mit ihm überhaupt frei, die Beziehung für beide gut zu gestalten. Deshalb ist Ellies Weg, ihre eigenen Interessen zu verfolgen und mit sich selbst zufrieden zu werden, die beste Voraussetzung dafür, dass es langfristig mit Martin klappt. Denn dann muss sie nicht mehr kletten und ihm nicht mehr hinterherlaufen – und sie bekommt keinen Nervenzusammenbruch mehr, wenn mal ein Konflikt entsteht.

Um dein erwachsenes Ich zu stärken, wenn du sonst stark zur Diener-Rolle neigst, solltest du einfach mehr von den Dingen machen, die dir persönlich wichtig sind – auch unabhängig von deiner Beziehung! Vielleicht ist es dafür sinnvoll, deine Planungsschritte manchmal herumzudrehen: Denke nicht als Erstes darüber nach, was du mit der Beziehung vereinbaren kannst, sondern überlege als Erstes, was dir selbst wichtig ist. Im zweiten Schritt kannst du dann immer noch Wege finden, wie du das mit deiner Beziehung gut koordinieren kannst.

ÜBUNG: LASS DEIN ERWACHSENES ICH RICHTIG GROSS UND STARK WERDEN!

Es gibt viele Aktivitäten, die du in der Rolle deines erwachsenen Ich erleben kannst. Im Vordergrund kann Genuss stehen, aber auch Herausforderung, Abenteuer oder neue Dinge zu lernen. Vielleicht helfen die folgenden Punkte dir zu reflektieren, was für dein erwachsenes Ich gute neue Aufgaben oder Schritte wären.

- **Werteorientierung:** Was ist dir im Leben wichtig? Welche Werte hast du? Möchtest du Gutes tun, Abenteuer erleben, ehrlich sein, Spaß haben? Das sind Beispiele für typische Werte, die Menschen im Leben haben können.
- **Herausforderungen:** Was findest du spannend, was möchtest du vielleicht lange schon mal ausprobieren? Vielleicht eine Sportart, ein bestimmtes Land kennenlernen, einem bestimmten Menschen näherkommen?
- **Genuss:** Was gefällt dir besonders gut, was genießt du gerne?
- **Pflichten und Aufgaben:** Welche Aufgaben hast du dir schon lange vorgenommen, welche Pflichten lässt du womöglich schleifen, obwohl sie für dein Leben eigentlich wichtig wären?
- **Beziehungen:** Welche Beziehungen (neben der Partnerschaft) sind dir wichtig, mit welchen Menschen hättest du gerne mehr Kontakt?

Wenn du weißt, wie du dein erwachsenes Ich weiterentwickeln möchtest, dann ist eine realistische Planung natürlich sinnvoll. Nimm dir nicht zu viel auf einmal vor, und plane so, dass du auch Aussicht auf Erfolg hast!

Trotz Zweifel neue Wege gehen

»Wie läuft es mit dir und Niklas? Und wie mit Tim?«, wenden sich Leonore und Ellie an Sarah.

Sarah berichtet: »Mit Niklas ist es nach wie vor sehr

schön. Mittlerweile würde ich sogar sagen, wir sind beide schwer verliebt. Wir hatten jetzt ein paar Tage auf diesem Chor-Festival, das war traumhaft. Dabei bin ich natürlich zum einen einfach verliebt, und wahrscheinlich finde ich jetzt auch Dinge an ihm toll, die mir in einem Jahr oder so auf die Nerven gehen werden, das kennt man ja. Aber es hat auch diese andere Ebene. Wir können uns über ganz vieles unterhalten, und in der Musik, da kommen wir uns einfach so nah, wie ich das noch nie mit einem Mann erlebt habe. Bei dem Chor-Festival haben wir einen Improvisations-Workshop zusammen gemacht, das war unbeschreiblich …

So langsam hat auch Tim verstanden, dass ich da etwas Ernsthaftes am Laufen habe. Er ist bockig und eifersüchtig, würde ich sagen. Doch ihr werdet es nicht glauben, nicht mal das lockt ihn aus der Reserve. Er bemüht sich null um mich. Er deutet an, dass er findet, ich müsste mich entscheiden. Das klingt aber eher nach so einer lahmen Drohung. Ich glaube, er würde sich nicht trennen – er gaukelt sich lieber vor, das ist nur eine Phase, und demnächst ist alles wieder beim Alten und er muss nichts ändern. So schätze ich das ein.«

»Oh lala«, sagt Ellie, »das spitzt sich ja ganz schön zu bei dir. Was machst du denn jetzt mit Tim?«

»Das ist eine gute Frage! Tja, ganz ehrlich, das hat vermutlich keine Perspektive mehr mit ihm. Ich meine, ich habe es das ganze Jahr über immer mal wieder versucht. Im Guten wie im Schlechten, würde ich sagen. Mit Niklas läuft es ja noch nicht sooo lange und davor habe ich mich auch aktiv um Tim bemüht. Aber egal, wie ich es anstelle: Das, was ich will – mehr Gefühl, mehr Nähe, ein bisschen Romantik –, das bekomme ich nicht von Tim. Und Niklas sagt, er wäre gern mit mir zusammen. Er will es eigentlich nicht länger nur als Affäre laufen lassen. Das heißt, ich hätte sozusagen schon einen neuen Hafen. Aber trotzdem macht mir der Gedanke, Tim zu verlassen, total Angst. Wir sind einige Jahre zusammen und ich bin so an ihn gewöhnt. Und ich habe mich noch nie aktiv von einem Mann getrennt. Das haben immer die Männer erledigt! Obwohl ich mich jetzt ja schon länger mit dem ganzen Thema Beziehung befasse, ist es immer noch wie ins kalte Wasser springen, jetzt wirklich diese Entscheidung zu treffen …«

»Oh Mann, dass du dich immer noch nicht von diesem Langweiler getrennt hast, das kann ich echt nicht fassen!«, platzt es aus Leonore heraus. »Entschuldigung …«, kommt etwas kleinlaut hinterher, als sie sieht, wie getroffen und bedrückt Sarah auf einmal schaut.

»Hm, ich kann das schon sehr gut verstehen«, sagt Ellie ausgleichend. »Und du weißt ja auch wirklich nicht, was dich erwartet, wenn du dich ganz auf Niklas einlässt. Auf der anderen Seite kannst du eigentlich nicht viel falsch machen. Du hast echt alles versucht, um Tim aus der Reserve zu locken. Selbst wenn irgendwo mehr in ihm steckt, du kriegst es nicht aus ihm heraus! Es ist klar, dass du in dieser Beziehung nie das bekommst, was du willst. Es ist wirklich das reine Verharren im Gewohnten!« Sarah nickt.

»Aber drei Punkte sind doch wichtig«, fährt Ellie fort. »Erstens hast du da auch keine wirkliche Sicherheit – denn wenn es so weitergeht, dann wird sich womöglich doch auch Tim irgendwann was Neues suchen, und du stehst gelackmeiert da. Und zweitens wartet da ein großes tolles Abenteuer auf dich mit Niklas, und es wäre unglaublich schade, das vorüberziehen zu lassen. So glücklich warst du noch mit keinem Mann, Sarah. Und drittens hast du uns! Wenn es mit Niklas doch schiefgeht, dann kannst du dich bei uns zumindest ausheulen und dann suchen wir dir online einen Partner.« Leonore nickt dazu heftig.

Jetzt muss Sarah lachen. »Ach, ihr seid echt zwei solche Schätze, vielen Dank. Ja, ihr habt recht, ich muss das wirklich angehen. Ich rede mit Tim. Das hat keinen Sinn mehr mit ihm. Wenn er das so hinnimmt wie alle meine Gesprächsversuche dieses Jahr, dann wird es womöglich noch nicht mal so dramatisch. Vielleicht zuckt er nur die Achseln … Dennoch ist es traurig, wenn es so auseinandergeht. Ich habe so lange an dieser Beziehung festgehalten. Es ist doch ein Mist, was man sich und den anderen manchmal antut!«

Auch bei Sarah setzt sich immer mehr das erwachsene Ich durch, das ihre Bedürfnisse kennt und sich dafür einsetzt, dass diese auch erfüllt werden. Große Entscheidungen wie eine Trennung sind aber immer auch mit viel Stress und Unsicherheit verbunden. Selbst wenn du erwartest, dass du mit einem bestimmten Schritt viel Gutes erreichen wirst, kann dir der Schritt schwerfallen, einfach weil er groß ist … so geht es Sarah jetzt auch grade. Denn letztlich ist es ein Sprung ins Unbekannte, und du kannst nicht sicher wissen, was dich erwartet. Da ist es oft leichter, am Gewohnten festzuhalten, auch wenn man damit nicht zufrieden ist – immerhin kennt man es und weiß, was man davon erwarten kann.

Wenn Sarah allerdings so mutig ist, sich von Tim zu trennen und mit Niklas einen echten Neustart zu wagen, dann beweist sie damit auch Mut und geht etwas an, was sie sich bisher nicht getraut hat. Dadurch lernt sie auch, sich ganz neuen Situationen zu stellen und diese zu bewältigen. Das wird ihr auch in der Zukunft helfen, falls wieder einmal Ähnliches auf sie zukommt – falls es zum Beispiel mit Niklas doch nicht so gut läuft wie erwartet. Und wenn sie so mutig ist, eine Tür zu schließen und eine andere aufzumachen, dann wird sie dahinter auch neue Räume, neue Wege und neue Türen entdecken – es ist ja nicht alles zu Ende, nur weil eine Beziehung abgeschlossen ist! Ganz im Gegenteil, wer den Mut zu einem großen Schritt findet, dem wird es viel leichter fallen, auch weitere Schritte zu wagen.

Häufig schaffen wir solche schwierigen großen Schritte nicht, weil sie kurzfristig äußerst unangenehm sein können, während das

Verbleiben in der Situation kurzfristig weitaus angenehmer oder bequemer ist. Langfristig dreht sich das Bild jedoch herum. Wenn du vor solch einem Schritt stehst, kann es deshalb sehr sinnvoll sein, dass du dir einmal gründlich über die positiven und negativen Konsequenzen dieses Schrittes Gedanken machst – und zwar aufgeteilt nach kurz- und langfristigen Konsequenzen. Als Beispiel findest du hier die Liste, die Sarah aufstellen könnte. Vielleicht ist eine solche Liste für dich auch hilfreich.

	Positive Konsequenzen einer Trennung von Tim	**Negative Konsequenzen**
Kurzfristig	▪ Verbindlichere Beziehung mit Niklas – allerdings weiß Sarah nicht genau, was sie hier erwartet	▪ Emotionaler Stress mit Tim ▪ Trauer, weil der Abschied von einer langen Beziehung auch schmerzt, wenn sie nicht mehr so toll ist ▪ Praktische Probleme: neue Wohnung suchen, Haushalt neu regeln ▪ Finanzielle Kosten von Umzug und neuen Anschaffungen
Langfristig	▪ Beziehung so leben, wie Sarah sich das vorstellt ▪ Nicht mehr zusammen sein mit einem Mann, der keine Liebe zeigen kann	▪ Unsicherheit, wie es wirklich weitergeht

Solche Überlegungen gehen im Alltag mit seinen Problemen oft unter. Dann stellt man plötzlich fest, dass schon wieder ein Jahr vergangen ist und man nichts geändert hat an der Situation, die einem doch eigentlich schon so lange nicht mehr lieb ist. Hier kann es helfen, sich auf langfristige Ziele zu besinnen: Was ist mir wirklich wichtig im Leben? Was würde ich bereuen, wenn ich es nicht täte? Die Übung »Der achtzigste Geburtstag« kann dir dabei helfen.

ÜBUNG: DER ACHTZIGSTE GEBURTSTAG

Nimm dir für diese Übung ein bisschen Zeit, und mache es dir dafür auf einem gemütlichen Sessel oder Sofa bequem. Stell dir dann vor, dass dein 80. Geburtstag gefeiert wird. Wie soll das aussehen? Auf was für ein Leben möchtest du zurückblicken?

- Wer sind deine Gäste? Mit welchen Menschen pflegst du gute Beziehungen? Mit wem möchtest du zu tun haben (und mit wem vielleicht auch nicht)?
- Wer hält eine Rede über dich? Wer ist dir so wichtig und wem bist du so wichtig, dass er oder sie das Wort ergreift?
- Was wird in den Toasts und Ansprachen gesagt? Was macht dein Leben besonders, wofür wirst du gelobt, wofür bist du beliebt, was ist an dir bemerkenswert?
- Was sagst du in deiner Rede? Wem möchtest du danken, und wofür?
- Wenn du diese Fragen reflektierst, dann kommst du auch auf die größeren Lebensfragen: Was ist dir wirklich wichtig? Wofür lohnt es sich, deine Energie einzusetzen? Wofür lohnt es sich, Ängste und Bequemlichkeit zu überwinden und mutige Schritte zu unternehmen?

Wünsche erfüllt man sich am besten selbst

»Und was steht bei dir gerade an, Leo? Wer soll der Vater deines Kindes werden?« Das wollte sich Leonore ja in diesem Jahr überlegen …

Leonore berichtet: »Ach wisst ihr, ich freue mich total für euch, dass ihr mit euren neuen Männern so glücklich seid. Ich habe ja auch einiges Neues ausprobiert in den letzten Monaten. Ich denke, es ist wirklich gut für mich, wenn ich nicht mehr ganz so leistungsorientiert im Hamsterrad herumrase. Und ein bisschen freundlicher und weniger arrogant zu sein, ist auch eine gute Sache. Wenn mir jemand richtig auf den Wecker geht, gilt das natürlich nicht.

Trotzdem ist so eine klassische langfristige Beziehung mit Bindung, gemeinsamem Haushalt und Zuverlässigkeit irgendwie nichts für mich. Zumindest nicht im Moment und auch nicht in nächster Zeit. Aber ein Kind möchte ich schon, und am besten plane ich das unabhängig von einer Partnerschaft. Das ist mir in den letzten Monaten doch sehr klar geworden. Und das sollte ich auch wirklich nicht mehr ewig aufschieben, ich werde schließlich auch nicht jünger. Wer weiß, vielleicht treffe ich Mr Right ja trotzdem noch. Dann kann ich ja noch ein zweites Kind bekommen!«

»Doofe Frage vielleicht – aber wie willst du das dann anstellen mit dem Schwangerwerden?«, erkundigt sich Sarah. Aber genau das will sich Leonore in den nächsten Monaten überlegen. »Es gibt ja verschiedene Optionen – Samenspende in Dänemark oder Italien, von einer Affäre schwanger werden, womöglich doch noch die Regenbogenfamilie … das wird noch interessant werden!«

Leonore spricht etwas Wichtiges aus. In unserer Gesellschaft sind wir zum Glück sehr frei in der Wahl und Gestaltung unserer Beziehungen. Du kannst auch eine Familie gründen und Kinder bekommen, ohne in einer klassischen Partnerschaft zu leben. Für viele Menschen mag das nach wie vor undenkbar sein, und vermutlich ist es für viele auch nichts. Aber für Menschen wie Leonore ist es toll, sich nicht in ein Korsett zwängen zu müssen, das ihr nicht passt.

Diese Wahlfreiheit kann auch eine Bürde sein. Je mehr Optionen man hat, umso schwerer fällt in der Regel die Entscheidung. Und gerade in Fragen der Beziehung oder Familiengründung betreffen die Entscheidungen ja auch andere Menschen tief greifend – in diesem Fall Leonores zukünftiges Kind.

Letztlich fühlt sich die Mehrheit der Menschen am wohlsten in Beziehungen, in denen sie in einem gewissen Maß aufeinander angewiesen sind. Das heißt: Jeder ist nicht völlig autonom, sondern stimmt sich im Alltag und in der Lebensgestaltung mit dem anderen ab. Ein gewisses Maß an Abhängigkeit kann dazugehören, ist meistens normal und wird auch nicht negativ empfunden. Dazu gehört zum Beispiel, dass jeder Partner Bereiche hat, um die er sich mehr kümmert, und andere Bereiche, die er dem anderen überlässt.

Wenn sich Menschen wie Leonore für Beziehungs- oder Familienmodelle entscheiden, die etwas unkonventioneller sind, werden sie dafür häufig etwas mehr Energie aufbringen müssen als für das »klassische Modell«. Das geht in Leonores Fall ja schon mit der Planung der Schwangerschaft los … aber da sie auch über ungewöhnlich viel Energie verfügt, wird ihr das sicher gelingen!

ÜBUNG: PROBIERE VERSCHIEDENE BEZIEHUNGSMODELLE IN DER VORSTELLUNG AUS

Wenn du selbst nicht sicher bist, welche Art der Beziehung für dich die richtige ist, kann dir diese Übung vielleicht weiterhelfen. Voraussetzung dafür ist, dass du zwischen zwei (oder mehreren) verschiedenen Alternativen schwankst.

- Stelle für jede der Alternativen, über die du nachdenkst, einen eigenen Stuhl auf. Vermutlich sind das meist zwei Stühle – es ist aber auch möglich, mehr Stühle zu verwenden. Jeder Stuhl gehört zu einer der Alternativen.
- Nimm auf jedem der Stühle mindestens einmal Platz. Lass dir Zeit, und stelle dir intensiv vor, du würdest das Beziehungsmodell, das zu diesem Stuhl gehört, leben. Wie sähe das aus? Was würdest du erleben? Wie fühlt sich das an? Lass das auf jedem Stuhl so intensiv wie möglich auf dich wirken.
- Wenn du möchtest, kannst du die verschiedenen Alternativen in einen kleinen Dialog kommen lassen. Warum möchte ein Teil von dir das eine Modell? Was sagt der Teil, der das andere Modell favorisiert? Setze dich jedes Mal auf den dazugehörigen Stuhl, wenn du eine neue Seite sprechen lässt.
- Schau dir alles von außen an und ziehe Bilanz. Welche Motive stecken hinter den verschiedenen Modellen? Spielt bei einem Modell vielleicht eher Angst und Unsicherheit eine Rolle? Wofür schlägt dein Herz? Was nimmst du aus dieser Übung für dich mit?

Abschluss: Die Jahresbilanz wird gezogen

In diesem Jahr ist wirklich viel passiert … und die nächste Silvesterparty steht schon wieder an! Die drei Freundinnen feiern sie natürlich gemeinsam und in Begleitung.

Sarah hat sich tatsächlich vor Weihnachten noch von Tim getrennt und ist erst mal zu Niklas gezogen, der auch mitfeiert. Die glückliche Ellie hat ihren Martin dabei, und Leonore hat einen Neuen mitgebracht – Laurin, ihr neuer Fitnesstrainer. Ein knackiger Typ, das müssen die beiden anderen Mädels eingestehen … und typisch Leo!

Die drei Mädels machen Bleigießen, das hat Tradition. Und die Jungs müssen natürlich mitmachen. Ellie und Martin fangen an.

Ellie gießt ein ovales Teil, in dem man mit viel Fantasie einen Schuh erkennen kann. Leo freut sich. »Das sind deine neuen Schuhe. Du gehst endlich deinen eigenen Weg und das ist der Schuh dazu.« Ellie findet diese Interpretation sehr süß und ist ganz gerührt. Martin versteht sie nicht ganz – er hat oft gar nicht mitbekommen, wie Ellie sich mit sich selbst herumgequält hat. Die Dienerin ist nach außen ja nett und unkompliziert. Aber er freut sich, dass seine Ellie sich offensichtlich über ihren neuen Schuh freut. Er selbst gießt ein Häufchen versprengte Bleikügelchen. »Hoffen wir mal, dass jedes Kügelchen für einen Freund in meinem Leben steht«, lacht er.

Sarah gießt eine Kugel mit einer Art Schwanz daran. Mit ein wenig Fantasie sieht es aus wie eine Note. »Das nächste

Jahr wird das Jahr der Musik«, beschließt sie. »Jetzt, wo wir auch offiziell zusammen sind, können wir ja mit dem Chor auch noch viel mehr unternehmen.« Niklas freut sich darüber – er ist so froh, dass Sarah endlich reinen Tisch gemacht hat und richtig an seiner Seite ist! Es fällt ihm dann auch leicht, seinen komischen Blumenkohl als »sich ausbreitende Schallwellen« zu interpretieren, die beim Singen entstehen.

Leo gießt einen seltsamen Fetzen, der aussieht wie ein Stück Papier oder Stoff. Sie schaut etwas ratlos, aber Ellie juchzt auf: »Das ist doch eindeutig eine Windel! Du bekommst ein Baby, klarer Fall!« Die Freundinnen drücken sich lachend. Laurin muss grinsen – typisch Frauen! Zum Glück glaubt er nicht daran … Er selbst gießt einen runden Brocken, den er kurzerhand als Autorad erkennt, weil er sich eh ein neues Auto kaufen möchte.

Noch eine halbe Stunde bis Mitternacht! Die drei Mädels gehen schon mal kurz raus, um nach dem Feuerwerk zu gucken. Draußen stoßen sie an. Das war so ein ereignisreiches Jahr! »Cheers, ihr Lieben! Wir können doch alle sehr gespannt aufs nächste Jahr sein und uns sehr darauf freuen. Es wird sicher nicht immer leicht sein, und manchmal werden auch alte Muster wieder zuschlagen. Aber die Wege, die wir eingeschlagen haben, die gehen wir weiter!«

Wir wünschen auch dir, liebe Leserin, lieber Leser, alles Gute für deinen neuen Weg und deine große Liebe!

Verzeichnis der Tests und Übungen

Die Tests

Gerne kannst du die Tests und Übungen über www.beltz.de herunterladen und ausdrucken. Du kommst zu den Materialien, indem du auf die Seite des Buches gehst, den Link zu den Materialien anklickst und folgendes Passwort eingibst: !LiEbeN! (Groß- und Kleinschreibung beachten).

Da die Online-Materialien nur solange verfügbar sind, wie das Buch lieferbar ist, empfehlen wir dir, die gesamten Materialien herunterzuladen und auf deinem eigenen Rechner zu speichern.

Die Übungen